제2판

# 광고 크리에이티브

## Advertising Creative

김운한 · 정차숙 저

서울경제경영

# 개정판을 내며

크리에이티브는 광고회사가 잘 할 수 있는 유일한 것이다. 크리에이티브든 '크리에이티비티(creativity)'든 '아이디어'든 뭐라 일컬어도 마찬가지다. 창의적인 무엇을 만드는 것, 크리에이티브는 여전히 광고회사가 잘 할 수 있는 유일한 것이 아닐까 한다. 그런 생각에 변함이 없기 때문에, 우리 광고회사는 여전히 멋진, 우리 산업과 사회를 위해 가장 중요한 일 하나를 하는 곳이라 믿는다. 미디어며, 디지털이며, 콘텐츠, 데이터-기술이 급변해도 크리에이티브는, 창의적인 사고는 여전히 중요하다. 다만 겉모습이 바뀔 뿐이다.

새로운 시대, 크리에이티브 강의도 속 가치를 가르쳐야 한다. 크리에이티브의 변하지 않는 속성을 찾고, 학생들이 그 속성을 발견하도록 도와야 한다. 변하지 않는 그것을 어떻게 찾도록 할 수 있을까? 차별화를 가르치는 데서 시작된다. 그게 사랑이든, 비즈니스든, 전쟁이든 경쟁자를 무너뜨릴 차별화된 방법을 찾아야 한다. 경쟁자를 이길 '더 나은' 방법을 가져야 한다.

크리에이티브는 어렵다. 업계 일도 어렵지만 가르치는 일도 어렵다. 조금 과장하면 '거의 모든 것'을 가르쳐야 한다. 광고가 무엇인지, 광고가 그 시대를 어떻게 담으려 했는지, 어떤 새로운 계획을 세워야 하는지, 내가 다가가는 사람이 무엇을 원하는지 등 광고 전략과 기획, 매체, 심리학, 광고 비평까지 관련 영역을 이해해야 크리에이티브를 제대로 이해할 수 있다고 믿기 때문이다. 마치 에센스가 나오기 위해 갖은 재료를 잘 갈아 넣어야 하는 것과 같다.

이런 주장을 하고 보니 소박한 이 책이 부끄러울 정도다. 광고의 역사, 광고 개념, 광고 기획과 매체 등 크리에이티브 관련 분야를 담고 있으나 얕은 수준의 내용들이 대부분이다. 어려운 이론이 많지 않고 중요한 개념 중심으로 이뤄졌다. 텍스트 중심의 사례를 곁들여 생각해볼 거리를 제공하면서도 구성은 비교적 단순하다. 초판의 고백처럼 강의자를 위한 배려를 놓치지 않으려 했다. 특히 실무적으로 크리에이티브를 경험하신 많은 분들 중에는 정작 자신들의 경험치에 비해 학생들의 기대치가 낮거나, 그 많은 경험치를 제대로 표현하기 어려운 분들이 계신다. 막상 강단에 서서 한 학기를, 15주를, 매주 세 시간씩을 어떻게 가르쳐야 할지 막막한 분들께는 이 책의 단순하고 교과서적인 구성이 도움이 될 수 있을 것이다.

초판에 내용상 오류가 많았다. 일정 핑계로 서두르는 바람에 더욱 그랬다. 이런 오류들을 진작 바로잡지 못하고 이제야 개정판을 낸다. 맞춤법 오류에서부터 개정된 법률에 따른 오류까지 최대한 찾아 수정했다. 사실 초판을 내자 적지 않은 분들이 연락을 주셨는데, 지적하고 조언하는 내용이 많았다. 연락 끊겼던 업계 선배 전화도 있었다. 직접 강의 교재로 쓰며 발견한 오류라며 알려주셨는데 낯이 뜨거웠다. 그렇게 주위 일깨움에 힘입어 개정을 낼 수 있었다. 이 자리에서 깊은 사의를 표한다.

크리에이티브라는 어려운 분야를, 이미 관록 있는 저서들이 적지 않던 때 가슴 졸이며 책을 낸 게 벌써 수년 전이다. 독자들의 이해를 돕기 위해, 그리고 저자들의 의지를 다지기 위해 이 책의 주요 차별점을 다시 적는다.

첫째, 이 책은 기초서적이며, 그래서 사실적이고 객관적으로 쓰고자 했다. 크리에이티브는 마법(magic), 기획은 논리(logic)라고도 하지만, 마법을 부리기 위해 뜻 모르는 주술을 무작정 외울 수만은 없다. 기획과 미디어, 논리적이고 과학적인, 누구나 공감하는 기초 이론을 많이 수록한 이유다.

둘째, 책의 내용을 이해하는 데 꼭 필요한 사례 중심으로 실었다. 사례가 풍부하면 좋지만, 전하고자 하는 내용을 잘 전달하는 데 쓰여야 한다. 텍스트 또는 그림으로 예시된 사례들을 잘 살펴보기를 권한다. 고전사례도 일부러 실었는데, 이른바 명작 광고를 통해 시대적 배경과 문화, 광고의 본질적인 접근을 배울 수 있을 거라 생각했기 때문이다.

셋째, 이 책은 단계적으로 구성돼 있다. 몇 가지 필요한 챕터만 '뽑아' 쓰는 실전 활용서라기보다, 처음부터 끝까지 한 단계씩 공부해야 하는 단계적 이론서에 가깝다. 뒷부분의 크리에이티브 부분을 이해하기 위해서는 앞부분의 개념적 이해가 선행되어야 한다.

넷째, 6장 현대 크리에이티브 부분은 여전히 보완할 부분이 많다. 확립된 이론이 없어서이기도 하지만, 변화하는 크리에이티브를 꿰뚫어 설명할 저자 역량이 부족한 이유가 더 크다. 기본적이면서 적용성이 큰 내용들을 계속 공부하고 보완할 생각이다.

히포크라테스의 '예술은 길다(art is long)'라는 말에서 예술(art)은 기술 또는 기교, 하우(how)를 뜻한다. 크리에이티브가 그렇다. 크리에이티브를 쌓으려면 많은 시간이 들고 많은 노력이 필요하다. 좋은 책 한두 권, 강의 한두 번으로 완성될 리 없다. 이 책을 통해 긴 크리에이티브 훈련 과정을 가볍게, 즐겁게 시작할 수 있다면 바랄 것이 없겠다. 그렇게 시작하다 보면, 변화하는 시대에도 유효한 크리에이티브 방법을, 함량을 조금씩 느낄 수 있지 않을까, 막연하지만 기대하는 마음으로 개정판을 내놓는다.

저자
김운한, 정차숙

# 차례

# 01 크리에이티브와 광고의 이해

학습목차

1. 크리에이티브
2. 광고

## Ⅰ. 크리에이티브

### 1. 크리에이티브의 정의

크리에이티브(creative)의 일반적 의미는 '창조적인', '독창적인', '창의력이 있는'의 뜻을 가진 형용사다.

그러나 광고업계에서는 '광고 창작', '광고 표현', '광고 제작'이라는 명사적 의미로 사용한다. 때로는 광고 아이디어를 발상, 개발하고 실행하는 과정에 종사하는 직종을 일컫기도 한다. 크리에이티브의 학술적 정의는 '조사, 기획 과정을 통해 정해진 광고의 방향을 표현 아이디어로 구체화하는 과정'이다.

### 2. 크리에이티브의 중요성

크리에이티브가 중요한 이유는 광고의 효과에 커다란 영향을 미치기 때문이다. 크리에이티브는 소비자와의 최종적 접점이다 보니, 광고효과를 증대시킬 수 있다.

소비자 측면에서는 크리에이티브에 따라서 소비자들이 주목하고 공감하며 설득되는 정도가 달라지게 된다. 기업 측면에서 보면 광고 크리에이티브는 브랜드, 제품의 경쟁적 혜택(benefit)을 차별적으로 제시하며, 브랜드 자산(brand equity)을 형성케 하고, 제품 판매에 큰 영향을 미친다.

그림 1-1 광고 크리에이티브란 말하고자 하는 방향을 카피와 비주얼로 표현화한 것이다. 버거킹은 새우가 들어있는 제품 품질을 강조하고자 유명 모델을 사용하였다.

## II. 광고

### 1. 광고의 개념

#### 1) 어원

광고를 뜻하는 영어의 advertisement, advertising이란 단어는 라틴어의 'advertere'에서 파생되었다. ad는 to라는 말이고, vertere는 turn의 뜻이므로 라틴어 advertere라는 단어는 '돌아보게 하다', '주의를 끌다'라는 의미를 갖고 있다.

독일어로 광고는 die reklame이고, 프랑스어로는 reclame이다. 이 단어들은 모두 '부르짖다'라는 뜻을 가진 라틴어의 'clamo'에서 파생된 말로, '반복하여 부르짖다'는 의미를 지닌다. 따라서 어원을 종합해보면 광고란 '반복적으로 부르짖음으로써 주의를 끌게 하는 것'이라 할 수 있다.

참고로 advertisement와 advertising의 차이를 살펴보면, advertisement는 광고물, 특히 인쇄광고를 의미한다. 반면 advertising은 광고를 제작, 집행하는 일련의 모든 활동을 말한다. 광고제도, 광고현상, 광고과정 전체, 광고를 하는 행위 등을 포함하는 광의적인 개념이며, advertising은 advertisement를 포함한다.

#### 2) 정의

광고를 한자로 하면 廣告로서, 단어 의미 그대로 해석하면 '널리 알리는 것'이라는 뜻이다.

광고의 학술적 정의는 '(1) 명시된 광고주가 (2) 자신의 제품, 서비스, 용역 등에 대한 정보를 (3) 매체를 통해 (4) 표적 청중(target audience. 목표 청중)에게 전달함으로써 (5) 궁극적으로 판매를 촉진하는 (6) 유료의 상업적 활동'이다. 이 정의를 바탕으로 광고의 요소와 특성에 대해 살펴보겠다.

### 3) 요소 및 특성

#### (1) 광고의 주체: '명시된 광고주'

광고에 광고주(advertiser, account)가 표시되어 확인 가능하다. 소비자는 '누가 광고를 했는지' 기업, 브랜드, 제품 등을 알 수 있다. 왜냐하면 광고를 집행하는 이유는 결국 제품 등을 판매하기 위해서인데, 광고주 등이 명시되어 있지 않으면 소비자들이 제품을 구입할 수 없기 때문이다.

여기서 광고주란 소비자 입장에서 '누가 광고를 했는지'를 알 수 있으면 된다. 따라서 명시된 광고주는 반드시 광고주명만을 말하는 것이 아니라 제품이나 브랜드 때로는 전화번호 등도 될 수 있다.

그러나 '티저 광고'는 처음에 광고주 등이 명시되어 있지 않다. 즉 광고주나 브랜드, 제품의 특성 등이 감춰져 있는데, 사실은 이런 장치를 통해 본 편 광고에서 광고주가 노출될 때 더욱 확실하게 기억, 회상할 수 있도록 하기 위한 것이다. 참고로 티저 광고(teaser advertising)에 대해 살펴보면, tease는 '놀리다', '감질나게 하다', '살살 약을 올리다', '조롱하다'의 뜻이고, teaser는 '놀려대는 사람', '짓궂게 괴롭히는 사람'이라는 의미이다. 티저광고는 중요한 내용을 감춰 소비자의 궁금증을 유발한 뒤 점차 본 모습을 드러내는 광고를 일컫는다. 처음에는 광고주나 브랜드, 제품, 제품의 특성, 장점 등을 밝히지 않고, 호기심이나 궁금증을 불러일으켜서 광고의 주목률을 높인다. 이후 서서히 밝히거나 일정 시점에 가서 일거에 베일을 벗기는 방법을 통해, 소비자의 구매욕구를 자극하고 판매율을 제고한다.

티저 광고의 장점은 소비자들의 호기심을 자극하여 ① 주의 관심을 끄는 데 매우 효과적이고, ② 경쟁사와 차별화를 도모할 수 있다는 것이다. 단점으로는 ① 지나치게 이미지에 치중한 나머지 오히려 불쾌감, 짜증을 유발할 수 있으며, ② 반복 노출과 스토리의 변화를 통해 호기심을 유발하기까지 많은 광고예산이 소요된다는 점을 들 수 있다.

**그림 1-2** 삼성네트웍스 광고. 헤드라인과 서브헤드, 바디카피, 비주얼, 로고타입 등 광고 곳곳에 광고주 삼성네트웍스를 명시하여 누가 광고를 하고 있는지를 알렸다.

### (2) 광고의 방법: '매체'

광고는 광고주가 직접 소비자에게 전달하는 것이 아니라, '매체(media)'를 통해서, 다수의 소비자에게 메시지를 전달하는 '비대인적(nonpersonal)' 활동이다.

광고매체에는 신문, 잡지(인쇄매체), 텔레비전, 라디오(방송매체)의 전통적인 4대 매체(ATL)와 인터넷, DMB, 모바일, 위성방송 등의 뉴 미디어 등이 있다. 과거 일방적(one-way communication)으로 전달되었으나, 뉴미디어의 발달로 점차 쌍방향적(two-way communication), 개인적으로 변화하고 있다.

### (3) 광고의 대상: '표적 청중(target audience, 목표 청중)'

광고는 소비자(target)를 대상으로 집행된다. 자사 제품을 사용하고 있는 현재 소비자나, 잠재 소비자를 목표로 하여 광고가 제작 및 집행이 된다.

### (4) 광고의 목적: '판매 촉진'

"매출 없는 광고는 광고가 아니다.", "무조건 팔아라." 미국의 광고인 데이비드 오길비(David Ogilvy)의 말이다. 오길비는 광고는 소비자를 즐겁게 하는 것이나 예술작품이 아니며, 제품을 팔 수 있게 하는 것이어야 한다고 강조했다. 이처럼 광고를 하는 목적은 결과적으로는 판매율, 매출액, 기업의 이익을 높이기 위한 것이다. 일단 자사의 제품, 브랜드 등에 대한 정보를 소비자들에게 전달, 설득하여, 제품에 대한 호의적인 태도를 형성하고, 신뢰도, 충성도를 제고하며, 구매욕구를 자극한다. 궁극적으로 판매를 증진하고 기업의 매출을 증대시키기 위해서 광고를 집행한다.

기업 PR 광고의 경우 기업의 이미지를 고양하고, 긍정적으로 변화시키기 위해서 광고를 하는 것이지만, 종국에는 긍정적인 기업 이미지를 통해, 해당 기업의 제품 판매율을 높이기 위한 것이다. '같은 값이면 다홍치마'라는 속담처럼, 품질이 비슷한 여러 제품들이 있다면 기왕이면 기업 이미지가 좋은 제품을 구매하게 될 것이다.

**(5) 광고의 성격: '정보 전달', '유료의 상업적 활동'**

① 정보 전달: 광고는 광고주의 제품, 브랜드, 서비스 등에 대한 정보를 소비자에게 전달한다.

② 유료의 상업적 활동: 광고주가 매체 사용에 대한 일정 대가를 지불하는 유료의 상업적 활동이다. 광고는 공식적으로 사용료를 지불하고 매체를 활용한다. 즉 광고가 실리는 매체의 지면이나 시간에 대하여 대가를 지불하는 유료의 영리적 활동이다.

물론 현대광고에서는 전통적인 광고요소를 모두 포함하지 않기도 한다. 특히 소셜미디어 등 새로운 디지털 미디어에서는 개인이 생산한 콘텐츠를 무료의 미디어에 게재하여 광고화하기도 하고, 비매체를 이용하거나 광고주를 명시하진 않는 PR 콘텐츠로 제시하기도 하기 때문이다.

**그림 1-3** SSG의 TV 광고. 전통적인 광고 요소로서 광고주가 명시되어 있으며(SSG.COM), 유료의 매체(TV)를 사용하였다.

## 2. 광고와 유사한 개념

광고와 혼동되는 개념을 광고와 비교해 보고, 차이점 등을 살펴보면 광고를 좀 더 잘 이해할 수 있다. 광고와 유사해 보이는 선전과 언론홍보(publicity), PR, 인적판매(PS)에 대해서 살펴보겠다.

### 1) 선전(propaganda)

(1) **정의:** 선전이란 특정 시간, 장소에서 사상, 이념, 주장을 인간의 감정에 호소해 주입시키고, 태도, 행동을 바꾸게 하는 행위를 말한다.

선전을 뜻하는 propaganda라는 말은 1622년 로마의 교황 그레고리 15세가 설립한, sacra congregatio de propaganda fide(布敎聖省, 가톨릭신앙선전회)라는 명칭에서 유래했다. 단체명의 propaganda라는 라틴어를 그대로 선전이라는 뜻으로 사용한 것이다. 선전은 초기에는 종교 상의 선교활동, 포교활동의 의미로 사용되었다.

그러나 선전은 제2차 세계대전 당시 나치의 선전담당 파울 요제프 괴벨스(Paul Joseph Goebbels)에 의해 타인의 행동, 여론 조작 등에 사용되면서 부정적 의미로 변질되었다. 괴벨스는 사람들을 전쟁에 동원시키고 자원입대를 부추기고 나치 독재에 순응, 기금 조성, 애국심 고취 등에 다양한 선전기법들을 활용하였다.

이후 선전은 공산주의의 주요 수단으로 사용되면서 정치적, 이념적, 투쟁 관계 등의 의미가 부여되었다.

(2) **광고와의 차이점:** ① 광고는 전달하고자 하는 주체가 명확한데 반해(identified sponsor), 선전은 때로 주체를 은폐(unidentified sponsor)한다. 특히 흑색선전의 경우 주체가 드러나 있지 않다. ② 광고는 사실을 제공하지만, 선전은 사실 또는 거짓의 정보를 전달한다. 때로는 사실보다 허위, 오도하는 정보를 유포하여 진실을 왜곡하고 조작한다. ③ 선전은 감정적이다. 이성, 합리성보다도 감정에 호소한다. ④ 광고는 상업적이지만, 선전은 정치적이다.

광고는 'Buy me'라고 표현할 수 있고, 선전은 'Follow me'라고 할 수 있다.

(3) **선전기법:** 미국의 선전분석연구소(institute for propaganda analysis)는 독일 나치의 집권과정에서의 선전방법과 효과에 관심을 가졌다. 그리고 찰스 코플린(Charles Coughlin) 천주교 신부가 라디오 프로그램을 진행하고 잡지를 발

간하는 등 여러 대중 선동 기술을 이용해서 파시스트를 전파하는 것을, 자세히 분석하였다. 1939년 선전분석연구소는 나치와 코플린 신부의 선전기법 등을 분석하여 '선전의 기술(the fine art of propaganda)'이라는 책을 출간하였는데, 여기에 수록되어 있는 일곱 가지 선전기법은 다음과 같다.

① 매도하기(name calling): 매도하기는 어떤 대상(사람, 제품, 관념, 생각, 계획 등)에 나쁜 이름을 붙이는 것이다. 증거와 관계없이 사람들이 어떤 대상을 비난, 거부하도록 만드는데 사용된다. 특히 정치분야에서 상대방을 흠집 내고 헐뜯음으로써, 상황을 자기에게 유리하게 이끌기 위해 사용하는 경우가 많다. 예를 들어, 과거 김대중 대통령에게는 '빨갱이'라는 꼬리표가 붙어있었다. 이는 정치적 반대파에 의해서 김대중 대통령의 이미지를 깎아내리기 위해서 사용된 것인데, 결국 사람들이 김대중 대통령을 공산주의자, 좌파, 친북주의자로 생각하는 바람에, 정치생활을 하는 동안 색깔논쟁으로 큰 고전을 하였다.

② 미사여구(glittering generalities): 특정 대상에 대하여 긍정적이고 화려한 낱말들을 동원하여 미화함으로써, 사람들이 그것을 호의적으로 받아들이도록 하는 기법이다. 즉 어떤 대상에 좋은 말을 붙여서, 증거 및 사실 여부와 상관없이 사

그림 1-4 발명왕 토마스 에디슨을 모델로 활용한 삼성그룹 광고

람들이 받아들이거나 인정하도록 만든다.

③ 전이(transfer): 존경받거나 긍정적으로 평가되는 어떤 것의 권위, 인기, 명성 등을 끌어들여 특정 대상이 더 쉽게 받아들여지도록 만드는 기법이다. 전이는 연상작용을 통해 발생한다. 삼성그룹은 '세계일류' 시리즈 광고를 집행했었다. 광고를 담당했던 제일기획은 미국의 발명왕 토마스 에디슨, 영국 최초의 여 총리 마가렛 대처, 미국의 4선 대통령 루즈벨트와, 그들의 역경을 이겨낸 스토리를 광고 전면에 내세웠다. '세계 일류'라는 카피와 함께 에디슨, 대처, 루즈벨트의 이미지가 삼성으로 전이되어서, 소비자들이 삼성에 대해 긍정적인 기업 이미지를 갖게 만들었다.

④ 증언(testimonial): 증언은 유명인, 일반인 등의 대리인을 통해 어떤 대상을 좋다거나 나쁘다고 말하게 하는 방법이다. 사람들은 흔히 다른 사람의 입을 통해서 듣는 말을, 당사자가 하는 말보다 신뢰하는 경향이 있다. 이러한 습성을 이용해서, 제3자의 입을 빌려 자기들의 생각, 주장 등이 정당하다고 증명하는 방법이다. 일반적으로 광고나 정치분야에서 많이 사용되는 기법이다. 광고에서

**그림 1-5** 회사원을 등장시킨 도브크림샴푸 광고

는 유명인, 신뢰할 만한 전문가, 일반 소비자 모델이 등장하여 '특정 제품을 직접 써보니까 좋다'는 식으로 자신의 제품사용경험을 이야기하며, 정치에서는 사회적으로 인정받고 권위 있는 인물이 등장하여 '특정 정치인이 좋다', '상대 정치인이 나쁘다'고 말한다. 유니레버코리아는 도브크림샴푸 광고에 일반인을 기용해서 제품사용경험을 이야기하게 했다. 대학생이나 수중발레강사, 홍보인, 회사원, 무용단원 등이 광고에 등장해서 자신들이 도브크림샴푸를 썼을 때 좋았던 점 등을 이야기했다. 이를 통해 소비자들의 주의를 쉽게 끌고, 신뢰감을 유발하였다.

⑤ 서민적 기법(plain folks): 서민적 기법은 자신이나 자신의 생각이 일반 국민, 평범한 서민들과 같다는 것을 강조하여 믿음과 공감을 끌어내는 방법이다. '유사성의 원칙'에 따르면 사람들은 자신과 비슷한 사람에게 친근감, 호감을 갖는 특성이 있는데, 바로 이러한 경향을 이용한 기법이다. 서민적 기법을 이용한 사례로 노태우 대통령의 대선 캠페인을 들 수 있다. 당시 '군부 독재의 계승자'라는 부정적 이미지가 강했던 노태우 후보는 이를 해결하기 위해 "보통사람"이라는 슬로건을 내세웠다. 그리고 각종 토론회, 연설에서 자신이 보통 사람임을 강조했고, 시장을 방문하거나 떡볶이를 먹는 인간적인 모습을 부각시켰으며, 광고에서 어린 소녀를 안고 귀에 속삭이는 따뜻한 모습을 연출하였다. 그 결과 군 출신에 대한 딱딱함과 거부감을 불식시키고, 보통사람의 이미지를 구축하여, 결국 대통령으로 당선하는데 성공했다. "기타 치는 대통령", "국민이 대통령입니다"라는 카피가 등장하는 고 노무현대통령의 대선광고도 유사한 사례이다.

⑥ 카드 속임수(card stacking): 카드 속임수는 유리한 것만 강조하고 불리한 것은 감추는 기법이다. 사실을 모두 이야기 하지 않고 일방적인 면만을 강조하여 사실을 왜곡한다.

소비자들이 특정 제품에 대해 제대로 의사결정을 내리고 구매를 하려면 제품 장점은 물론이고 단점도 알고 있어야 한다. 그런데 광고주들은 제품의 장점은 강조하지만, 단점은 왜소화시키거나 아예 숨겨버리기 때문에, 소비자들의 입장에서는 마치 속이는 것과 같다. 그래서 카드 속임수이다. 사례로, 광고에서 언론에 나온 유리한 기사만 모아서 활용하는 경우나, 영화에서 신문의 영화평 중 자기들에게 유리한 구절만 뽑아 홍보하는 것을 들 수 있다.

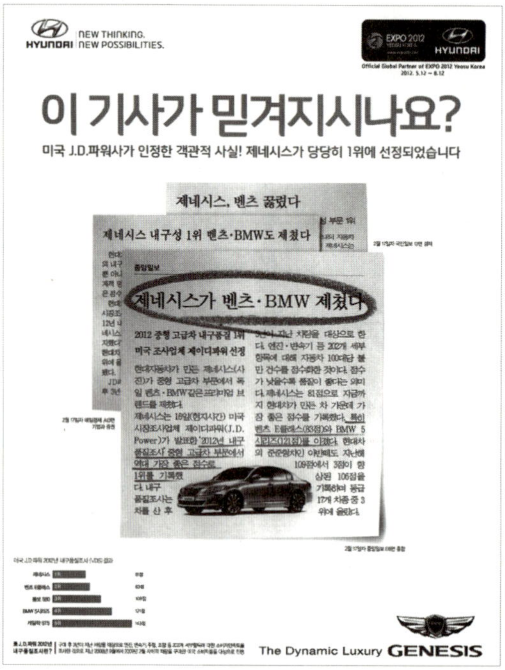


**그림 1-6** 제네시스 광고

현대자동차 제네시스는 2012년 미국의 시장조사업체 JD파워사의 내구품질조사에서 중형자동차 부분 1등을 차지했다. 이러한 기사가 국민일보, 매일경제, 중앙일보에 보도되었는데, 제네시스는 유리한 기사들을 뽑아서 "이 기사가 믿겨지시나요?"라는 헤드라인의 광고로 만들어 집행하였다.

⑦ 부화뇌동(bandwagon): 사람들 모두가 하고 있다거나 다수가 그렇게 생각하고 있다는 것을 강조하여, 대중의 동조 성향에 호소하는 방법이다. 사람들은 고립을 두려워하기 때문에, 많은 사람들이 하는 행동이나 생각을 따르는 습성이 있다. 바로 이러한 인간의 습성을 이용하여, 따라하게 만드는 기법이다.

밴드웨건(bandwagon)은 퍼레이드의 선두에 서는 악대차량이다. 밴드웨건이 지나가면 사람들이 우루루 따라간다. 마치 그 모습처럼 사람들이 따라가게 만드는 기법이라서, 밴드웨건이라고 부른다.

### 2) 언론홍보(publicity)

(1) **정의:** 퍼블리시티는 언론에 보도되게 하는 활동으로, 기사홍보라고도 한다. 자사 제품, 서비스, 용역, 기업 등에 대한 정보를 뉴스화 하여(보도자료), 언론에

그림 1-7 퍼레이드의 맨 앞에 서는 밴드웨건

알려서 기사화 시키는 것이다. 다시 말해 뉴스나 기사 형태로 보도되게 만드는 일이며, PR의 하위 개념이다.

(2) **광고와의 차이점:** 퍼블리시티는 광고와 '신뢰성', '비용', '통제성' 측면에서 차이가 있다.

① 신뢰성: 광고는 소비욕구를 자극하고 충동구매나 불필요한 사치, 낭비를 조장하다보니, 소비자들이 경계하고, 불신하는 경향이 있다. 그러나 퍼블리시티는 언론매체를 통한 기사, 뉴스 형태이기 때문에, 광고에 비해 신뢰성이 높은 경향이 있다.

② 비용: 퍼블리시티는 매체의 지면, 시간에 대한 대가를 지불하지 않는, 무료활동이다. 광고는 매체 이용료를 지불하고 이루어지는 유료활동이지만, 언론홍보는 일반적으로 비용을 지불하지 않는다는 것이 차이점이다.

③ 통제성: 퍼블리시티는 매체 지면이나 시간이 확실히 보장되지 않는다. 광고주가 메시지 내용, 표현 등을 통제할 수 없다. 반면 광고는 메시지의 내용 및 표현, 전달 방법과 시간 등이 광고주에 의해 사전에 치밀하게 계획, 통제된다.

퍼블리시티는 'Know me'라고 할 수 있다.

### 3) PR(public relations)

(1) **정의:** PR은 조직이 공중과 '좋은 관계'를 유지하기 위한 활동이다. PR의 요소에는 ① 조직체(organization), ② 공중(public), ③ 이해(understanding), ④ 커뮤니케이션(communication), ⑤ 관리(management)의 5가지가 있다.

구성요소를 바탕으로 다시 정의하면 PR은 조직과 공중이 상호 이해를 넓히고 장기적으로 우호적인 관계를 형성, 유지, 발전시키기 위해 행하는 커뮤니케이션 관리라고 할 수 있다.

(2) **광고와의 차이점:** 광고는 제품의 판촉 및 판매가 목적이지만, PR은 긍정적인 이미지를 형성하고 우호적인(goodwill) 관계를 유지하려는 것이 차이점이다. 광고가 'Buy me'라고 한다면, PR은 'Love me'로 표현할 수 있다.

#### 4) 인적판매(PS: Personal Selling)

(1) **정의:** 인적판매는 판매원이 직접 소비자와 대화를 통해 제품을 판매하는 촉진 활동이다. 판매원이 소비자와 직접 대면해서 대화를 통해 자사의 제품, 서비스 등을 구매하도록 설득한다.

특성은 ① 소비자와 대면 접촉을 통해, ② 고객의 욕구나 반응을 직접 관찰할 수 있으며, ③ 반응에 따라 메시지의 내용, 전달 방식의 변화가 가능하다는 것이다. ④ 소비자와 쌍방향 커뮤니케이션을 할 수 있는 것도 특징이다.

(2) 광고와의 차이점: 광고는 매체를 통한 비대인적(nonpersonal) 커뮤니케이션이지만, 인적판매는 대인적 커뮤니케이션이라는 것이 차이점이다.

인적 판매는 'Believe me'라고 할 수 있다.

### 3. 광고의 기능

#### 1) 마케팅 기능

광고는 마케팅의 4P(product, price, place, promotion) 중에서 프로모션의 도구다. 광고는 마케팅 목표를 달성하기 위한 하나의 수단으로서 기능을 한다. 시장에서 소비자가 기업의 제품, 브랜드를 식별할 수 있게 하고, 경쟁자와 차별화시킨다. 신제품 등의 인지도를 향상시키고, 구매를 유도한다. 광고주의 신뢰도, 상표 충성도(brand loyalty), 이미지, 선호도를 형성 및 향상시킨다. 광고의 마케팅 기능이란 광고가 제품, 서비스 등의 촉진, 판매 기능을 수행한다는 것이다.

#### 2) 커뮤니케이션 기능

광고는 커뮤니케이션의 한 형태로서 정보를 전달하고, 소비자를 설득한다. 광고는 광고주와 소비자 사이의 커뮤니케이션을 위한 수단으로서 기능을 한다.

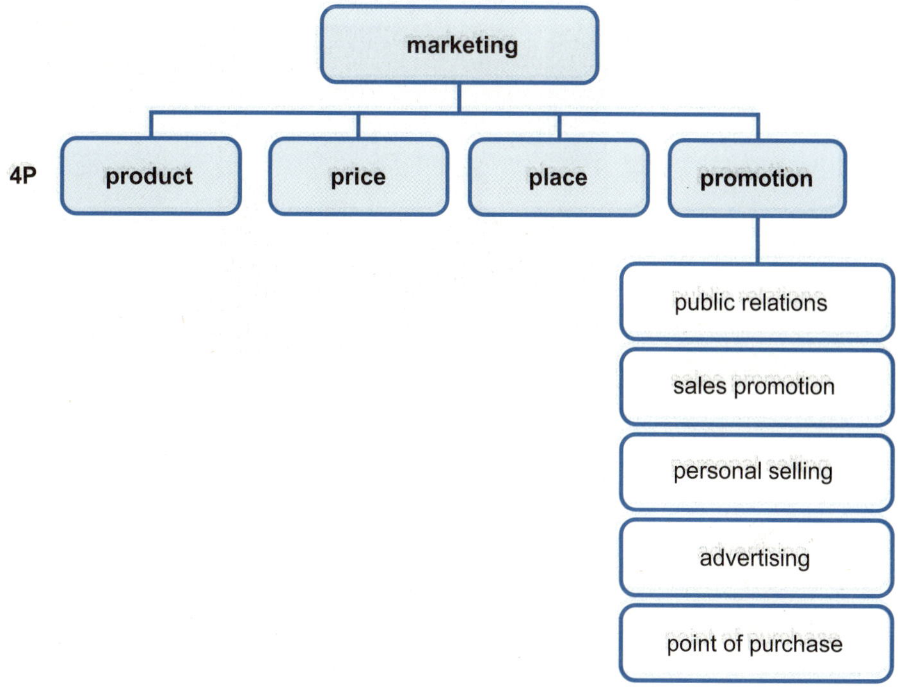


그림 1-8 마케팅의 4P와 광고. 광고는 프로모션(촉진) 활동 중 하나이다.

(1) **정보기능:** 제품이나 서비스, 브랜드, 기업 등에 대한 정보를 소비자에게 전달한다.

(2) **설득기능:** 소비자가 광고된 제품, 서비스 등을 구매하도록 설득한다.

### 3) 경제적 기능

광고는 시장의 완전경쟁을 유도할 뿐만 아니라, 시장을 지배, 제어하기도 한다. 광고에 의한 제품의 유효수요에 따라 소비성향이 높아짐으로써 경제성장에 기여하고, 유통의 효율을 향상시키는 등의 기능을 수행한다.

(1) **시장경쟁학파(market competition school):** 대표적인 학자는 포터(Porter), 스테이너(Steiner) 등이다. 시장경쟁학파는 광고가 시장에서 완전 경쟁을 유도한다고 본다. 광고는 제품, 브랜드, 서비스 등에 대한 정보를 제공하여 소비자들로 하여금 제품 등을 비교하고 적절한 의사결정을 하도록 돕는다. 유통을 촉진하고, 제품의 대량생산을 가능케 하여 규모의 경제(economy of scale)를 이루고, 그 결과 제조단가, 가격을 낮춘다. 다시 말해 시장에서 광고로 인해 대량수요가 발생하면, 기업은 공급을 맞추기 위해 기계설비를 갖추고 대량생산을

그림 1-9 삼성증권의 펀드 상품 광고. 헤드라인은 '자산관리의 명가, 삼성증권이 중국을 주목합니다'이며, 금융전문가들이 중국을 바라보는 비주얼로 처리되어 있다. 이 광고는 주식 상품에 대한 합리적인 비교와 의사결정을 돕는가?(시장경쟁학파), 아니면 시장의 선두 브랜드이미지를 강화하고 소비자로 하여금 상품 정보에 덜 민감하게 만드는가?(시장지배학파).

하게 되는데, 이때 소규모 생산보다는 제조 단가를 절감시킬 수 있고, 그로 인해 제품의 가격도 일정 정도 하락하게 된다. 이외에도 광고는 신제품의 개발을 촉진하는 일을 한다.

(2) **시장지배학파(market power school):** 대표적인 학자는 코매너(Comanor), 윌슨(Wilson) 등이 있다. 시장경쟁학파는 광고가 시장을 지배하고 제어하는 마켓 파워(market power)로서 역할을 한다고 본다. 광고는 시장 진입 장벽을 형성하여 신제품의 시장 진입을 막는다. 선두 브랜드(leading brand)의 독점적 지배력을 강화하고, 소비자의 상표 충성도를 제고하며, 신제품의 개발 의욕을 낮추며, 제품 가격을 높이는 기능을 한다.

### 4) 사회, 문화적 기능

광고는 만들어질 당시의 사회, 문화적 상황을 반영하고, 때로는 사회의 변화, 유행, 문화 등을 형성하고 주도한다. 소비자의 신념, 태도, 감정, 행동 등을 사회화하는 역할도 수행한다.

(1) **반영설:** 광고는 사회를 거울처럼 반영한다. 광고기획자 어니스트 엘모 칼킨스(Ernest Elmo Calkins)는 "미래의 역사가들은 광고를 통해 역사의 흔적을 추적하게 될지도 모른다. 낡은 일기장이나 쓰러진 묘비보다 광고가 더 많은 것을 알려줄 것이기 때문이다."라고 했다. 실제로 광고는 생활상이나 시대상을 담고, 우리 사회의 모습을 간단명료하게 보여준다. 흔히 '시대를 알려면 광고를 봐라', '광고는 사회의 거울'이라는 말을 하는데, 경제가 어려울 때는 힘내라고 응원해주는 광고가 늘어나고, 올림픽, 월드컵 중에는 스포츠를 소재로 한 광고가 증가해서 특정 시대, 사회를 파악할 수 있게 한다.

(2) **창조설:** 광고는 사회의 변화, 유행, 문화를 선도하고 창출하는 기능을 수행한다. 광고가 사람을 조작, 조정할 수 있기 때문에, 사회적 역할에서 광고는 비판을 받기도 한다. 창조설의 사례로 동아제약 박카스 광고를 들겠다. 박카스는 2000년 지하철의 〈노약자석〉 편, 〈줄서기〉 편 등을 시리즈로 집행하였다. 몸이 아프고 피곤하더라도 '여긴 우리 자리가 아니잖아'라고 하면서 노약자석을 비워놓고, 아무리 바쁘더라도 줄을 서서 지하철을 타는 모습을 제시하였다. 이 광고들은 소비자들의 호응을 이끌어내며, 좋은 지하철 문화를 만드는 데 기여했다. 당시 지하철공사는 동아제약에게 좋은 지하철 문화를 만든 공로로 감사패를 수여했고, 이 광고는 2000년 대한민국광고대상에서 우수상을 수상하기도 했다.

**그림 1-10** 박카스의 노약자석 편 광고

## 4. 광고의 종류

무엇을 기준으로 하느냐(매체, 주체, 수용자, 노출지역, 소구방식, 제품의 수명주기 등)에 따라 광고의 종류가 나눠진다. 갈수록 기술이 발달함에 따라 새로운 유형의 광고가 등장하고 있다.

### 1) 매체에 따른 분류

가장 일반적으로 광고를 분류하는 방법이다. 어떤 매체에 광고를 집행하는가에 따라 광고의 종류를 구분한다.

(1) **방송광고(전파광고):** TV 광고, 라디오 광고, 케이블 TV 광고 등

(2) **인쇄광고:** 신문광고, 잡지광고 등

(3) **인터넷광고:** 검색광고, 배너 광고, 팝업 광고, 이메일 광고 등

(4) **옥외광고:** 빌보드 광고, 전광판광고, 네온 광고, 탑 광고 등

(5) **교통광고:** 버스 광고, 택시 광고, 쉘터 광고, 지하철광고, 철도광고 등

### 2) 광고 주체에 따른 분류

광고 메시지를 전달하고자 하는 주체, 즉 광고주가 누구인가에 따라서 광고를 분류한다.

(1) **제조업자광고:** 광고주가 직접 제품을 제조하는 생산자, 제조업자인 경우의 광고다.

(2) **도매업자광고**

(3) **소매업자광고:** 백화점, 편의점, 마트 등과 같이 제조업자가 생산한 제품을 소비자들에게 판매하는 소매업자들이 하는 광고다.

(4) **협동조합광고**

(5) **정당광고**

(6) **종교광고**

### 3) 메시지 수용자에 따른 분류

광고주가 표적으로 하고 있는 대상이 누구인가에 따라 광고를 분류한다.

(1) **소비자대상광고:** 일반 소비자를 대상으로 하는 광고다. 텔레비전, 라디오, 신문 등 대중매체에 의존하여 광고가 집행된다.

**(2) 사업자대상광고:** 재화와 용역을 구매하여 가공, 변형, 중개 등과 같은 과정을 통하여 새로운 이익을 창출하고자 하는 사업자들을 대상으로 하는 광고이다. 전문매체를 이용하여 광고를 하는 경향이 있다.

① 산업광고(산업재 구매자 대상)

② 거래광고(도매상, 소매상 대상)

③ 전문인광고(전문직 종사자 대상)

④ 농업광고(농업 종사자 대상) 등

### 4) 광고 노출지역에 따른 분류

광고의 노출 가능 지역이 어디인가에 따라서 광고를 국제광고, 전국광고, 지역광고로 구분한다.

**(1) 국제광고:** 자국의 국경을 넘어 해외에서 이루어지는 광고다.

**(2) 전국광고:** 한 국가의 전 지역에서 노출되는 광고이다.

**(3) 지역광고:** 한 국가 내에서 일부 지역에만 노출되는 광고다.

### 5) 소구방식에 따른 분류

광고에서 표현하고자 하는 내용, 메시지가 어떠한 방법에 의해 연출되고 강조되어지는가, 즉 소구방식에 따라 광고를 구분한다.

**(1) 이성소구광고:** 이성소구광고는 실증적, 논리적 자료들을 통해, 수용자의 이성에 호소하는 광고를 말한다. 광고 메시지를 뒷받침해주는 실증적, 논리적, 구체적인 자료들을 제시하여 수용자의 합리적인 의사결정에 호소한다.

**(2) 감성소구광고:** 소비자의 정서나 감정 등에 소구하는 광고를 감성소구광고라고 한다. 구체적인 방법이 아닌, 감성이나 느낌, 이미지, 모델 등을 강조함으로써 소비자의 마음을 움직인다.

### 6) 제품수명주기(PLC: product life cycle)에 따른 분류

제품수명주기(PLC: product life cycle)란 특정 제품이 시장에 출시되어 도입, 성장, 성숙, 쇠퇴의 단계를 거쳐 시장에서 철수되는 일련의 과정을 말한다. 제품생명주기라고도 한다. 테오도르 레빗(Theodore Levitt)이 1965년 HBR(Harvard business review) 논문을 통해 제시하였다. PLC는 제품도 마치 인간과 같이 일정한 수명주기가 있다고 보는데, 이러한 주기에 맞춰서 광고의 종류를 구분한 것이 제품수명주기에 따른 분류다.

**(1) 도입기광고:** 도입기광고란 신제품 출시와 같은 제품의 도입시점의 광고다.

도입기는 제품이 시장에 출시되고, 판매량이 완만하게 증가하는 시기다. 도입기에 있는 신제품의 경우는 인지도를 올리는 것이 중요하다.

보통 도입기에서는 브랜드를 인식시키는 것을 목적으로 하는 인지광고(awareness advertising, 인식광고) 등을 행한다.

**(2) 성장기광고:** 제품이 시장에서 성장하는 단계에 실시하는 광고다.

성장기에는 점차 경쟁기업이 시장에 진입하고, 시장 자체가 확대된다. 제품이 출시된 이후 긍정적인 평가를 얻기 시작하면 대개 판매량이 급속하게 늘어난다.

소비자들에게 제품의 가치, 특성 등을 확실히 이해시키고, 호의도를 높일 수 있는 광고가 필요하다. 광고의 반복 집행이 중요해지는 시기다.

**(3) 성숙기광고:** 성숙기광고는 경쟁이 치열, 혼탁해지며, 시장의 성장, 제품의 판매성장률이 둔화되는 시기의 광고를 일컫는다.

소비자들이 제품에 대해 잘 알고 있는 상태이며, 브랜드를 잊지 않도록 회상, 상기를 지속적으로 해주는 반복광고가 필요하다. 경쟁사보다 높은 광고비점유율, 광고전략 등을 통해 경쟁사의 시장점유율을 빼앗아 오거나 지켜야 한다.

경쟁기업이 등장하여 경쟁이 치열해고, 시장이 혼탁해지기 시작하는 성장기와 성숙기에는 경쟁제품에 대한 자사 제품의 우월성, 장점 등을 알리는 비교광고(comparative advertising) 등을 실시한다.

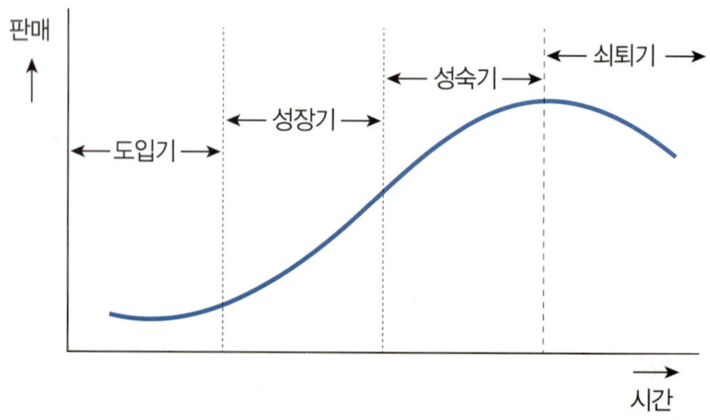


**그림 1-11** 제품수명주기

시장이 안정되거나 쇠퇴기에 접어들면, 소비자들이 제품에 대해 잘 알고 있는 상태이기 때문에 소비자들의 기억을 강화하여 브랜드 인지도를 유지시키려는 상기광고(remind advertising) 등을 집행한다.

(4) **쇠퇴기광고:** 제품의 매출이 점차적으로 감소하는 쇠퇴시점의 광고를 말한다. 매출 감소의 원인을 파악하여 대응해야 한다. 시장에 잔존하기로 한다면, 제품군의 새로운 용도 제시, 새로운 의미 고지 등을 통해 제품군의 붐업(boom-up)을 꾀하는 광고를 집행한다.
만약 시장에서 철수한다면 광고는 재고 처리를 위한 판촉 지원으로써 최소한으로 집행한다.

## 5. 광고 산업의 주역

국내의 광고산업 구조는 크게 광고주와 광고 조성기관, 통제기관으로 구분된다.

(1) 광고주는 광고회사에 광고를 의뢰하는 곳으로 광고산업의 중심이자 주체다.

(2) 광고 조성기관은 광고주의 광고활동을 지원하는 기관이다. 광고를 제작, 집행하는 등 광고주를 대신하여 광고활동을 하는 광고회사와, 광고가 표적 청중에게 전달될 수 있도록 방송매체의 시간, 인쇄매체의 지면 등을 유료형태로 제공하는 매체사, 그리고 시장과 소비자들을 분석하고 광고효과를 평가하는 조사회사 등이 있다.

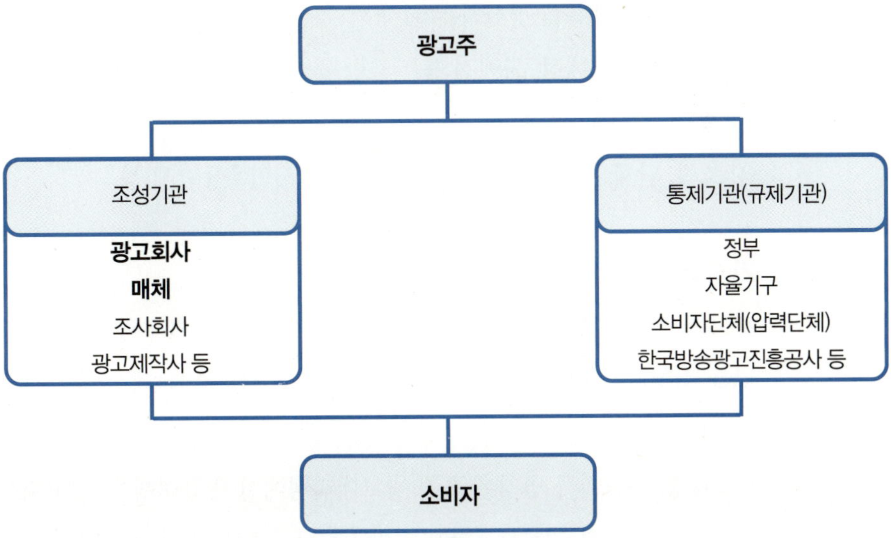


그림 1-12 한국 광고산업의 구조

(3) 통제기관은 광고물과 광고활동을 규제하는 기관이다. 광고가 사회 시스템의 하나로써 가져올 수 있는 여러 폐해를 감시하고, 규제, 통제한다. 통제 기관에는 공정거래위원회, 방송통신심의위원회, 한국광고자율심의기구, 한국소비자원, 한국방송광고진흥공사(KOBACO: korea broadcastiong advertising corporation) 등이 있다.

이중 광고의 4대 주역으로 광고주, 광고회사, 매체, 협력업체(조사회사, 광고제작사 등)를 살펴보겠다. 물론 연구자에 따라서 4대 주역을 광고주, 광고회사, 매체, 소비자로 분류하기도 한다. 하지만 실질적으로 광고를 제작하고 집행하는데 기여하는 것은 협력업체기 때문에, 이를 4대 주역으로 놓고 설명하겠다.

### 1) 광고주

광고주는 광고를 행하는 주체다. 실질적 스폰서(sponsor)로, 광고비에 대한 예산을 수립하고 이를 집행하기 위해 광고회사에 광고 제작과 광고매체를 통한 집행을 위탁하는 주체이다. 광고회사 입장에서는 의뢰인, 고객(client)이 된다.

광고주는 광고산업을 이루는 중심이자 핵심이다. 광고주가 다양한 광고 조성기관들에 지불하는 광고비가 광고산업의 크기를 결정한다.

(1) **유형:** 광고주의 유형 중에서 가장 대표적인 광고주는 제품을 생산하고 판매하는 회사, 기업이다. 그리고 정부, 학교, 교회 등과 같은 비영리법인이나 개인도 광고주가 될 수도 있다.

① 제조업체: 제품을 생산하는 회사

② 판매회사: 소매점, 도매점 등

③ 개인

④ 조직, 단체: 정부, 군부대, 협회, 동호회, 시민운동단체 등

### 2) 광고회사

광고회사는 광고주로부터 광고를 의뢰 받아 광고를 제작한 뒤 매체를 구매하여 광고를 집행하는 광고 조성기관이다. 한마디로 광고주를 대신해서 광고업무를 하는 곳이다.

(1) **특징:** 광고회사 명칭은 초기 광고대리점에서 광고대행사, 광고회사로 변화되고 있다. 광고회사는 광고활동 전반, 즉 시장조사, 소비자 조사, 광고계획 수립, 광

고물 제작, 광고효과 조사, 매체 기획, 매체 구매, 각종 이벤트 개최, 홍보활동 등을 담당한다.

광고회사는 그룹화되는 경향이 있는데, 대표적인 광고 그룹은 아래와 같다.

① WPP 그룹(WPP Group, 영국): 오길비 앤 매더(Ogilvy & Mather), JWT, 영 앤 루비컴(Young & Rubicam), 그레이(Grey)

② 옴니콤 그룹(Omnicom Group, 미국): BBDO, DDB 월드와이드(DDB Worldwide), TBWA

③ 퍼블리시스 그룹(Publicis Group, 프랑스): 레오 버넷(Leo Burnett), 사치 앤 사치(Saatchi & Saatchi), 스타콤(Starcom)

④ 인터퍼블릭 그룹(Interpublic Group, 미국): 맥켄 에릭슨(McCann Erickson), 드래프트 FCB(Draft FCB)

(2) **유형:** 광고회사의 유형은 '서비스 범위'에 따라 종합광고회사와 전문광고회사로 구분된다. '광고회사와 기업과의 관계'에 따라 계열광고회사와 독립광고회사로 나뉜다.

① 종합광고회사(full-service agency)와 전문광고회사(limited service agency): 종합광고회사(종합광고대행사)는 광고물의 기획, 제작, 조사, 매체 선정 등 광고에 관한 모든 것을 종합적으로 광고주에게 서비스하는 광고회사를 말한다. 오늘날에는 SP, DM, PR, 이벤트 등 마케팅과 커뮤니케이션에 관한 토탈 서비스를 하는 경우가 많다.

전문광고회사(전문광고대행사)는 한정광고회사라고도 한다. 광고와 관련된 특정 서비스만 제공하는 광고회사다. 크리에이티브 서비스나 어카운트 서비스, 매체 기획 서비스 등 특정적인 서비스만 전문적으로 제공한다. 특히 광고 표현, 제작 등 기술적인 광고 제작 서비스만 전문으로 하는 회사를 크리에이티브 부띠끄(creative boutique)라고 부른다.

② 계열광고회사(in-house agency)와 독립광고회사(independent agency): 계열광고회사(계열광고대행사)는 특정 기업에 예속되어 그 회사의 광고를 담당하는 광고회사다. 우리나라 초창기 광고산업의 발전에 기여했다. 장점으로는 같은 그룹 계열사들의 광고주들을 광고주로 유치함으로써 안정적인 매출을 올릴 수 있고, 특정한 자기 업종에서 전문성이 높으며, 광고 및 마케팅 관련 정보의 보안 유지가 용이하고, 자세한 정보를 얻을 수 있어 정확한 컨셉트나 방향 설정이 가

능하고, 광고주와 협의, 협력이 잘 이루어진다는 점을 들 수 있다. 단점은 광고주의 직접적인 지배가 이루어지며, 새로운 광고주의 영입에 소극적일 수 있다. 경쟁 없이 광고주를 유치하기 때문에 타성에 젖기 쉽고, 업무 관성에 의해 창의력이나 새로운 아이디어, 광고물의 크리에이티비티가 저해될 가능성이 있다. 계열광고회사의 사례로는 삼성의 제일기획과 현대자동차의 이노션, LG의 HS애드 등이 있다. 우리나라의 큰 광고회사들은 대부분 계열광고회사다.

독립광고회사(독립광고대행사)란 특정 기업에 속해있지 않고 독자적으로 광고수주를 받아 이를 집행하는 회사를 말한다. 장점은 새로운 광고주를 개발하기 위해 적극적, 경쟁적으로 임하고, 적응력이 좋다는 점이다. 계열광고회사에 비해 좀 더 객관성을 유지할 수 있으며, 생존을 위해 광고주에 전력을 다한다. 그러나 독립광고회사는 대기업의 계열광고회사에 비해 영입한 광고주가 적다보니 대행하는 광고물량이 적고, 자금, 인력, 예산 등의 부족으로 인해 어려움을 겪고 있다.

### 3) 매체

매체는 광고주와 소비자 사이에서 중개의 역할을 하는 것으로, 광고를 소비자에게 전달해주는 매개체이자 도구다. 이러한 매체를 운영하는 조직을 매체사라고 한다. 소비자에게 광고를 잘 전달할 수 있도록 인쇄매체의 지면과 방송매체의 시간 등을 유료로 제공한다.

(1) **유형:** 주요 광고매체로 인쇄매체, 방송매체, 뉴미디어 등을 들 수 있다.

① 인쇄매체(print media): 인쇄매체는 광고를 종이 등에 인쇄하거나 기타의 수단을 통해 소비자에게 전달하는 매개체로, 신문, 잡지, 포스터, 팸플릿 등이 있다. 초창기 광고매체는 대부분 인쇄매체였다.

② 방송매체(broadcasting media): 방송매체는 광고를 공중파나 위성신호 등과 같은 전파를 이용하여 소비자에게 전달하는 매체다. 전파를 매개로 광고를 전달하기 때문에 전파매체(electronic wave media)라고도 부르며, 라디오, TV 등이 속한다. 제2차 세계대전 이후 라디오와 TV의 보급이 확대되면서, 방송매체는 광고주의 광고 메시지를 전달하는 매우 중요한 광고매체가 되었다. 인쇄매체가 시각적 메시지만 전달 가능했다면, 방송매체는 시각적 메시지뿐만이 아니라 청각적 메시지, 동적인 영상까지 전달이 가능해서 광고효과가 컸기 때문이었다.

③ 뉴미디어(new media): 뉴미디어는 단어 의미 그대로 새로운 전달 매체다. 즉 정보의 수집과 작성, 정보의 처리와 가공, 정보의 전송, 정보의 이용 등에서 기존의 매체와는 다른, 새로운 특징을 지닌 미디어를 뉴미디어라고 한다. 인터넷, 위성방송, 모바일 등이 속한다. 특히 인터넷 매체는 상호작용, 저비용, 세분화 등의 장점을 바탕으로 방송매체의 단점을 보완하면서 주요 광고매체로 성장했다. 그리고 모바일, 위성방송, IP TV 등 뉴미디어의 급증으로, 광고매체의 다양화가 급속도로 진행되고 있다.

### 4) 협력업체

협력업체는 광고회사가 광고의 완성을 위해 필요로 하는 기관이다. 조사회사, 광고제작사, 이벤트 회사, 방송광고 스튜디오, 모델 에이전시, 컨설팅 회사, PR 회사 등을 포함한다.

장점은 우선, 특정 분야에 전문성이 있다. 조사나 이벤트, 홍보 등 전문적인 서비스를 광고회사에게 제공할 수 있다. 다음, 광고회사와는 다른 신선하고 새로운 접근을 할 수 있다. 지나치게 광고에 함몰되어 있지 않은, 새로운 시각과 아이디어를 토대로 업무적인 접근이 가능하다. 또한 객관적인 컨설팅이 가능하다. 제3자의 입장에서 광고회사에게 객관적으로 컨설팅을 해줄 수 있다. 마지막으로 협력업체를 이용할 경우 인력 운용의 탄력성이 있다.

### <참고문헌>

강승구, 김병희 (2011). 현대광고와 성공 카피전략. 서울: 한국방송통신대학교.

송용섭, 리대룡 (1998). 현대광고론. 서울: 무역경영사.

이두희 (2009). 광고론–통합적 관리. 서울: 박영사.

이명천, 김요한 (2016). 광고학개론. 서울: 커뮤니케이션북스.

한광석, 백승록 (2012). 광고론. 서울: 글로벌.

# 02 창의성과 아이디어

**학습목차**

1. 크리에이티비티
2. 아이디어
3. 그레이트 애드버타이징

## I. 크리에이티비티

### 1. 크리에이티비티의 정의

#### 1) 일반적 정의

크리에이티비티(creativity)는 '창의성', '창조성', '독창력' 또는 '새로운 것을 생각해 내는 특성'의 의미를 갖고 있다.

네덜란드의 비교문화 커뮤니케이션 전문가인 마리케 드 무이(Marieke de Mooij, 2004)는 크리에이티비티를 "독특하고(novel) 적합한(appropriate) 것으로 인정받는 아이디어, 제품 등을 창출하는 능력"으로 정의했다.

#### 2) 광고적 정의

데이비드 오길비(David Ogilvy)가 광고 카피 역사상 5대 거인 중에 한명이라고 지칭한 제임스 웹 영(James Webb Young, 1975)은 크리에이티비티를 "낡은 요소들을 새롭게 조합하는 것"이라고 정의했다. 이화자(2009)는 "이전에 연결되지 않았던 2개 혹은 그 이상의 것을 새로운 것으로 결합하고 조합하는 능력"이라고 설명했다. 제너럴 일렉트릭(GE: general electric)에서 창조공학 프로그램을 담당했던 본 판즈(Von Fange, 1959)는 "창조하는 것은 기존의 요소를 새로이 결합하는 일에 불과하다(To create is simply to combine existing elements in new ways)."라고 정의했다.

이상의 정의에서 크리에이티비티의 핵심은 '결합'과 '새로움'이다.

(1) 결합: 크리에이티브는 사람들의 머릿속에 있는 기존의 경험이나 지식, 정보, 생각 등을 조합하는 것이다.

(2) 새로움: 크리에이티브는 사람들이 기대하지 못한 것, 지금까지 보지 못했던 것, 참신한 것, 신선한 것이다.

정리하면 광고에서의 크리에이티비티는 완전히 새로운 것을 창조하는 것이 아니라, 자신에게 이미 존재하는 생각, 지식, 경험들을 새롭게 결합하는 것이다.

따라서 아무 것도 없는 '무(無)'에서 '유(有)'라는 창의성이 생겨나는 것이 아니라, 이미 존재했던 생각, 경험 등의 전제조건이 필요하다.

## 2. 광고에서의 크리에이티비티의 역할

### 1) 정보 전달력 향상

크리에이티비는 광고의 기본적 역할인 정보 전달력을 향상한다. 소비자의 사고를 자극하고, 이해력을 제고한다. 즉 창의성은 광고를 더욱 생동감 있게 만드는데, 이는 소비자의 주의를 잘 끌고, 흥미를 유발하며, 나아가 사고를 자극하고, 정보를 쉽게 이해할 수 있도록 만든다.

### 2) 설득력 제고

광고 속의 크리에이티비티는 광고 메시지의 설득력을 높인다. 설득적으로 메시지를 잘 전달하기 때문에, 소비자들의 제품 구매를 유발한다.

### 3) 상기도 향상

크리에이티비티는 소비자들이 광고하는 제품, 브랜드, 서비스, 기업 등을 쉽게 기억하고 상기할 수 있도록 만든다. 창의성은 같은 제품, 같은 컨셉트의 광고라도 좀 더 흥미 있고, 재미있는 광고로 만들어서 전달한다. 이를 통해 소비자들이 광고하는 제품을 더 잘 기억, 회상할 수 있게 만든다.

### 4) 붐(boom) 유발

창의성은 광고가 인구에 회자되게 하고, 화제 및 유행, 변화를 불러일으킨다. 다시 말해 좋은 크리에이티비티는 소비자에게 강한 인상을 주고, 커다란 화제를 불러일으키며, 나아가 유행을 만들거나 트렌드의 변화를 이끌어내기도 한다. 특히 광고 혼잡도가 큰 현대의 광고상황에서 화제성, 즉 '이슈 메이킹(issue-making, 화제 만들기)'은 캠페인 성공을 좌우하는 핵심요소이다.

사회적 화제, 변화를 불러왔던 창의성 있는 광고 사례로 코카콜라의 산타클로스 광고를 들겠다. 산타클로스는 원래 빨간 옷을 입고 하얀 수염을 기르고 있는 노인의 모습이 아니라, 가톨릭 신부님의 모습이었다. 산타클로스는 4세기경 미라(Myra)의 대주교였던 세인트 니콜라스(Saint Nicholas) 신부에게서 유래되었는데, 그는 어린이들을 좋아하고, 자비로웠으며, 남몰래 많은 선행을 베풀었다. 가난한 집안의 세 처녀가 지참금이 없어서 팔려나갈 위기에 처하자 몰래 금이 든 자루를 집에 던져주기도 하고, 죄 없이 사형대에 오른 장군들을 구출해주기도 했으며, 조난된 선원들을 구해주기도 했다. 그래서 가톨릭에서는 그를 성인으로 숭배하고, 축일인 겨울에 기념을 하게 되었다.

한편 코카콜라는 1920년대 말 겨울철 콜라의 판매량을 증가시키기 위해서 고심을 했다. 그러다가 겨울 이미지에 잘 어울리는 산타클로스를 광고 캠페인에 등장시켰는데, 창의적으로 변형을 해서 사용했다. 즉 세인트 니콜라스 신부의 모습을 그대로 차용한 것이 아니라, 코카콜라의 상징색인 빨간색 옷을 입히고, 콜라의 풍부한 거품을 표현하는 흰 수염을 단 인자한 할아버지로 변형한 것이다. 미국의 해

**그림 2-1** 세인트 니콜라스 신부와 1931년 집행된 코카콜라의 산타클로스 광고

돔 선드블롬(Haddon H. Sundblom)이 산타클로스를 그렸으며, 1931년 새터데이 이브닝 포스트(Saturday evening post) 지에 처음 광고가 집행되었다. 코카콜라의 창의적인 산타클로스 광고는 커다란 인기를 끌었으며, 전 세계적으로 산타클로스의 모습을 변화시켰다.

#### 5) 기업에 혜택 제공

크리에이티비티는 브랜드 자산을 형성하고, 기업 이미지를 제고하며, 시장점유율(market share)을 높이고, 제품 판매율 향상하는 등 기업에 경제적 이윤을 제공한다.

### 3. 크리에이티비티의 영향요인

창의성에 영향을 주는 요인은 경험, 지식, 환경, 교육, 동기, 개성, 인지능력 등 다양하다. 그러나 무엇보다 중요한 것은 창의성은 선천적 자질, 지능(IQ)에 의한 것이라기보다, 후천적인 노력으로 계발된다는 점이다. 창의성은 무(無)에서 생기는 것이 아니라 유(有)에서 생긴다.

따라서 광고인들은 많은 경험, 지식, 정보 등을 쌓고, 분석적 사고를 하며, 서로 무관한 요소들을 새롭게 결합해보는 노력을 꾸준하게 반복해야 한다. 그럴 때 창의성을 발휘할 수 있을 것이다.

## II. 아이디어

### 1. 아이디어의 개념

#### 1) 어원

아이디어(idea)는 그리스어 'idein(이데인)'에서 파생되었으며, 이데인의 뜻은 '보다', '알다'의 의미다. 아이디어의 어원은 고대 그리스 철학자 플라톤(Platon)에게서 유래되었다. 그는 사람을 구성하는 마음과 육체 중에서 마음이 더 중요하며 '마음을 구성하는 아이디어야 말로 실제를 위한 참다운 기초'가 된다고 보았다.

#### 2) 정의

(1) **일반적 정의:** 아이디어의 사전적 정의를 보면 관념, 의견, 신념, 사고 등을 의미한다. 이외에도 아이디어는 문득 머리에 떠오르는 좋은 생각, 또는 문제 해

결, 상황 개선 등을 위해 떠올리는 새롭고 신선한 발상이란 의미가 있다.

(2) **광고적 정의:** 광고에서 말하는 아이디어의 개념은 일반적 정의와는 차이가 있다. 광고 영역에서 아이디어란 용어는 너무 광범위한 개념으로 쓰이고 있으며, 광고 아이디어의 개념이 애매하다는 입장도 있다. 다음 연구자들의 정의를 보자.

포스터(Jack Poster)는 아이디어를 "오래된 요소들의 새로운 결합"이라고 정의했다. 쾨스틀러(A. Koestler, 1967)는 "아이디어는 기존의 여러 가지 생각을 바탕으로 그것을 결합시키는 데서 나온다."라고 했으며, 에른스트(L. Ernst)는 "두 가지 잘 짝지어지지 않는 일반적 사항을 독창성을 매개로 결합시켜 제3의 무엇으로 만드는 것"이라고 정의했다.

종합해보면 광고 아이디어는 기존에 존재하는 생각, 경험, 관점 등을 바탕으로 그것을 결합시키고 발전시키는 것이라고 할 수 있다. 완전히 새로운 것을 이용해서 무엇인가를 만들어내는 것이 아니라, 이미 존재하는 낡은 요소들의 새로운 결합이다. 광고적 정의에서 아이디어는 앞의 창의성을 포함하는 광범위한 개념이다.

또 다른 연구자들의 정의를 살펴보면, 슐츠(D. E. Shults)는 아이디어를 "어떤 제품이 당신에게 어떤 도움을 줄 것인가를 드라마화 시킨 그림, 언어의 조합"이라고 정의했다. 아렌스와 보비(W. E. Arens & C. I. Bovee)는 "신선하고 이해가 쉽도록 제품 편익을 소비자 욕구에 접목시킨 것, 독자나 시청자가 메시지를 듣게 하려는 전략에 부응한 통찰력"이라고 설명했다. 마라(James Marra, 1990)는 "아이디어는 새로움과 상관성의 품질에 달려있다."고 했으며, 힐과 존슨(Railton Hill & Lester Johnson, 2004)은 "브랜드 위치를 나타내기 위한 흥미로운 방법의 선택"이라고 정의했다.

각 연구자들마다 아이디어를 각양각색으로 정의했는데, 대체로 광고 아이디어는 광고물에 나타난 신선하고 새롭고 흥미로운 발상이며, 표적청중의 눈길을 끄는 기발한 착상을 지칭한다.

### 3) 빅 아이디어(big idea)

빅 아이디어란 아이디어 중의 아이디어를 일컫는다. 빅 아이디어는, 광고를 특색있게 만들고, 소비자의 관심을 끌고, 기억이 될 만한 크리에이티브 컨셉트이다(이화자, 2009).

광고인 데이비드 오길비는 "빅 아이디어가 있어야 소비자의 주목을 끌고, 그들

**표 2-1** 아이디어 발상법

| 단계 \ 연구자 | 제임스 웹 영 | 그레함 월라스 | 오바타 아키라 | 헬무트 호르츠 | 모쉬 루빈슈타인 | 찰스 아담스 | 찰스 웨이크필드 |
|---|---|---|---|---|---|---|---|
| 1단계 | 섭취 | 준비 | 준비 | 준비 | 준비 | 섭취 | 문제에 대한 인식 |
| 2단계 | 소화 | 부화 | 분석 | 숙성 | 숙성 | 부화 | 문제에 대한 정의 |
| 3단계 | 부화 | 점화, 조명 | 부화 | 계발 | 영감 | 영감 | 문제 이해와 문제요소에 대한 파악 |
| 4단계 | 점화, 조명 | 증명 | 힌트 | | 확인 | | 문제에 대한 숙성 |
| 5단계 | 증명 | | 영감 | | | | 문제에 대한 영감 |
| 6단계 | | | 평가 | | | | |
| 7단계 | | | 정교화 | | | | |

(* 출처: Michalko, 1998; 이성구, 1999; 이화자, 2002)

이 당신 제품을 사게 만들 수 있습니다. 광고에 빅 아이디어가 없으면 마치 한밤중에 배가 지나가듯 그냥 소비자 눈 앞을 지나쳐갈 뿐입니다."라고 말하면서 빅 아이디어를 강조했다. 다음은 오길비가 제안한 빅 아이디어의 5가지 기준이다.

(1) 처음에 딱 봤을 때 그 아이디어가 당신을 사로잡았는가?
(2) 그 아이디어를 당신 스스로 제안했더라면 하는 욕심이 드는가?
(3) 독창적이며 독특한가?
(4) 광고전략에 꼭 들어맞는가?
(5) 30년간 지속적으로 사용할 수 있는가?

## 2. 아이디어 발상법

광고분야에서 아이디어 발상을 하는 이유는 보다 우수한 광고물을 창작하기 위해서이다. 여러 가지 아이디어 발상법을 숙지한 다음, 실제로 광고를 창작할 때 다양하게 활용해 보고, 자신에게 적합한 방법을 찾는 것이 중요하다. 사람마다 적합한 아이디어 발상법들이 따로 있기 때문이다. 아울러 모든 문제를 해결하는 절대적인 아이디어 발상법은 없다.

### 1) 제임스 웹 영(James Webb Young)의 5단계 아이디어 발상법

광고회사 레오 버넷을 설립하고 시카고 유파(chicago school)를 창시한 레오 버넷(Leo Burnett)은 제임스 웹 영의 5단계 아이디어 발상법을 '창의적인 광고물을 만들 수 있는 최상의 아이디어 발상법'이라고 말했다. 영의 아이디어 발상법은 섭취(ingestion) → 소화(digestion) → 부화(incubation) → 점화(illumination) → 증명(verification)의 다섯 단계로 이루어져 있다.

**(1) 절차:**

① ingestion(섭취): 섭취단계는 광고 창작에 필요한 많은 자료와 정보를 수집하고 탐색하는 단계다.

자료 유형에는 크게 직접적 자료와 간접적 자료가 있다. 직접적 자료는 광고하려는 제품, 서비스, 기업, 브랜드 등의 특성이나 장점, 그리고 소비자 혜택과 직접 관련되는 구체적인 자료를 말한다. 간접적 자료는 전반적인 사회 흐름이나, 문화적 특성 등의 일반적 자료다.

자료 수집 경로는, 광고주 담당자, 기업의 기술연구진, 공장의 생산관계자, 기업의 최고경영자, 판매관계자, 소비자로부터 얻을 수 있고, 제품에 관한 연구회, 세미나, 전시회에서도 수집할 수 있으며, 다른 기업의 광고자료, 홍보자료, 그리고 제품에 대한 직접적 테스트 등에서 정보를 수집할 수 있다(우에조 노리오, 1991).

② digestion(소화): 수집한 자료를 읽고, 분석해서, 자기 것으로 소화하는 단계다. 자료의 내용들을 느껴보는 시기이며, 아이디어가 슬쩍 슬쩍 떠오르기 시작한다. 이 때 중요한 것이 메모로서, 아무리 하찮은 아이디어라도 메모하는 것이 좋다. 이 아이디어가 빅 아이디어(big idea)로 발전할 수도 있기 때문이다.

③ incubation(부화): 부화단계는 아이디어와 관계된 것들을 잊고 무의식으로 돌아가는 단계다. 아이디어를 내기 위한 노력을 중지하고, 머리를 식힌다. 그래서 망각, 방치의 단계라고도 한다. 영화를 관람하거나, 잠자기, 산책, 운동 등을 통해 상상력을 자극하는 것이 좋다. 겉으로 보기에는 쉬는 것처럼 보이지만, 두뇌 속에서는 기존 자료들이 상호 결합, 조합되면서, 아이디어가 부화한다. 광고인 데이비드 오길비는 아이디어를 내다가 막히면, 시골길을 산책하거나, 헨델의 오라토리오 등 여러 가지 음악들을 들으면서 쉬었다.

④ illumination(점화, 조명): 아이디어가 번쩍 떠오르는 단계다. 아이디어를 창출한다. 그러나 이때 떠오르는 아이디어는 완전히 구체화된 아이디어가 아니기 때문에 사라지기가 쉽다. 즉시 메모하는 것이 필요하다.

그림 2-2 특히 최근에는 광고 아이디어의 효율성을 높이기 위해 미디어의 역할이 중요해졌다. 미디어를 활용한 아이디어 발상 및 개발에 주목해야 하는 이유이다.

⑤ verification(증명): 떠오른 아이디어가 광고 컨셉트를 제대로 구현하고 적당한 것인지 판단, 입증하는 단계다. 아이디어를 다듬고 발전시켜서 구체화한다. 나온 아이디어를 다각도로 검토, 발전시켜서 완성도를 높이고, 아이디어가 부족하면 보완한다. 광고 아이디어를 발전시키기 위한 5가지 점검 기준은 아래와 같다.
- 최종 아이디어가 소비자의 심리적 속성에 부합하는가?
- 광고목표를 달성할 수 있는가?
- 표현 컨셉트를 제대로 구현하고 있는가?
- 매체에 노출하기에 적합한가?
- 다양한 매체 특성을 적절히 활용하는가?
- 경쟁사의 광고보다 뛰어난가?

### 2) 알렉스 오스본(Alex Osborn)의 브레인 스토밍(brain storming)

**(1) 정의:**

브레인 스토밍은 보통 5~7명으로 구성된 그룹에서, 아이디어를 제시하고, 더 높은 차원의 아이디어로 발전시키는 발상법이다. 상호 자극을 통해서 다른 사람의 머리(brain)에 폭풍(storming)과 같은 아이디어의 연상을 일으키기 때문에 이런 이름이 붙여졌다. 또한 눈덩어리를 굴려 큰 눈사람을 만들 듯이, 아이디어를 결합하여 큰 아이디어를 만들기 때문에 눈 굴리기(snow bowling)기법이라고도 부른다.

**그림 2-3** 알렉스 오스본

미국의 광고회사 BBDO의 사장을 역임한 알렉스 오스본과 그의 동료들이 1939년에 제안하였으며, 현재 널리 활용되고 있는 아이디어 발상법이다.

**(2) 특성:**

① '그룹별'로 아이디어를 생성하는 집단적 발상기법이다.

② 아이디어를 '연쇄적'으로 생성한다.

③ 아이디어 자유발상단계에서 좋다, 나쁘다는 '판단을 보류'한다.

④ 많은 아이디어를 '결합하여 더욱 수준 높은 아이디어 생성'한다.

**(3) 절차:**

① 준비단계: 첫째, 구성원을 조정한다. 진행자 1명, 서기 1명을 포함해서, 보통 5~7명으로 팀을 구성한다. 진행자는 회의 전에 주제 등을 충분히 숙지하고, 회의의 방향을 설정한다. 진행자의 역할은 회의를 진행하고, 다양한 맥락에서 아이디어가 나오도록 이끌며, 회의가 주춤할 때 적절한 질문으로 팀원들의 반응을 계속 이끌어내는 것이다. 기록자의 역할은 회의의 모든 내용을 기록하는 것이다. 하찮은 아이디어라도 다 기록하는 것이 좋다. 둘째, 차분한 분위기의 회의실을 확보한다. 팀원 모두가 얼굴을 마주볼 수 있는 테이블, 아이디어를 기록할 수 있는 화이트보드 또는 전자칠판, 흑판 등을 준비한다. 셋째, 회의시간을 고려한다. 보통 1시간 정도가 좋다. 1시간 이상의 회의는 비효율적이며, 새로운 아이디어가 나오기 어렵다.

그림 2-4 1950년대 광고회사 BBDO뉴욕에서 브레인 스토밍이 이루어지는 모습. 필립 할스만(Philippe Halsman)이 촬영했으며, 오른쪽 벽에 브레인스토밍의 규칙이 붙어있다.

② 자유발상단계: 우선, 오리엔테이션을 한다. 진행자가 회의 주제, 광고목표, 크리에이티브 목표, 제품 특성, 소비자 특성, 광고주가 원하는 것, 해결해야할 문제 등을 설명한다. 다음, 개별 발상을 한다. 개인적으로 아이디어를 생각한다. 그리고 자유롭고 편안한 분위기에서 각자 아이디어 제시한다. 마지막, 집단토론을 한다. 다른 사람의 발표를 듣고 떠오르는 아이디어를 추가로 제시한다. 이 단계에서는 가능한 많은 아이디어를 내고, 그 아이디어가 연쇄적으로 계속 창출되도록 한다.

③ 평가단계: 지금까지 나온 아이디어를 평가, 검토하여, 최적의 아이디어를 선정하는 단계다. 평가단계에서는 '비판'이 허용된다. 토론 후 바로 평가를 할 수도 있으나, 객관적인 평가를 위해서 자유발상단계 후 하루 정도 지난 뒤에 하는 것이 좋다.

광고 아이디어를 평가하는 기준은 '아이디어가 독창적인가?', '실현 가능성이 있는가?', '효과는 어떠할 것인가?' 등이다. 평가 기준에 부합하지 않는 아이디어 배제하고, 가능성 있는 아이디어 보완 및 발전시킨다.

**(4) 주의사항:**

① 아이디어 비판 금지: 자유발상단계에서는 타인의 아이디어를 절대로 비판하지 말아야 한다. 사람들 중에는 아이디어를 잘 못 내는 사람도 있다. 거기다 비판

까지 받으면 심리적으로 위축이 되어서 더 이상 아이디어를 못 내게 되는 일이 발생할 수 있다. 또한 다른 팀원들도 '나도 잘못 내면 저렇게 비난 받을 수 있겠구나' 싶어서 자유롭게 아이디어를 내지 못한다. 이렇게 되면 전반적으로 회의 분위기가 저하되어, 아이디어가 안 나오게 된다.

② 자유로운 발표: 아무리 하찮은 아이디어라 해도 망설이지 말고 발표한다. 하찮은 아이디어가 상대방에게 영감을 주어 빅아이디어로 발전할 가능성 있기 때문이다.

③ 다량의 아이디어 창출: 브레인 스토밍에서는 아이디어의 개수가 중요하다. 가급적 많은 아이디어를 제시한다. 대안의 숫자가 많으면 많을수록 좋은 아이디어가 나올 가능성이 높다. 흔히 '양보다 질'이라고 하는데, 브레인스토밍에서는 '질보다 양'이다.

④ 아이디어의 확장: 기존의 아이디어를 결합시켜서, 새로운 아이디어가 나오도록 한다.

**(5) 단점:**

① 창출 저지(production blocking): 아이디어의 발상은 마치 물이 흐르듯이 연속적인 사고의 과정이다. 그런데 브레인 스토밍은 아이디어를 발표하거나 타인의 아이디어를 듣는 동안, 지속적인 아이디어의 발상이 막힌다는 문제점이 있다.

② 무임승차(free riding): 다른 사람들 틈에 끼어서 적당히 넘어가는 것을 프리라이딩(free riding)이라고 하는데, 브레인 스토밍에서는 이런 무임승차가 발생한다. 아이디어를 잘 내는 사람은 계속해서 아이디어를 내고, 잘 내지 않는 사람은 계속해서 내지 않는다.

③ 평가에 대한 두려움: 아이디어를 공개된 자리에서 설명하고, 평가 받는 것에 대해 두려움을 가지는 경우가 많다. 특히 평소 소극적이고, 발표 자체에 대해 두려움을 가지고 있으며, 논리적으로 이야기를 잘 못하는 사람들일수록 두려움은 더할 것이다. 이러한 두려움 때문에 아이디어 제시를 주저하게 되는 단점이 있다.

④ 소수에 의한 지배: 아이디어가 뛰어난 사람이나 권위적인 상사 등이 회의 분위기를 지배하고, 끌어감으로써 다른 사람들은 아예 아이디어를 낼 엄두를 못 내는 경우가 있다. 이런 소수에 의한 지배도 브레인스토밍의 문제점이다.

그림 2-5 존 케이플즈

### 3) 존 케이플즈(John caples)의 연상적 발상법

존 케이플즈는 미국의 광고회사 BBDO의 제작담당 부사장을 역임하였다. 무려 82세로 은퇴할 때까지 카피라이터 겸 크리에이티브 디렉터로 현장에서 왕성하게 일했다. 82세에 은퇴한 것도 자의에 의해서가 아니라 사다리에서 떨어져 척추를 크게 다쳤기 때문이었다. 존 케이플즈는 광고 실무계에서 장기간에 걸쳐 수백 가지 광고 사례들을 분석하고 자신의 경험을 바탕으로, 아이디어 발상법을 제시하였다. 광고인 데이비드 오길비는 그를 '불굴의 분석가 그리고 광고의 선생일 뿐 아니라 역사상 가장 효과적인 광고를 만든 사람'이라고 평했다. 효과적인 광고를 만든 그의 아이디어 발상법을 살펴보자.

**(1) 정의:**

연상적 발상법은 머릿속에서 무의식적으로 연상되는 단어나 문장 등을 연속적으로 계속 써내려 가는 방법이다. 한 사람이 혼자서 아이디어의 모든 과정을 수행하는 단독적인 발상기법이다.

**(2) 절차:**

① 광고목표나 제품정보, 소비자정보 등을 읽고, 숙지, 소화한다.

② 종이와 펜을 준비한다.

③ 머릿속에 연상되는 단어, 문상을 쉬지 않고 써내려간다. 이 때 논리적인 분석이나, 비판은 금지한다.

④ 재충전법(booster technique): 더 이상 아이디어가 떠오르지 않으면 재충전을 한다. 광고주의 전 광고물이나, 광고 기획서, 조사 보고서 등 관련된 자료를 읽으면서 쉰다. 즉 다른 아이디어 발상법처럼 영화 관람, 운동, 잠자기 등과 같이 아예 상관없는 일을 하면서 푹 쉬는 것이 아니라, 관련된 자료들을 보면서 가볍게 쉰다.

⑤ 다시 아이디어 작성한다. 아이디어가 떠오르지 않으면 재충전을 하고, 다시 작성하는 것을 반복한다.

⑥ 어느 정도 아이디어가 나왔으면 잠시 머리를 식힌 후에 추출된 아이디어를 결합하고, 재구성하며, 정리한다. 최종적으로 아이디어를 선정한다.

**(3) 광고 아이디어 창출기법 12가지:**

① 개인적 경험을 활용하라.

② 경험을 체계화하라.

③ 마음에서 우러나오는 것을 써라.

④ 다른 사람의 경험에서 배우라.

⑤ 제조회사와 상의해 보라.

⑥ 제품에 대해 연구하라.

⑦ 제품의 이전 광고를 검토하라.

⑧ 경쟁사의 광고에 대해 연구하라.

⑨ 고객의 증언에 대해 연구하라.

⑩ 잠재고객의 문제점을 해결하라.

⑪ 소비자의 잠재의식을 발상에 활용하라.

⑫ 성공한 광고를 여러 가지로 변화시켜서 반복적으로 사용해보라.

### 4) 잭 포스터(Jack Poster)의 아이디어 발상법

잭 포스터는 약 40년 동안 활동한 미국의 카피라이터이자 크리에이티브 디렉터다. 1999년 '잠자는 아이디어 깨우기(How to get ideas)'라는 책에서 본인의 광고 실무 경험을 바탕으로 아이디어 발상에 대해 설명하였다.

**(1) 절차:**

① 문제 정의: 가장 먼저 문제를 정의해서, 무엇이 문제인지 분명하게 알아야 한다. 처음에 문제를 정확하게 정의하지 않으면, 문제를 풀 수 있는 제대로 된 아이디어가 나오지 않게 된다.

영국 가전회사 다이슨(Dyson)의 '날개 없는 선풍기'와 '먼지봉투가 필요 없는 진공청소기' 는 어떻게 개발되었는가? 기존 선풍기 날개의 위험함, 먼지봉투 버리는 불편함을 어떻게 해결할 것인가에서 아이디어 발상이 시작되었다. 아이디어가 문제를 해결하려면 먼저 문제가 무엇인지를 알아야 한다. 일본의 유명한 그래픽디자이너 후쿠다 시게오(福田繁雄)는 아이디어를 "문제의 원인을 똑바로 응시하고, 높은 목표 달성을 위해 생각하는 기량을 발휘하는 것"이라 하였다(후쿠다 시게오, 2011). 즉 아이디어의 출발점은 먼저 무엇이 문제인지를 깨닫는 것이라 할 수 있다.

② 정보 수집: 아이디어 발상에 필요한 모든 정보를 탐색하고 수집한다. 아무리 창의적인 사람도 무지한 상태에서는 좋은 아이디어를 낼 수 없다.

③ 아이디어 탐색: 아이디어를 많이 낸다. 그리고 나온 아이디어들을 결합하고, 종합해 본다.

④ 일시적 망각: 아이디어를 내는 일을 잠시 잊어버린다. 아이디어를 내다가 막히면 잠깐 아이디어 발상을 중단하고 다른 일을 하면서 쉰다. 그러나 장기간 여행을 가거나 일주일 내내 스포츠를 즐기는 등의 지나친 휴식은 오히려 역효과를 내기 때문에, 적절한 선을 지켜야 한다.

⑤ 아이디어 실행: 최상의 아이디어 추출한다. 그리고 '구슬이 서 말이라도 꿰어야 보배', '실행하지 않는 아이디어는 아이디어가 아니다'라는 말도 있듯이, 나온 아이디어를 다듬어 발전시키고, 실행시킨다. 아무리 좋은 아이디어를 생각했다 해도 그것이 구체적으로 실행되지 않으면 공염불이 되고 만다.

### 5) 윌리엄 고든(William Gordon)의 고든법

**(1) 정의:**

미국의 윌리엄 고든(William J. J. Gordon)에 의해서 창안되었다. 고든법은 문제를 추상화시켜서 무엇이 문제인지 모르게 하거나, 핵심 주제를 이야기하지 않은 상태에서 출발하는 집단적 아이디어 발상법이다. 문제가 지나치게 구체적이면 아이디어 발상에 제한을 받을 수 있기 때문이다.

**(2) 단점:**

고든법은 추상적 주제에서 출발하므로, 버려야 하는 아이디어의 개수가 많은 것이 문제점이다. 자칫하면 시간과 노력도 많이 낭비된다. 따라서 진행자의 역할이 상당히 중요하다. 진행자는 회의 중에 항상 주제를 고려하면서, 상상력과 과제 사이에서 균형감을 유지하고, 방향을 제시해서, 좋은 아이디어가 나오도록 이끌어야 한다.

**(3) 절차:**

① 진행자는 회의 전에 충분히 주제, 문제를 숙지하고 이해를 한다. 처음에는 진행자만 주제를 알고 있고, 참가자들에게는 (좋은 아이디어가 나와 해결이 가까워질 때까지) 주제를 알리지 않는다.

② 진행자는 회의를 열어서, 아이디어 발상의 방향을 제시하고, 진행한다.

③ 참가자들은 자유롭게 아이디어 발상하고, 토의를 한다.

④ 문제 해결에 가까운 아이디어가 나오기 시작하면 진행자는 주제나 문제가 무엇인지를 알린다. 구체적으로 실현 가능성을 논의하고, 아이디어를 유용한 것으로 다듬고, 문제에 대한 해결점을 모색한다.

### 6) 조지 뮬러(George Muller)의 키워드법

**(1) 정의:**

키워드법은 자극회의(trigger session)라고도 부른다. 미국 포드사의 임원으로 근무했던 조지 뮬러가 브레인 스토밍 기법을 보완해서, 제시하였다. 브레인 스토밍은 '무임승차(free riding)'의 문제가 있다. 무작위로 아이디어를 내다보니, 열심히 내는 사람이 있는가하면, 다른 사람들 틈에 끼어 아이디어를 잘 안내고 적당히 넘어가는 사람들이 있다.

키워드법은 모든 참여자가 키워드(key word)로 아이디어를 기록하고 그 결과를 돌아가면서 읽으며, 아이디어를 제안하는 아이디어 발상법이다. 따라서 모든 참여자가 공평하게, 균형있게 참여하기 때문에 무임승차의 문제가 적다.

키워드법은 특히 슬로건, 광고의 헤드라인, 제품명, 캠페인 타이틀 등에 관한 아이디어를 찾고자 할 때 유용하다(김동규, 2011).

**(2) 절차:**

① 진행자는 회의 주제, 광고 컨셉트 등을 참가자에게 설명한다.

② 참가자들은 일정 시간 동안 주제, 컨셉트에 관련되는 키워드를 명사, 형용사 형태로 카드에 기록한다.

③ 참여자들은 돌아가면서 추출한 키워드를 읽고, 주제나 광고 컨셉트에 적합한 아이디어들을 토의한다.

④ 몇 차례 반복한 후에 최종 아이디어 결정한다.

## Ⅲ. 그레이트 애드버타이징

### 1. 그레이트 애드버타이징의 정의

수많은 광고가 집행되지만, 어떤 광고는 제품 판매에 기여하고 오랫동안 소비자들에게 기억되며 브랜드 및 기업 이미지도 상승시킨다. 이른바 '그레이트 애드버타이징(great advertising)'이다. 번역하면 위대한 광고 또는 명작광고, 광고의 고전이라고 할 수 있다.

이화자(2009)는 "그레이트 애드버타이징은 두 가지 차원으로 평가된다. 하나는 엔터테인먼트(entertainment)로서, 명작광고는 사람의 마음을 고무시키고 즐겁게 해준다. 그리고 동시에 판매 메시지를 효과적으로 전달한다."고 설명했다. 이처럼 그레이트 애드버타이징은 소비자의 마음을 움직이는 엔터테인먼트 측면도 있어야 하지만, 동시에 제품 판매에도 기여해야만 한다. 노스웨스턴 대학의 슐츠(Schultz) 교수는 "제품을 팔지 못하는 크리에이티브는 크리에이티브가 아니다."라고 했다. 광고인 오길비 역시 "팔리지 않는 것은 크리에이티브가 아니다."라고 말했다. 그레이트 애드버타이징은 제품을 파는 데 기여해야 한다.

소비자의 마음만 움직이고 제품을 팔지 못한다면, 자칫하면 '뱀파이어 광고'가 될 수 있다. 뱀파이어 광고란 정작 기억되어야 할 제품, 브랜드는 기억되지 않고, 광고 자체나 모델 등만 기억되고 이슈가 되는 광고를 말한다. 즉 광고 모델, 음악, 배경 등 주변요소가 소비자의 인지 정보처리과정을 점유함으로써 정작 광고의 중심 메시지에 대한 인지를 방해하는 광고다. 한 마디로 주객전도 되는 광고이며, 흡혈광고라고도 부른다.

일본 미쓰비시(Mitsubishi) 자동차는 미라지(Mirage) 광고에 "길은 별처럼 많

**그림 2-6** 미라지 자동차 광고

다. 확 트인 길로 가자. 이 미라지로…"라는 카피와 함께 호주산 목도리 도마뱀을 등장시켰다. 목도리 도마뱀의 모습이 상당히 독특해서 광고는 선풍적인 인기를 끌었고, 1985년 일본 최고의 광고상인 ACC(전일본 CM협의회) 대상을 받았다. 거리에 붙어있는 광고 포스터나 스티커를 사람들이 모조리 떼어가는 사태도 발생했다. 당시 '도마뱀 소동'이라고 불릴 만큼 사회적으로 폭발적인 인기를 끌었고, 목도리 도마뱀 관련 액서사리와 도마뱀 인형 및 장난감 등 관련 제품들이 불티나게 팔려나갔다.

그러면 정작 중요한 미라지 자동차의 판매는 어떠했을까? 미라지는 제품 존폐를 걱정해야 할 정도로 저조한 판매율을 기록했다. 미라지 광고는 뱀파이어 광고였던 것이다. 자동차가 팔리지 않았던 이유는, 목도리 도마뱀과 미라지 자동차와의 관련성이 낮았기 때문이었다. 당시 그 광고를 본 사람들에게 무슨 광고였는지 물어보면 '도마뱀 광고가 아니냐?'고 대답했을 정도로, 자동차 광고인지 모르는 사람들이 대부분이었다. 호주산 목도리 도마뱀은 파충류에 속하는데, 이는 자동차와 관련성이 전혀 없다. 제품과 너무 동떨어진 광고 모델을 선정했기 때문에, 사람들이 미라지 자동차와 목도리 도마뱀을 결부시키지 못한 것이다. 결국 정작 중요한 제품은 무엇인지 모르고, 도마뱀만 기억하게 되었다.

## 2. 그레이트 애드버타이징의 공통요소

광고의 고전이라 불리는 성공한 광고들을 분석해 보면 몇 가지 공통요소가 있다. 이 요소들이 소비자의 마음을 움직이고, 제품 판매를 유발한다. 그레이트 애드버타이징의 공통요소를 파악하면, 나중에 광고를 창작하거나 광고물들을 평가할 때 활용할 수 있을 것이다.

### 1) 소비자의 욕구, 필요 반영

그레이트 애드버타이징은 소비자의 욕구(needs)나 원하는 것, 필요사항 등을 광고에 잘 반영하고 있다.

대표적인 사례로 썬키스트(Sunkist)의 광고를 들겠다. 1893년 미국 캘리포니아의 오렌지 재배업자들이 모여서 '남부 캘리포니아 과일 및 농산물 조합(Southern california fruit exchange)'이라는 협동조합을 설립했다. 1907년 남부 캘리포니아 과일 및 농산물 조합이 "태양의 입맞춤(Sun Kissed), 캘리포니아 농장에서 생산한 오렌지"라는 슬로건으로 광고를 집행하자, 오렌지 소비가 급증하였다. 이러한 인지도를 바탕으로 'Sun Kissed'를 부르기 좋게 'Sunkist'로 바꾸고, 아예 브랜드로 등록하였으며, '남부 캘리포니아 과일 및 농산물 조합'도 '썬키스트 연합회'로 명칭을 변경하였다.

1910년 썬키스트는 광고회사 로드 앤 토머스(Lord & Thomas)에게 광고를 의뢰했다. 소비자를 조사해본 결과 사람들이 오렌지를 먹을 때 껍질을 제거하는 것을

**그림 2-7** 오렌지 산업의 판도를 바꾼 썬키스트 광고

힘들어한다는 것을 발견했다. 특히 껍질을 깔 때 오렌지 즙이 손 등에 묻어 지저분해지는 것을 불편해하며, 쉽게 까서 먹었으면 하는 욕구가 있다는 것을 파악했다. 이러한 욕구를 해결한 광고가 바로 〈그림 2-7〉 광고다. 오렌지를 쉽게 먹고자 하는 소비자 욕구를 반영하여, 힘들게 까지 말고, 아예 즙을 내서 주스로 마시라고 제안했다. 즉 타깃을 오렌지의 주력 구매층인 주부로 선정하고, 광고에서 "오렌지를 마시자(Drink orange)"라는 헤드라인과, 스퀴저(과즙 추출기)에 오렌지를 압착하여 주스를 만드는 비주얼을 제시하였다. 바디카피에서는 오렌지가 건강을 유지시켜주는 자연음료이며, 소화를 도와준다는 다양한 장점도 설명하였다. 카피를 쓴 사람은 카피라이터 클로드 홉킨스(Claud Hopkins)였다.

당시에는 오렌지의 즙을 짜거나 가는 믹서 같은 것이 없었기 때문에, 썬키스트는 유리회사와 제휴해 스퀴저를 만들었고, 당시 10센트라는 저렴한 가격으로 오렌지와 함께 보급했다.

소비자들의 욕구를 잘 반영한 결과 이 광고는 커다란 성공을 거두었다. 주부들이 집에서 오렌지 주스를 만들어 먹기 시작하면서 미국 내 오렌지 매출이 50% 이상 급상승 했고, 오렌지 산업이 크게 성장하게 되었다(Cruikshank, Schultz, 2010; 김동규, 2013; 박은영, 조수인, 양윤정, 2013.06).

### 2) 대변인(spokesperson), 유명인(celebrity)

특정 분야에서 최고로 인정받는 사람, 사회적으로 널리 알려진 사람 등을 이용해서 광고의 주의, 집중도 높였다. 그레이트 애드버타이징은 대변인이나 유명인을 광고에 등장시켜 주목효과를 극대화하고, 소비자들에게 신뢰성과 믿음을 주며, 광고하는 제품에 대한 호감, 매력을 높였다. 또한 제품의 인지도도 제고하였다.

대변인, 유명인을 등장시킨 사례로 갓 밀크(got milk) 광고 캠페인을 들겠다. 1990년대 초 미국에서는 우유가 청량음료나 주스에 밀려서 판매율이 지속적으로 하락했다. 우유의 이미지도 '어린아이들이나 먹는 것', '올드한 것'이라는 부정적인 이미지였고, 특히 당시 언론에서 '우유로 만든 제품의 지방과 콜레스테롤은 건강에 해롭다.'라고 우유에 대해 부정적으로 보도했다.

이러한 위기를 극복하기 위해서 미국의 낙농업계는 대대적으로 광고 캠페인을 펼쳤다. 광고목표를 수십 년간 감소되어 온 우유 소비량을 회복하고, 소비자들의 우유에 대한 생각과 태도를 변화시키는 것으로 선정했다. 처음에는 광고회사 굿비

실버스타인 앤 파트너스(Goodby Silverstein & Partners)가 담당하여, "우유 마셨어?(got milk?)"라는 카피와 함께, 식빵, 쿠키 등 뻑뻑한 간식들을 먹을 때 우유를 함께 마시도록 제안하는 광고를 집행했다.

이후 보젤(Bozell)로 광고회사가 변경되면서, 유명인들을 광고에 기용하기 시작하여 커다란 성공을 거두었다. 즉 안젤리나 졸리, 데이비드 베컴, 비욘세, 나오미 켐벨 등 유명한 영화배우, 스포츠 스타, 가수, 모델 등 사회적으로 널리 알려진 사람들을 광고모델로 등장시켰다. 이들은 광고에서, 우유를 마시면 입술 위에 하얗게 남는 '우유 콧수염'을 달고 나왔다. 유명인들이 한결같이 우유 콧수염을 달고 나오자, 소비자들은 자연스럽게 주목을 하게 되었고, 친근감과 호감을 갖게 되었다.

광고 집행 결과, 우유에 대한 소비자 호감도가 증가했고, 고루했던 우유의 이미지가 신선하게 변화되었으며, 우유 판매율도 증가하였다. 미국의 신문 USA 투데이(USA today)가 2천명의 소비자를 대상으로 실시한 조사에 따르면, 응답자의 57%가 '갓 밀크 광고를 좋아한다.'고 대답했으며, 59%가 '광고 캠페인이 효과적'이라고 응답했다. 다른 조사에서는 광고를 본 70%가 '우유의 이미지가 신선하고 현대적'이라고 대답했다. 그러나 무엇보다 이 광고는 우유의 판매를 증대시켰는데, 1997년 미국 농무성은 "1996년 사상 최고의 우유 생산가 상승에도 불구하고 우유 판매가 1995년보다 1.1% 증가했으며, 이 증가는 유가공업자들에게 2억 2천만 달러의 판매액 증가를 가져다주었다."고 밝혔다.

**그림 2-8** 안젤리나 졸리와 데이비드 베컴을 등장시킨 갓 밀크 광고 캠페인

### 3) 유머

성공한 광고들은 보통 유머 요소를 많이 사용하였다. 광고 표현에 재미있고, 유쾌하고, 익살스러운 유머를 넣어 오락적 기능을 잘 수행한 경우가 많다.

실제로 유머를 잘 활용하면 소비자들의 주의를 끌고, 인지도를 개선할 수 있다. 그리고 유머를 통해 즐거움이나 긍정적인 기분을 불러일으켜서, 소비자들이 광고된 제품, 브랜드에 호감을 형성하게 만들 수 있다.

### 4) 감성 자극

그레이트 애드버타이징은 대체로 정감, 정서에 호소하거나 감동시켜서 소비자들을 사로잡았다. 즉 구체적인 제품의 정보를 전달해서 이성적으로 설득하기보다, 주로 소비자의 감성에 호소해서 마음을 움직이는 광고가 많은 편이다.

감성을 잘 자극하면 소비자의 시선을 끌고, 제품이나 브랜드에 긍정적이고 따뜻한 이미지를 부여할 수 있으며, 소비자의 호감, 친근감을 유발할 수 있다.

### 5) 아이, 동물

사랑스럽고 온화한 이미지 및 분위기를 내는 어린아이나 고양이, 강아지 등의 동물을 잘 활용하였다.

광고에 '3B 법칙'이 있다. 3B는 baby(아기), beauty(미인), beast(동물)를 의미한다. 이러한 세 요소를 광고에 활용하면 광고효과를 높일 수 있다. 아기나 동물, 미인은 소비자의 주의를 집중시키며, 친숙도나 호감을 높이는 장점이 있다. 위대한 광고는 이중에서 아기와 동물을 주로 사용하여 소비자들의 관심을 끌고 호감을 유도하였다.

### 6) 가공의 캐릭터

명작광고는 가공, 가상의 캐릭터를 제작하여 광고에 잘 활용하였다.

사례로 R. J. 레이놀즈 담배회사(R. J. Reynolds tobacco)의 카멜 광고를 들겠다. 카멜은 1913년에 출시된 담배라서, 역사가 오래된 만큼 이미지가 올드 했고, 소비자들이 '노인들이 피우는 담배'라고 인식하는 것이 문제점이었다. 이를 해결하기 위해서 가공의 캐릭터를 활용한 광고를 집행하였다. 1987년 '조 카멜(Joe Camel)'이라는 낙타를 의인화한 캐릭터를 광고 전면에 내세웠다. 올드한 이미지를 없

**그림 2-9** 조 카멜 캐릭터를 이용한 카멜 광고. 조 카멜의 전신은 '올드 조(Old Joe)'로, 1974년 빌리 쿨튼(Billy Coulton)이 그린 카멜 캐리커처가 프랑스의 잡지광고에 활용된 적이 있었다.

애기 위해서 조 카멜을 젊고, 활력이 넘치고, 스타일리쉬하게 표현하였다. 광고 속에서 조 카멜은 전투기 조종사나 카레이서, 색소폰 연주자, 기타리스트와 같은 자유롭고 낭만적인 모습으로 묘사되었다. 또한 해변에서 휴가를 즐기고, 골프를 치고, 멋진 스포츠카를 타고, 수상 스키를 즐기는 등 여유롭고 부유하게 표현되었다. 스타일 자체도 항상 검은 선글라스를 쓰고, 폼 나게 담배를 물고, 근육질 몸매를 뽐내며, 슈트나 가죽 점퍼를 입고 있어서, 감각적이고 스타일리쉬했다.

조 카멜 캐릭터를 이용한 광고는 카멜의 이미지를 긍정적으로 변화시켰다. 소비자들에게 많은 인기를 끌었으며, 담배 판매율을 증대시켰다. 특히 젊은층의 수요가 급증했다.

참고로 광고를 통해 조 카멜의 자유롭고 낙천적이고 이미지가 미국 청소년들에게 자연스럽게 다가가, 청소년들의 흡연율을 높였다. 이러한 사회적 현상에 미국 학부모연맹을 비롯한 많은 시민단체, 국회 등이 반발하고, 광고를 중단할 것을 요구하면서 소송을 제기했다. 미국의학협회저널은 1991년 '6세 어린이들이 미키마우스와 디즈니를 연관시킬 수 있듯이, 조 카멜과 담배를 연관시킬 수 있다.'고 발표했으며, 심지어 '조 카멜 광고 캠페인이 어린이를 대상으로 하고 있다.'고까지 주장했다. 결국 미국 법원은 1997년 '광고의 조 카멜 캐릭터가 청소년들에게 흡연을 부추긴다.'는 시민단체의 의견을 받아들였다. 재판에서 패한 레이놀즈는 이전처럼 조 카멜 캐릭터를 이용할 수 없게 되었고, 가장 성공적이었던 담배 광고 캠페인도 중단하게 되었다. 이처럼 조 카멜의 캐릭터가 영구제명 당하게 된 사건은, 캐릭터를 광고에 잘 활용했을 때 얼마나 커다란 힘을 발휘하는지를 역으로 보여준다고 할 수 있다.

### 7) 드라마

그레이트 애드버타이징은 극적인 요소, 극적인 표현을 활용하였다. 단순히 제품의 기능, 장점을 쭉 설명하는 것이 아니라, 한 편의 이야기로 구성하고, 극적인 표현 및 요소들을 이용하여 성공한 경우가 많았다.

드라마를 이용한 사례로 애플의 매킨토시(Macintosh) 광고를 들겠다. 애플은 1984년 1월 22일 미식축구 결승전인 슈퍼볼 중계방송 때 60초짜리 TV 광고를 집행하였다. 광고회사 치아트 데이(Chiat Day)가 담당했으며, 영화감독 리들리 스콧(Ridley Scott)이 제작하였다. 이 광고는 조지 오웰(George Orwell)의 소설 '1984년'을 소재로 했으며, 광고에서 독재자 '빅 브라더(big brother)가 등장한다. 빅 브라더의 독재와 통제에 길들어진 시민들이 긴 터널을 행진하고, 커다란 홀에 모여서 대형 스크린을 주시한다. 홀 내부는 숨 막힐 듯한 분위기이며, 사람들은 마치 최면에 걸린 듯하고, 스크린에서는 빅 브라더가 열변을 토하고 있다.

이때 한 건장한 여성이 경찰들의 제지를 뚫고 들어와서, 스크린을 향해 해머를 던진다. 스크린이 산산조각 나면서, 다음과 같은 메시지가 나온다. "1월 24일, 애플 컴퓨터가 매킨토시를 소개한다. 여러분들은 현실의 1984년이 어떻게 조지 오웰의 소설 1984년처럼 되지 않을지를 알게 될 것이다." 이 광고 속에서 빅 브라더로 묘사된 것은 당시 컴퓨터 시장을 장악하고 있던 빅 블루 IBM PC 였다. 애플은 매킨토시를 바탕으로 IBM 컴퓨터의 아성을 무너뜨리겠다는 메시지를 전달한 것이다.

제작비가 90만 달러나 든 이 광고는 TV에서 단 한 번만 방영되었다. 그리고 1984년 1월 몇 주 동안 극장에서 집행되었다. 광고 집행 횟수가 대단히 적었는데도, 본 광고는 커다란 반향을 불러일으켰다. 즉 광고를 한 편의 이야기처럼 만들고, 해머로 스크린을 깨는 극적인 장면 등으로 인해 소비자의 주의를 끌고 강렬한 인상을 주었다. 이 광고 덕분에 애플 매킨토시가 출시되자 순식간에 미국 전역에서 품절되는 사태가 발생했다. 매킨토시는 성공적으로 시장에 진입했고, 판매목표를 7만대나 초과 달성하였다. 미국의 광고 잡지 애드 에이지는 이 광고를 1980년

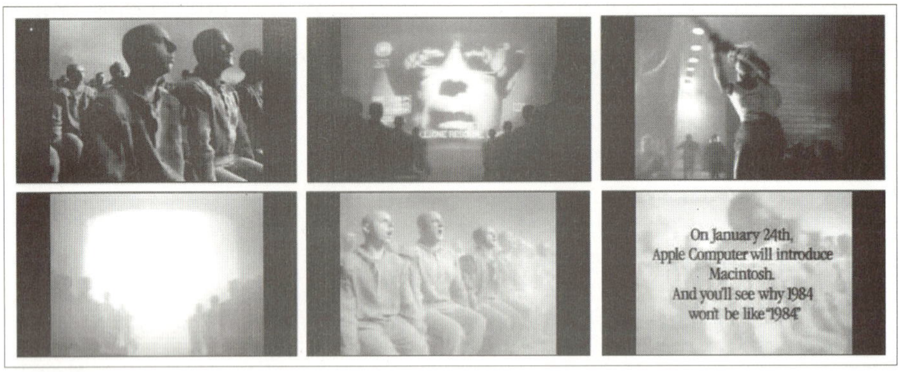


**그림 2-10** 애플 매킨토시 광고

대 가장 창의적인 광고로 선정하였다.

참고로 광고회사 치아트 데이가 이 광고를 만들어 보여주자, 애플의 공동 창립자인 스티브 잡스와 스티브 워즈니악은 크게 만족했지만, 이사회는 싫어했다. 자칫하면 1980년대 최고 명작광고로 꼽히는 매킨토시 광고가 그냥 사라져버릴 위기를 맞았던 것이다. 이때 스티브 워즈니악이 이사회가 반대하면 자비를 들여서라도 슈퍼볼 중계방송 때 매킨토시 광고를 하겠다고 맞섰다. 스티브 워즈니악과 스티브 잡스가 강경하게 나선 덕분에 이 광고는 슈퍼볼 중계방송 때 집행되었고, 46.4%란 엄청난 시청률을 기록하면서 매킨토시란 제품을 소비자에게 알리고, 판매율을 크게 증대시켰다.

### 8) significant image

명작광고는 기억에 남을만한 멋있는 영상이나 아름다운 장면을 잘 활용하였다.

### 9) 주제의 지속성

그레이트 애드버타이징은 일관성과 지속성을 유지한 경우가 많았다. 광고는 누적효과가 있어야 성공한다. 일관되고 지속적으로 할 때 누적이 되기 때문에, 기억률 제고 등 광고효과가 증가한다.

## 3. 그레이트 애드버타이징의 조건

### 1) 조건 1: 6하 원칙의 관점

(1) **Why:** '광고를 왜 하는가', 즉 광고목표를 말한다. 그레이트 애드버타이징이 되

기 위해서는 광고를 집행하는 이유, 목적, 목표가 분명해야 한다. 목표는 곧 결과를 결정한다. 광고목표를 잘못 세우면 결실도 좋지 못하다. 이를 위해 소비자들이 처한 상황을 이해해야 한다. 그렇지 않으면 지나치게 어렵거나 고비용인 아이디어가 된다.

(2) **What:** '광고는 무엇을 말하고 있는가(What to say)'로 광고 컨셉트(concept)에 해당한다. 컨셉트는 광고의 주제로, 광고주가 소비자에게 전달하고자 하는 중점사항이다. 광고목표 달성을 위해 전달하는 컨셉트를 정확하게 설정해야 한다.

(3) **How:** '어떻게 말할 것인가(How to say)'로 광고 창작, 광고 표현을 의미한다. 광고목표를 달성하기 위한 표현적인 방법이다.

(4) **When:** '언제 전달할 것인가'에 해당하며 광고 집행 시기를 말한다. 광고를 집행하는 시간, 시즌 등을 잘 설정해야 한다.

(5) **Where:** '어디를 통해 전달할 것인가'로 광고매체를 의미한다. 광고매체는 광고주의 광고를 소비자에게 전달하는 매개체이다.

When과 Where는 현대 광고에서 소비자의 접점(接點, contact point)과 맞물린 개념이다. 매체가 어디에 있느냐가 중요한 것이 아니라, 소비자가 어디에서 무엇을 하고 있느냐를 파악하는 것이 중요하다. 예를 들어 산모가 타깃인 경우 산부인과가 중요한 When과 Where이다.

(6) **Who:** '누구에게 말할 것인가'로 광고대상이다. 소비자, 표적 청중(target audience, 목표 청중)을 정확하게 설정해야 한다.

상기의 요소들을 제대로 설정하고, 이 여섯 가지 요소가 조화를 이룰 때 그레이트 애드버타이징이 될 수 있다.

### 2) 조건 2: 삼원론적 관점

(1) **strategy(전략):** 'Why, What, When, Where, Who'에 해당하며 플래닝(planning)이다. 답과 결론을 찾아가는 과학적, 이성적 영역이다. 로직(logic)에 토대를 둔다.

(2) **creative(창작):** 'How'로, 광고 표현이다. 아이디어, 창의성이 핵심인 단계이며, 광고인의 직관, 통찰력, 상상력이 중시되는 영역이다. 매직(magic)에 토대를 둔다.

(3) **execution(실행):** 솜씨, 실제적인 제작을 뜻한다. 광고물을 실제로 촬영하고, 편집하며, 감독하는 것 등을 의미한다.

그레이트 애드버타이징은 전략, 창작, 실행의 세 가지 요소가 조화가 이뤄져야 하며, '논리에서 마법으로 가야 한다(From logic to magic).' "From logic to magic"은 광고회사 오길비 앤 매더(Ogilvy & Mather)의 크리에이티브 디렉터인 노만 발리(Noman Bally)가 한 말이다. 논리는 전략을 의미한다. 논리는 크리에이티브의 시작이자 기반이 되므로 중요하지만, 논리적인 것에 머물러 있어서는 사람들을 놀라게 하는 마법 같은 크리에이티브는 만들어지기 어렵다.

### <참고문헌>

김동규 (2011). 카피라이팅론. 파주: 나남출판.

김동규 (2013). 10명의 천재 카피라이터. 파주: 나남출판.

김병희 (2007). 광고 카피 창작론. 파주: 나남출판.

김익현 (2007.01.23). "1984는 없다" 선언했던 매킨토시, 23돌 맞아. 아이뉴스24.

박은영, 조수인, 양윤정 (2013.06). 지역 협동조합에서 글로벌 브랜드로 컸다. 월간디자인 2013년 6월호.

우에조 노리오(植條則夫) (1990). 植條則夫のコピ-教室: 廣告情報制作論 = Uejo's advertising copy writing seminar: A theory of advertising creativity. Sendenkaigi. 맹명관 역 (1991). 카피 교실. 서울: 들녘.

이성구 (1999). 광고 크리에이티브론. 파주: 나남출판.

이화자 (2002). 광고 그리고 창의성. 서울: 커뮤니케이션북스.

이화자 (2009). 크리에이티브 내비게이터: 광고제작의 이론과 실제. 서울: 한경사.

후쿠다 시게오(福田繁雄) (2008). 福田繁雄 design 才遊記. DNP 文化振興財団. 이지은, 모모세 히로유키 역 (2011). 후쿠다 시게오의 디자인 재유기. 파주: 안그라픽스.

Cruikshank, J. L., & Schultz, A. W. (2010). The man who sold america: The amazing(but true!) story of Albert D. Lasker and the creation of the advertising century. Boston: Harvard Business Press.

Michalko, M (1998). Cracking creativity. CA: Ten Speed Press. 박종안, 이구연 역 (2001). 아무도 생각하지 못하는 것 생각하기. 서울: 푸른솔.

Young, J. W. (1975). A technique for producing idea. Illinois: Lincolnwood.

Fange, V. (1959). Professional creativity. NJ : Prentice-Hall. Inc.

# 03 광고 발상

학습목차



## Ⅰ. 광고발상과 CR 컨셉트

### 1. What to say와 How to say

광고 발상을 위해서는 먼저 표현 컨셉트를 이해해야 한다. 표현 컨셉트란 말하고자 하는 바, 즉 무엇을 말할 것인가를 의미한다. 영어로 what to say이다. 이에 대응되는 개념이 how to say이다. how to say는 말하고자 하는 바, 즉 표현 컨셉트를 어떻게 실제 표현해 낼 것인가 하는 방법론을 의미한다. what to say가 주제라면 how to say는 주제의 표현이다.

### 2. CR 컨셉트

what to say를 크리에이티브의 컨셉트, 즉 CR 컨셉트라고도 한다. 따라서 CR 컨셉트란

= 무엇을 표현할 것인가를 결정하는 것,

= 표현할 내용,

= What to Say를 결정하는 것을 의미한다.

아래 광고는 카이스트 MBA의 인쇄광고이다. 헤드라인 "창의적 흥분의 발상지, 치열한 열정의 근원지"에서 컨셉트를 나타내는 두 단어는 "창의"와 "열정"이다.

CR 컨셉트의 주요 특성은 다음과 같다. 1) 생활자 편익이나 상품 컨셉트에 들

그림 3-1 CR 컵센트의 예: KAIST MBA 인쇄광고

어 있는 내용으로, 2) 드라마(스토리), 탄생 이유, 사고방식 등을 찾아내어 3)한 문장이나 키워드로 정리한 것이다.

CR 컨셉트는 그 자체로 카피가 되기도 한다. 예를 들어 "물보다 흡수가 빠른 게토레이"는 컨셉트이면서 카피이다.

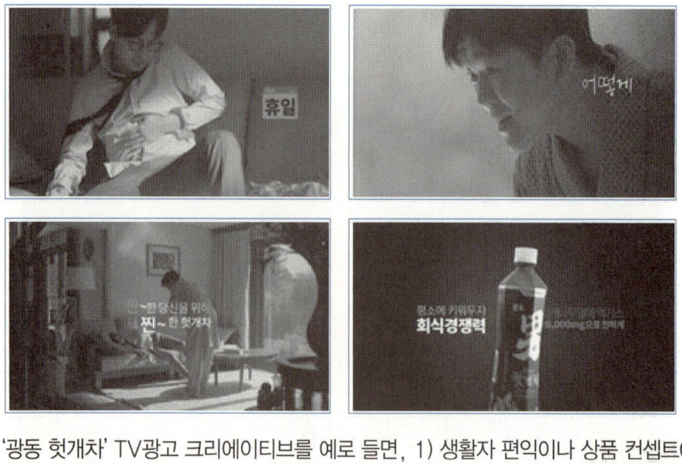


그림 3-2 '광동 헛개차' TV광고 크리에이티브를 예로 들면, 1) 생활자 편익이나 상품 컨셉트에 들어 있는 내용으로(예: 회식, 헛개나무 추출), 2) 드라마(스토리), 탄생 이유, 사고방식 등을 찾아내어(예: 휴일인데 어떻게 오늘?), 3) 한 문장이나 키워드로 정리한 것이다.(예: 평소에 키워두자, 회식경쟁력, 매일매일 헛개차)

# Ⅱ. 표현 아이디어를 만드는 여섯 가지 법칙

## 1. 유사성의 법칙

### 1) 관련 이론

아이디어를 얻는 방법은 이미 존재하고 있는 두 개 또는 그 이상의 아이디어를 서로 조합하거나 연상을 통해 결합하는 것이다. 이와 관련하여 로버트 치알디니는 유사성(Similarity)의 법칙을 언급한 바 있다. 유사성의 법칙이란, 사람들은 유사하거나 동일한 것에 대해

(1) 친근감을 느낀다.

(2) 유추하는 즐거움(유머)을 느낀다.

(3) 호감을 느끼는 것을 말한다(동일한 것에 대해 (1) 친근감을 느끼고 (2) 유추하는 즐거움(유머)를 느끼고 (3)호감을 느끼는 것을 말한다.).

이와 관련하여 아이디어 창의력 향상 과정의 세계적인 권위자인 오클라호마 대학 아서 밴건디(Arthur B. VanGundy) 교수는 우리가 새로운 아이디어를 가질 수 있는 방법은 단 하나로서, 이미 존재하고 있는 두 개 또는 그 이상의 아이디어를 서로 조합하거나 연상을 통해 결합시키는 것뿐이라고 언급한 바 있다.

### 2) 방법

#### (1) 닮은꼴을 찾아 결합하라

유사성의 법칙, 첫 번째는 "닮은 꼴을 찾아 결합하라."이다. 원관념과 보조관념을 나타내는 유사한 사물이나 개념을 찾아 연결하는 것이다. 예컨대, What to Say가 "매운 카레로 유명한 식당"을 광고하는 경우를 생각해보자. 이를 표현 컨셉트로 하여 How to say를 어떻게 풀 수 있을까? 컨셉트를 다른 말로 풀어보면 "카레가 불같이 맵다", "입에 불이 난다" 등이 떠오를 수 있다. 이를 토대로 불같이 매운 것과 관련한 유사한 사물을 찾아본다. 기호학적으로 설명하면, 맵다는 원관념이고 불같은 것은 보조관념이다.

1) 1단계: 식당 요리 이미지 떠올리기

'요리'와 관련한 것(유사한 것)으로 포크, 칼, 접시 등을 떠올려본다.

**그림 3-3** 인도 레스토랑 광고. 포크의 끝부분과 성냥 형태가 유사한 점에 착안하여 둘을 결합시켰다. 불같이 매운 카레 이미지를 시각적으로 잘 표현하고 있다.

**그림 3-4** 맥심 카푸치노 광고. 발상과정을 예로 들면, 1단계, 부드러운 커피 거품 떠올리기. 2단계, 커피거품과 유사한 부드러운 이미지(구름) 떠올리기, 3단계, 커피 잔의 거품 위치와 구름을 연결하여 결합시키기와 같은 과정을 거친다.

2) 2단계: 매운 것과 관련이 있는 것 떠올리기

   매운 것과 관련한 것(유사한)으로 불과 소재를 떠올린다.

3) 3단계: 결합

   두 이미지를 짝을 지어 연결시켜 본다. 최종적으로 포크와 성냥이 결합되었다(그림 3-3, 그림 3-4).

### (2) 닮은꼴을 찾아 대비하라

상징물을 찾거나 닮은 꼴을 찾아 대비하는 것을 말한다. 예를 들면, 1단계) 상징물 찾기, 2단계) 닮은꼴 찾기, 3단계) 대비하기의 과정을 거친다(그림 3-5).

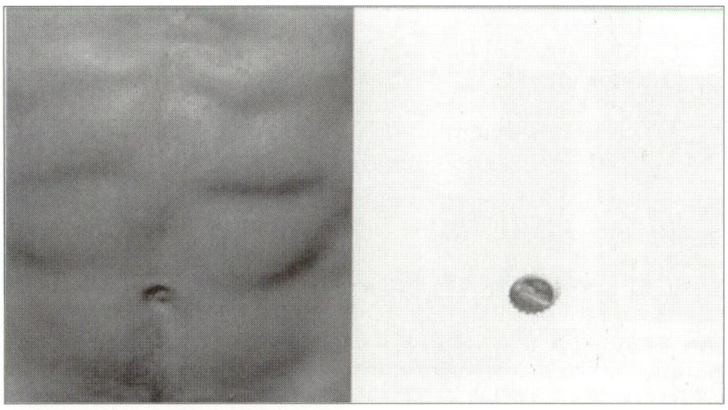

**그림 3-5** 과라나 광고. 브라질. 근육질로 다져진 남자의 배 모습이 보이고, 배꼽 위치에 병 뚜껑이 나란히 있다. 배꼽과 병뚜껑이 대비되면서 유사한 느낌을 전달한다.

## 2. 변형의 법칙

### 1) 관련 이론

주디 버군(Judee Burgoon)이 주장한 기대(치)위반이론은 변형의 법칙을 설명하는 데 유용하다. 기대치위반이론(expectancy violation theory)은 커뮤니케이션 상황에서 사람들이 상대에 대해 갖고 있는 기대에 어긋나거나 결과가 못 미치게 될 때 [즉 예상하는 바(expectation)가 위반할 때] 친밀감에 따라 긍정 혹은 부정적으로 반응한다는 이론이다. 기대에 어긋나는 것은 실망과 같은 부정적인 결과를 가져오지만 '새로운 평가가 이루어져' 종종 호의적일 수 있다는 것이다. 즉 위반은 지각자의 흥분을 야기시키며 주의를 집중하게 한다. 현대 광고의 surprise 요소, 패러디, 포스트모더니즘적 요소는 기존의 문법을 변형함으로써 기대치위반 효과를 노린 것이 많다.

**그림 3-6** 스미러노프(Smirnoff)광고. 여성의 슬립 지퍼 끝부분을 뱀 이빨로 처리하여 지퍼를 예상했던 바를 어김으로써 소비자는 새로운 의미를 해석하게 되고 신선함, 놀라움 등의 긍정적인 느낌을 받기도 한다.

**그림 3-7** 올레이 화장품 광고. 숫자 일부분을 가려(형태바꾸기) 새로운 의미를 전달하고 있다. 카피: 나이를 교정하라(Correct your age).

## 2) 방법

### (1) 형태를 바꿔라

크기(더 크게, 더 작게)와 길이(더 길게, 더 짧게) 등의 외형을 바꾸는 것을 말한다.

### (2) 바꿔놓기와 바꿔보기

원래 위치를 바꿔놓거나(전후, 상하, 좌우), 사물을 보는 시각을 바꿔보는 것을 말한다.

**그림 3-8** 암스테르담 관광 고지 광고로, 번지점프를 하면 풍경이 뒤집어 보인다는 사실에 착안하여 거꾸로 보이는 젖소와 꽃 사진 등을 표현했다.

**그림 3-9** 하늘이 노랗다는 말 그대로를 이미지화한 예. 파란 하늘을 노란 색으로 변형 처리하여 눈길을 끈다. 스니커즈 잡지 광고.

### (3) 성질을 바꿔라.

색, 질감, 소리, 무게 등을 변형하는 것을 말한다.

## 3. 나열과 반복의 법칙

### (1) 다른 것의 나열

### (2) 같은 것의 반복

#### 1) 관련 이론

나열과 반복의 법칙은 밴드웨곤 효과(Bandwagon effect)와 관련이 있다. 밴드웨곤 효과는 밴드를 실은 마차(밴드웨곤)가 행진하면 사람들이 그 분위기에 휩싸여 몰려들거나 대열에 동참하는 것을 의미한다. 편승효과라고도 한다. 광고 크리에이티브에 적용하면, 동일하거나 유사한 표현 소재가 반복되거나 나열될 경우 실제보다 더 많은 숫자를 예상하거나 시각적 자극을 더 크게 지각하는 경우가 이에 해당한다. 일종의 착시를 일으키는 것으로, 볼거리가 많다는 생각에 즐거움을 주거나 실제보다 풍성하고 번창하는 등의 긍정적인 느낌을 주기도 한다. 사진의 경우 파노라마 전경이 그 광활한 이미지로 인해 시각적 임팩트가 상대적으로 커지는 경우가 있는데 이와 유사한 개념이다.

#### 2) 방법

나열과 반복은 두 가지이다. 첫째, 다른 것들이 나열되는 경우로서, 일종의 '시리즈의 심리' 효과를 준다. 약간씩 다른 것이 제시될 경우 다음 차에 제시될 것에 대한 기대감이 증가하고 동일한 이미지가 누적됨으로 인해 시각적 아이덴티티가 보다

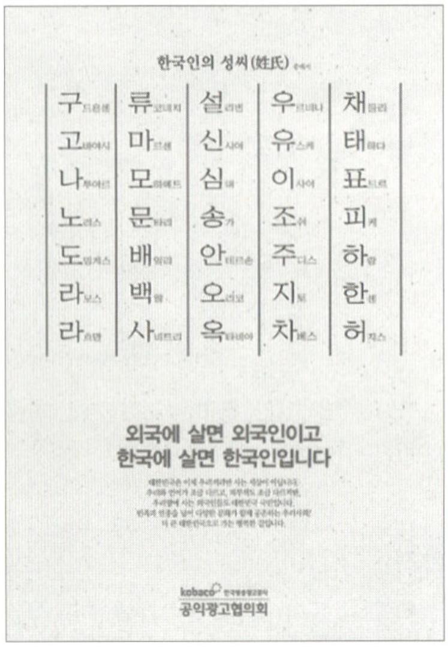


**그림 3-10** 다문화 공익광고. 다양한 성씨를 제시하면서 실제로는 하나의(한국인) 성씨라고 주장하고 있다. 다양한 성씨가 실제로는 외국이름의 앞 글자를 딴 것으로, 각각의 이름을 읽는 재미(볼거리)와 함께 더 다양한 이름들이 있음을 암시하는 효과가 있다.

쉽게 형성되는 경우이다. 둘째, 같은 것의 반복이다. 똑같은 것임에도 반복적으로 제시함으로써 시각적 즐거움을 주면서 강조 효과가 있다. 두 가지 방법 모두 볼거리가 많은 것처럼 착각하게 하는 심리적 효과가 있다는 점에서 밴드웨곤 효과 관점으로 설명할 수 있다.

**그림 3-11** 롯데헬스원 글로코사민 광고. 반복을 통해 시각적 즐거움과 강조를 효과를 준다.

그림 3-12 고유가시대 절약 메시지를 담은 공익 광고로서, 배경 요소를 없앰으로써 강조하고자 하는 부분(자동차 키 구멍)에 더 집중하게 하였다. 생략이 주는 효과이다.

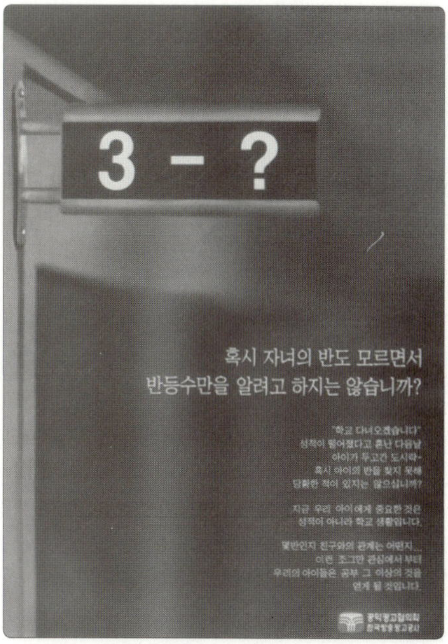


그림 3-13 자녀에 대한 관심을 소구하는 공익광고. 실제 있어야 할 이미지를 없앰으로써 오히려 그 존재감이 강조되고 있다. 이처럼 생략은 독자들의 인지적 참여를 유발하여 전달하고자 하는 메시지에 집중하게 하는 효과가 있다.

## 4. 생략의 법칙

생략이란 1) 선택과 집중, 2) 독자 참여시키기 등의 효과를 노리는 경우이다. 생략은 결국 선택과 집중의 개념으로 요약된다. 그것의 일부만 보여줌으로써 더 집중하게 한다.

### 1) 그것의 일부만 보여줘라

### 2) 글자와 그림의 역할을 바꾸어라

이외 생략의 법칙 사례로 그림을 없애고 글자로 대신 표현하는 방법이 있다. 이 경우 글자는 물론 그림까지 볼 수 있게 하는 효과가 있다.

**그림 3-14** 암예방 공익광고. 암을 예방할 수 있는 두 가지 좋은 추천 방법이라는 카피를 제시하고 뒤이어, 하나, 둘, 하나, 둘(one, two)... 이라는 카피가 적혀 있다. 그 방법이 달릴 때 구호의 둘(two)라는 것이다. 이 광고의 핵심은 글자만으로 이미지를 전달하고 있다는 점으로, 이 점에서 일종의 생략의 법칙 예로 볼 수 있다.

## 5. 예시의 법칙

### 1) 관련 개념: 크리에이티브는 "예를 들면?"

예시는 사례를 들어 전하고자 하는 바(개념, 컨셉트)를 이해시키는 방법이다. 예시는 모든 크리에이티브의 기본 법칙이라 할 수 있다. 광고 크리에이티브는 예를 찾는 과정으로 설명된다. 전달하고자 하는 상품 정보를 알기 쉽고 받아들이기 쉽게 하기 위해서이다. 한마디로 크리에이티브는 "예를 들어" 말하는 것이 핵심이다. 이때 예란, 제품 관련된 것으로, 제품 사용과 관련한 시간, 장소, 상황, 사람에서 찾는다. TPO, 즉 시간(Time), 장소(Place), 상황(Occasion)을 이용하는 것이다.

**그림 3-15** 공익광고. 과장된 예를 상상해서 보여주는 예이다.

### 2) 방법

예시의 법칙에는 과장과 리얼리티(reality) 제시가 있다. 과장(또는 극과장)은 실재성을 무시하고 극단적인 사례를 상상하거나 비유함으로써 표현하는 방법이며, 리얼리티는 있는 그대로를 보여주는 방법이다.

첫 번째 방법으로 과장은 있을 수 없는 상황을 상상해서 보여주는 방법이다. 사무엘 존슨(Samuel Johnson)의 말처럼, 모든 광고는 약속이되 과장된 약속이다. 따라서 과장법은 광고 본래의 성격에 해당하는 크리에이티브 발상법이라 할 수 있다. 과장은 유머 소구의 한 방법으로 흔히 소개된다.

둘째는 리얼리티를 제시하는 방법으로, 실제 상황을 보여주되 의미를 새롭게 부여하는 경우이다. 비유적 메시지를 사용하는 방법을 주로 사용한다. 이는 실제 있는 상황을 구체적으로 보여주고 느끼게 하는 것으로 구체화의 법칙이라 할 수 있다. 리얼리티는 소비자의 공감을 전달하는 공명, 또는 인사이트 소구 전략의 한 방법이다. 특히 소비자 공감과 인게이지먼트(정서적 유대감)가 중요한 현대 마케팅 커뮤니케이션 시대에서 리얼리티 소구는 매우 중요한 크리에이티브 발상법이다.

대부분의 리얼리티 소재 광고는 과장이 들어있다. 리얼리티라고 하나 이는 표현 소재의 실재성을 의미하며 의미적으로는 과장이 들어가 있는 경우도 있다. 모든 광고는 약속이되 과장된 약속이라는 주장과 같은 맥락이다.

**그림 3-16** 가족이 사용하는 칫솔 통을 있는 그대로 보여준 리얼리티 사례로 의미를 추가적으로 부여하였다.

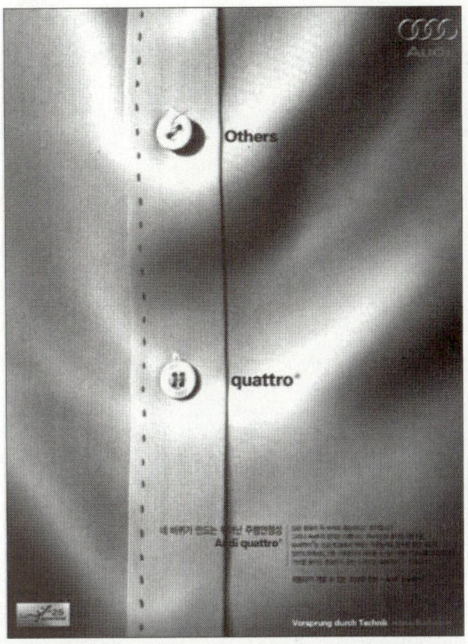


**그림 3-17** 아우디 콰트로 광고 사례. 실제 리얼리티 소재를 예시로 사용하여 리얼리티를 보여주되 의미를 추가적으로 부여하여 전하고자 하는 바(컨셉트)를 잘 표현하고 있다.

크리에이티브 발상법은 이외에도 상징의 법칙을 비롯한 다양한 수사법이 있다. 즉 1) 상징적 기호를 이용하거나(예를 들어, 비둘기, 장미, 십자가 등) 2) 비유를 이용하는(직유, 은유, 환유, 풍유, 우화) 등의 방법이 있다. 이는 카피라이팅과 관련한 수사학 장에서 상세히 다루므로 이 장에서 생략한다.

## 6. 다른 말로 하기

### 1) 크리에이티브는 다른말로 하기

크리에이티브의 핵심은 '다른 말로 하기(In other words)'에 있다. 광고 커뮤니케이션이 '말 걸기'라 할 때 '다르게 말 걸기'를 의미한다. 제품과 광고가 아무리 잘 만들어져도 경쟁사 광고에 비해 차별되지 않으면 목적을 상실한 것이다.

다른 말로 하는 법으로는 좀 더 감동적으로, 우아하고 아름답게 만들기, 재미있게 만들기, 위협적으로 만들기, 함축적으로 만들기, 그리고 돌려 말하기 등의 역설적인 방법이 대표적이다. 역설은 상황에 따라 다르다. 제품의 장점을 있는 그대로

그림 3-18 좀 더 감동적으로. 사랑을 느끼는 시간은 8초라는 내용의 감성적 소구로, 호의적인 브랜드(기업) 이미지를 유도하고 있다. 암웨이의 기존 브랜드 이미지나 브랜드 이미지 방향을 생각해 선택한 '다른 말로 하기'방법이라 할 수 있다.

그림 3-19 우아하고 아름답게. 스토리텔링 방식으로 제품의 장점을 노골적으로 말하지 않으면서 제품의 고품격 이미지를 잘 표현하고 있다.

**그림 3-20** 재미있게. 선물을 받은 뒤의 심리를 재미있고 기발하게 표현한 Natan 보석광고. 이 광고캠페인 중 선물을 받은 뒤 여자의 다리가 벌어지는 작품은 선정적이지만, 전반적으로 크리에이티브 관점에서 차별성이 있는 우수한 작품이다.

(직설적으로) 말하는 것도 만약 경쟁사들이 모두 '돌려 말한다면' 다른 말로 하기에 속한다. 따라서 크리에이티브에서 다른 말로 하기는 경쟁사 광고 전략에 따라 달라지는 상대적 개념이라 할 수 있다.

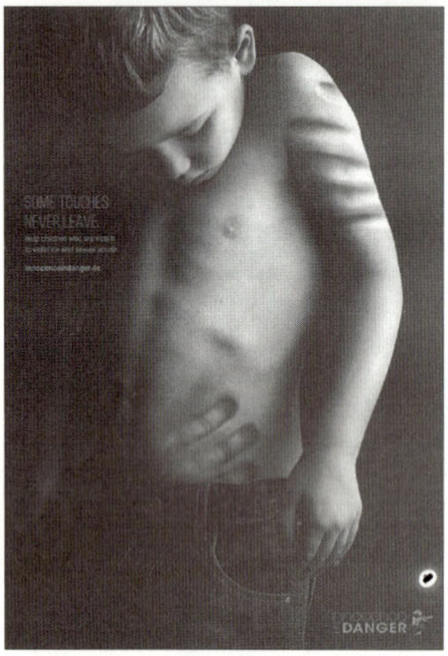


그림 3-21 위협적으로. 사람의 손자국을 맨살에 박힌 것으로 표현하여 손찌검을 상징적으로 표현한 광고. 우회적인 표현이지만 위협적인 내용이 그대로 느껴지는 크리에이티브이다. 헤드라인은 "어떤 손길은 평생 남아 있습니다."

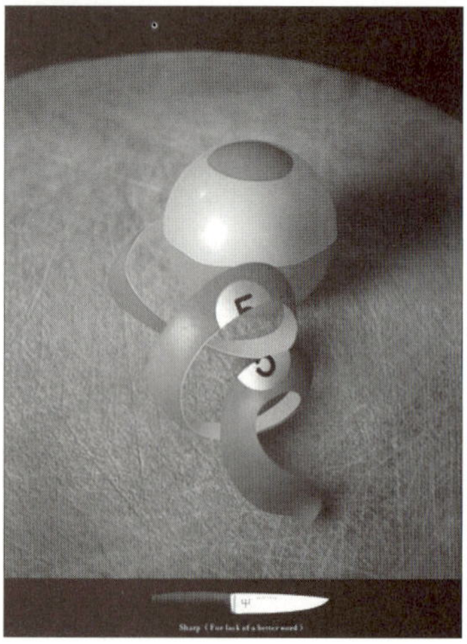

그림 3-22 짧고 함축적으로 카피를 최소화하고 비주얼만으로 잘 드는 칼의 속성을 잘 나타내고 있다. 헤드라인은 "날카롭다, 그 이상의 달리 표현할 말이 없으므로".

## 2) 역발상 (Reversal)

### (1) 반어와 역설

그림 3-23 반어. 제품이 뛰어나 신제품 출시가 기다려진다는 의미이지만 반대 개념의 카피를 달았다. 고전적 사례이지만 반어를 통해 유머가 느껴지는 크리에이티브이다.

**그림 3-24** 역설 케첩이 맛있어서 케첩을 주 요리처럼 생각한다는 의미로, 케첩과 감자 프라이의 역할을 바꾼, 주객전도의 시각이 신선하다.

**그림 3-25** 역설의 고전적 사례로 암환자 지원협회(Cancer Patients Aid Association) 광고. 암 예방을 위해 금연하라는 일반 상식을 거꾸로 처리하여, 암(으로 인한 죽음)이 흡연을 치료한다는 역설적인 카피를 사용하였다.

### (2) 결과의 반전

결과의 반전이란 사람들의 기대를 저버리고 예상에 어긋나는 것을 말한다. 이론적으로 기대위반(violation of expectation)에 해당되며, 사람들이 기대하는 거리, 관념 등을 적절히 위반할 때 놀라움(surprise), 주의 집중과 몰입을 가져와 긍정적인 광고 효과를 기대할 수 있다.

**그림 3-26** 결과의 반전. 나는 곧 결혼하겠지만 한번일 거라고는 생각지 않아. 미래를 예측하기 어렵기 때문에 (우리 생명보험회사에서) 재정 계획을 세우라는 이야기. 광고에서 예상되는 결과를 뒤집어 표현하였다.

**그림 3-27** 금연광고- 피터팬(좌), 백설공주(우) 편

### 3) 역발상 방법과 적용

#### (1) 방법: 가정

반어와 역설, 결과의 반전 등 거꾸로 말하기 위한 역발상 방법은 '만약 원래 그것이 아니라면…?'이라는 가정(supposition)이다.

**그림 3-28** 상식을 거꾸로. 제품의 가벼움을 알리기 위해 대학생 아이디어를 실제 실험하는 내용으로 구성되었다. 머리카락으로 노트북버티기, 비키니끈으로 버티기, 낙지로 들어올리기 등 '상식적으로 이런 것이 가능할까?'에 관한 대학생 아이디어를 실제 실험하는 내용으로 구성되었다. LG전자 LG울트라 PC '그램'TV외 동영상

– 그 모양(그 크기, 그 색깔, 그 질감, 그 무게) 그대로가 아니라면?

– 그때가 아니라면?

– 거기가 아니라면?

역발상, 즉 거꾸로 말한다는 것은 남들이 생각하는 것을 보여주지 않기, 상식을 부정하기, 남들이 기대하는 결과 뒤틀기이다. 이는 단순히 말하는 방식과 표현(전술)이 다른 것만을 의미하지 않는다. 시각(전략)이 다른 것을 말한다. 광고의 시각을 바꾸는 것, 그것이 곧 광고 크리에이티브의 역발상이다.

### (2) 적용: 어떻게 적용할 것인가?

'거꾸로 말하기'위해 당연하고도 중요한 원칙은 두 가지이다.

① 사람들이 기대하고 예상하는 것이 무엇인지를 먼저 파악하고,

'보통 사람들은 ~라고 생각할 거야'

'사람들은 ~를 예상할 거야'

② 그 기대대로 말하지 않는다. 이를 위해 끊임없는 추론과 검열이 필요하다.

'만약 ~라고 말하면 사람들이 기대하지(예상하지) 않은 것일까?'

'만약 ~를 보여주면 사람들이 기대하지(예상하지) 않은 것일까?'

'아니면 이미 예상하고 있는 것일까?, 뻔한 것 아닌가?'를 생각해본다.

사람들과 아이데이션(Ideation) 회의를 하기 전에 먼저 자기 아이디어에 대한 자기검열(self-inspection) 과정이 필요하다.

그런 과정이 없으면 회의상에서 사람들의 의견에 휘둘리게 되고, 원래의 참신함마저도 사라질 수 있다. 대부분의 아이데이션 회의는 아이디어의 날을 세우기보다 둔탁하게 만들기 쉽다. 사람의 수가 많을수록, 초기 단계 회의일수록 브레인스토밍 회의에 드러나는 맹점이다.

### <참고 문헌>

김운한. (2014). OOH 광고의 세렌디피티 속성에 관한 탐색적 연구. 광고 PR 실학연구, 7(3), 29-56.

Burgoon, J. K. (1993). Interpersonal expectations, expectancy violations, and emotional communication. Journal of Language and Social Psychology, 12(1-2), 30-48.

# 04 광고전략

학습목차

1. 광고전략의 개념
2. 광고전략의 3가지 출발점
3. 광고기획서 작성
4. 광고전략 모델

"어떻게 말해야 하는가보다 무엇을 말해야 하는가가 더 중요하다. 즉 말하고자 하는 내용이 그 방법보다 훨씬 더 중요하다."

광고회사 오길비 앤 매더(Ogilvy & Mather)의 설립자이자 회장을 역임한 데이비드 오길비(David Ogilvy)가 저서 '어느 광고인의 고백(Confessions of an advertising man)'에서 말한 내용이다. 여기서 '어떻게 말해야하는가(How to say)'는 크리에이티브 전략을 뜻하고, '무엇을 말해야 하는가(What to say)'는 광고 전략을 뜻한다. 오길비는 과학적인 조사를 바탕으로, 광고에서 '무엇을 말할 것인가'를 중요시했다.

광고전략은 광고의 뿌리이자 근간이다. 따라서 어설픈 광고전략에 따라 광고를 제작하면 나중에는 돌이킬 수 없는, 정말 이상한 광고물이 되고 만다. 반면 광고전략이 훌륭하면 광고 전투에서 승리할 수 있다. 광고인 클로드 홉킨스(Claude C. Hopkins)는 "광고는 전쟁과 매우 흡사하다. 혹은 체스 게임과도 같다. 우리는 부단히 다른 사람들의 아성을 공략하거나 거래를 빼앗기 위해 노심초사 하고 있으니까"라고 했다. 광고는 홉킨스의 말처럼 전쟁과 같다. 지금 이 순간에도 경쟁사들은 서로의 소비자들과 시장점유율 등을 빼앗기 위해 치열하게 광고를 하고 있다. 이때 광고전략이 훌륭하다면 광고 전투에서 승리할 가능성이 높다.

## Ⅰ. 광고전략의 개념

### 1. 정의

'전략(strategy)'이란 말은 원래 군사 용어에서 유래한 것으로, '전쟁에서의 승리를 위해 여러 전투를 계획 · 조직 · 수행하는 방책'이란 뜻이다(두산백과사전). 이처럼 전략은 군사적 개념에서 발전하여, 현재는 경제, 정치, 문화, 사회 등 다양한 분야에 응용되고 있다.

'광고전략(advertising strategy)'을 광의적 정의와 협의적 정의로 나눠서 살펴보겠다.

#### 1) 광의적 정의

광의적으로 광고전략은 '기업의 이윤 추구를 위해, 광고를 기획하고, 집행하며, 통제하고, 분석하는 것 등에 대한 계획'을 일컫는다. 한 마디로 '광고활동 계획'이다. 광고전략은 마케팅 프로그램의 맥락 속에서 전개된다. 즉 기업의 마케팅 목표를 달성하기 위해 마케팅 전략을 근거로 해서, 광고 프로그램의 수립, 집행, 통제, 분석 등에 대한 계획을 세운다.

#### 2) 협의적 정의

협의적으로 광고전략은 여러 뜻이 있는데, 첫째, '광고목표를 효과적으로 달성하기 위한 방법, 방향'이란 의미가 있다.

둘째, 소비자에게 '무엇을 말할 것인가(What to say)에 대한 계획'을 말한다.

셋째, 광고가 어떤 목표, 의도로 제작될 것인가를 결정하는 '광고기획서 작성'이란 뜻이 있다. 광고기획서 작성 순서는 크게 7단계, (1) 상황 분석, (2) 소비자 선정, 분석, (3) 광고목표 설정, (4) 광고 컨셉트 제시, (5) 크리에이티브 전략, 광고표현물 제시, (6) 매체전략, (7) 광고예산 설정으로 구분된다. 반드시 이 순서대로 진행되는 것은 아니다. 필요에 따라서 다른 단계가 먼저 진행될 수도 있고, 동시에 진행될 수도 있으며, 생략될 수도 있고, 또는 광고효과 측정이나 촉진전략 등의 단계가 추가될 수도 있다.

### 2. 특성

첫째, 광고전략은 다음 단계인 크리에이티브(creative)의 초석이다. 즉 광고를 창작하는데 필요한 핵심 정보를 제공하는 길잡이다. 크리에이티브에 논리적 지침을 주고, 객관적 방향을 제시하는 것이 광고전략의 핵심적인 역할이다. 광고인 오길비는 "광고전략이란 무엇인가? 그것은 우리가 A지점으로부터 B지점으로 갈 수 있는 길을 보여주는 일종의 도로지도이다."라고 이야기했다. 우리는 여행을 갈 때 지도를 이용한다. 지도가 있으면 원하는 목적지까지 쉽게 갈 수 있다. 광고전략은 지도와 같아서, 광고인들에게 크리에이티브 전략 수립과 창작에 필요한 핵심적인 정보들을 제공하고, 쓸데없는 시간 낭비를 막아준다.

둘째, 광고전략 수립 과정은, 먼저 조사, 분석의 과정을 거친다. 제품, 소비자, 시장 등에 대한 정보 추출하고 문제점 등을 파악하며 해결방안을 모색한다. 그런 다음 광고의 전 분야(광고 창작, 매체, 프로모션 등)에 걸친 과학적, 논리적인 접근 방법 제시한다.

셋째, 광고전략은 과학적이고 이성적, 논리적인 영역이다. 왜냐하면 과학적인 조사와 데이터 분석을 바탕으로 정보를 구하고, 이를 바탕으로 계획을 세우기 때문이다. 흔히 '광고는 과학과 예술의 조합'이라고 이야기하는데, 바로 이 과학에 해당되는 부분이 광고전략이다.

넷째, 광고전략은 'right message, right person, right media, right time', 즉 가장 적절한 메시지를, 가장 적절한 사람에게, 가장 적절한 매체를 통해, 가장 적절한 시기에 보내도록 수립해야 한다.

## Ⅱ. 광고전략의 3가지 출발점

### 1. 제품

'당신이 팔고자 하는 것은 무엇인가?'에 대한 것으로, 좋은 광고전략은 제품이나 서비스 등의 물리적 · 심리적 특징과 차별적 장점, 경쟁제품과의 비교우위적 혜택(benefit)을 제시할 수 있어야 한다.

이를 위해서는 제품을 철저하게 분석해야 한다. 그리고 광고화 시킬 수 있는 '사실(fact)'을 발견하고, 팩트를 소비자와 관련성이 크고, 실제 구매를 유발할 수 있는 혜택, 가치(value)로 전환해야 한다.

### 2. 소비자

'제품을 누구에게 팔 것인가?'로, 좋은 전략은 광고를 '누구에게' 전달할 것인가를 명확하게 제시해야 한다. 소비자는 제품을 소비자하는 주체다. 이 소비자(target) 자체와 욕구(needs), 원하는 것, 필요로 하는 것 등을 파악해야, 제품의 혜택을 소비자들이 수용하기 쉽도록 크리에이티브화 시킬 수 있다.

사실 소비자 파악은 '차별화'의 지름길이다. 오늘날은 기술 발전으로 제품력이나 제품의 품질, 기능 차이가 없어졌다. 제품 평준화로 인해서 소비자에 대한 조사, 분석, 연구야말로 메시지를 차별화할 수 있는 지름길이 되었다. 따라서 광고인들은 제품과 시장에 대한 연구보다, 소비자에 대해서 더 많이 연구하고 고민해야 한다.

### 3. 시장

'우리 제품을 둘러싼 환경은 어떠한가?'에 대한 부분으로, 좋은 광고전략을 수립하려면 제품과 관련된 판매 환경, 구매 환경을 철저하게 분석하고, 경쟁자의 특성과 마케팅 및 광고전략 등을 잘 파악해야 한다. 철저한 시장 조사를 바탕으로 광고전략을 수립해야 한다.

좋은 광고전략은 제품 특성과 소비자 심리, 그리고 시장상황에 대한 구체적 설명을 제시할 수 있어야 한다(Felton, 1994). 그리고 막연한 직관과 추측을 뛰어넘어서 광고를 과학과 이성의 영역으로 이끌어야 한다.

## Ⅲ. 광고기획서 작성

전술한 바와 같이, 협의적 의미에서의 광고전략은 광고기획서 작성을 포함한다. 광고기획서 작성 순서는 크게 7단계로 구분된다. (1) 상황 분석, (2) 소비자 선정, 분석, (3) 광고목표 설정, (4) 광고 컨셉트 제시, (5) 크리에이티브 전략, 광고표현물 제시, (6) 매체전략, (7) 광고예산 설정의 순이다. 꼭 정해진 순서대로 진행되는 것은 아니며, 필요에 따라 일부 단계를 생략하거나 추가할 수도 있다.

### 1. 상황 분석

상황 분석은 광고전략 수립에 필요한 기초적인 자료를 제공하는 단계이다. 제품과 경쟁, 시장 등의 상황을 분석한다. 제품 분석에서는 상품, 브랜드 등의 장점, 단점, 혜택, 가치, 제품수명주기 등을 분석하고, 경쟁 분석에서는 경쟁자의 전략, 목표, 강점, 약점, 광고 및 마케팅 활동, 주요고객 등을 살펴보며, 시장 분석에서는 시장점유율, 시장 내에서의 위치 등을 분석한다. 이를 통해 광고하려는 제품이나 브랜드, 기업의 내부상황과 외부상황을 파악한다.

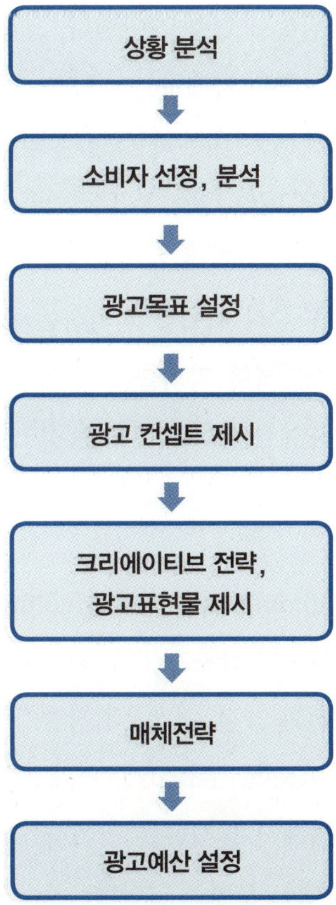


**표 4-1** 광고기획서 작성의 순서

이 단계는 방대한 정보를 처리해야하는 단계이기 때문에, 복잡하고 힘들고 지루할 수 있다. 하지만 상황 분석이 잘못되었을 경우 이후의 광고전략과 크리에이티브 전략 등이 실패할 확률이 높아지기 때문에, 많은 노력과 시간을 투자해야 한다.

### 1) SWOT 분석

상황 분석을 할 때 SWOT 분석이나 3C 분석 등을 할 수 있는데, 이 중 SWOT 분석은 제품, 기업의 강점, 약점, 기회, 위협 요인을 분석하고, 이를 토대로 전략을 수립하는 기법이다. 분석 시 사용하는 4요소인 강점(strength), 약점(weakness), 기회(opportunity), 위협(threat)의 앞머리 글자를 따서 SWOT 분석이라고 부른다. 미국의 경영컨설턴트인 알버트 험프리(Albert Humphrey)가 제안하였다. SWOT 분석의 장점은 기업, 제품의 내부환경, 외부환경의 변화를 동시에 파악할 수 있다는 점이다. 특정 기업, 제품의 내부환경을 분석하여 강점, 약점을 찾고, 외부환경을 분석해서 기회, 위협 요인을 찾아낸다. 그리고 강점은 살리고, 약점은 해결하고, 기회는 활용하고, 위협은 억제하는 전략을 수립한다.

아울러 기업, 제품 내부의 강점과 약점을, 외부의 기회와 위협을 대응시켜서 SO 전략, ST 전략, WO 전략, WT 전략을 수립할 수 있다. 첫째, SO 전략은 강점-기회 전략으로, 강점을 살려 기회를 포착하는 것이다. 둘째, ST 전략은 강점-위협 전략으로, 강점을 살려 위협을 회피하는 것이다. 셋째, WO 전략은 약점-기회 전략이며 약점을 보완하여 기회를 포착한다. 넷째, WT 전략은 약점-위협 전략으로써 약점을 보완하여 위협을 회피하는 것이다.

### 2) 3C 분석

3C 분석은 자사(company), 경쟁사(competitor), 고객(customer)을 분석하는 것이며, 3요소의 앞머리 글자가 모두 c라 3C 분석이라고 부른다. 자사 분석은 말 그대로 자사의 강점과 약점, 경쟁우위창출가능성 등을 파악하는 것이다. 경쟁사 분석은 경쟁사의 생산능력, 주요고객, 판매전략, 시설투자규모의 진척정도, 마케팅 활동, 광고 등에 대해서 분석하는 것이다. 고객 분석은 소비자의 욕구나 원하는 것, 잠재 수요 등에 대한 분석을 말한다.

## 2. 소비자 선정, 분석

본 단계에서는 우선, 표적 청중(target audience, 목표 청중)을 선정한다. 표적 청중이란 광고 제품을 사용하고 있는 현재 소비자나, 앞으로 사용하기를 기대하는 잠재 소비자를 말한다. 한 마디로 핵심 소비자를 선정하는 것이다.

다음, 표적 청중을 분석한다. 선정한 소비자의 인구통계학적(demographic) 특징과 심리학적(psychographics) 특징 등을 분석하고, 광고 기획과 창작에 적극적으로 반영한다. 인구통계학적 특징이란 모집단의 인구가 어떻게 분류되고 어떤 집단에 속할지를 결정해주는, 비교적 객관적이고 외적인 인구통계적 속성을 말한다. 예를 들면 성별이나 연령, 소득 수준, 직업, 인종 등이다. 심리학적 특징은 단어 의미 그대로 내적인 특성으로, 개성이나 라이프스타일 등을 말한다.

### 1) AIO 분석

소비자를 분석할 때 AIO 분석을 이용할 수 있다. AIO 분석은 라이프스타일을 분석할 때 쓰는 방법으로, 소비자의 생활 스타일을 활동(activity), 관심(interest), 의

표 4-2 인구통계학적, 심리학적 특징

| 구분요인 | 구분기준 | 구분기준에 따른 예 |
|---|---|---|
| 인구통계학적 (demographic) 특징 | 성별 | 남자, 여자 |
| | 연령 | 20대, 30대, 40대…<br>젊은층, 중장년층, 노년층… |
| | 소득 | 월수입 100만원 미만, 100-200만원… |
| | 학력 | 중졸, 고졸, 대졸… |
| | 직업 | 전문직, 회사원, 학생, 기술직, 주부… |
| 심리학적 (psychographics) 특징 | 사회계층 | 상류층, 중류층, 하류층 |
| | 라이프스타일 | 특정 사람의 삶의 방식과 습관 |
| | 개성 | 개인의 독특한 심리적 특성 |

(* 출처: 한광석, 백승록, 2012)

견(opinion)에 따라 분석하는 것이다. 각 단어의 머리글자를 따서 AIO 분석이라고 부른다. 이 분석법은 소비자가 어떤 활동을 하면서 시간을 보내고, 어떤 일에 관심을 갖고 중시하는지, 어떤 견해를 갖고 있는가를 측정함으로써 소비자 욕구와 행동양식 등을 구체적으로 파악한다. 활동 분석은 소비자의 활동을 분석하는 것으로, 취미 활동, 사회적 활동, 레저 활동, 매체이용행태, 오락, 쇼핑 등을 살펴본다. 관심 분석은 관심의 수준에 따라 분석하는 것이다. 여행, 유행, 진로, 패션, 음식 등 소비자가 흥미나 관심을 보이는 것을 파악한다. 의견 분석은 정치적 이슈, 자신의 문제, 사회적 문제 등에 대한 소비자의 의견을 살펴보는 것이다.

### 3. 광고목표 설정

광고목표란 광고가 매체에 일정기간 집행된 뒤에 얻게 되는 기대효과를 말한다. 즉 광고를 통해 달성하고자 하는 목표다. 광고목표는 광고의 기획, 창작, 집행 과정에 일관성과 통일성을 부여하고, 광고 집행 후 광고효과를 평가할 수 있게 한다.

러셀 콜리(Russell Colley)는 1961년에 미국 광고주협회(association of national advertisers)의 후원으로 출판한 '광고 결과 측정을 위한 광고목표의 설정(defining advertising goals for measured advertising results)'이라는 책에서 광고목표의 설정에 대해서 다음과 같이 언급했다.

첫째, 광고목표는 측정 가능(measurable)하게 설정해야 한다. 이것은 구체적으로 목표를 설정하라는 의미로, 광고목표를 숫자화, 계량화해서, 향후 광고 결과를 측정할 수 있도록 해야 한다.

둘째, 비교기준(benchmark)이 명확해야 한다. 광고목표를 수립할 때는 광고 캠페인 실시 전의 기준 지표와  캠페인으로 달성하려는 변화량을 상호 비교할 수 있도록, 숫자로 명시한다. 예를 들어 '60%의 브랜드 인지도를 80%로 올린다.'와 같이 광고를 시작하기 전의 상태와 광고가 끝났을 때의 상태를 기술해서 서로 비교할 수 있도록 한다.

셋째, 소비자(target audience)를 명확하게 규정해야 한다. 이는 광고목표 안에 소비자를 구체적으로 기재하라는 뜻이다.

넷째, 기간(time period)이 명시되어야 한다. 목표란 일정한 기간 내에서 설정되어야 하는 것이다. 광고목표를 설정할 때도 목표 달성에 걸리는 기간을 구체적으로 제시해야 한다.

다섯째, 문서화(written)되어야 한다. 목표는 말이 아닌 글로 명시되어야 한다. 명확한 글로 표현되어 문서화될 때 광고회사와 광고주 간, 그리고 광고회사 내 각 부서 간에 커뮤니케이션이 원활하게 이루어지고 광고 창작이 일관성을 유지할 수 있다(Batra, Myers & Aaker, 1996; Colley, 1961).

참고로 러셀 콜리는 저서에서 효과위계모형인 DAGMAR를 제시했다. DAGMAR는 책 제목의 머리글자(Defining Advertising Goals for Measured Advertising Results)를 딴 것이다. 본 효과위계모형은 소비자들의 커뮤니케이션 메시지에 대한 반응이 '인지(인식, awareness) → 이해(comprehension) → 확신(conviction) → 행동(action)'의 순차적 단계를 거친다고 본다.

DAGMA에서 '인지(인식)'는 소비자들이 제품이나 브랜드의 존재를 아는 것을 뜻한다. '이해'는 그 브랜드가 구체적으로 무엇인지, 그리고 어떤 특징, 혜택 등을 제공하는지를 아는 것이다. '확신'은 소비자들이 해당 제품이나 브랜드를 구매하겠다는 의향을 다짐하거나, 브랜드를 선호하는 것을 말한다. '행동'은 실제 구매행동을 의미한다.

## 4. 광고 컨셉트 제시

광고 컨셉트(concept)는 광고의 핵심적인 주제다. 광고에서 소비자에게 이야기하고자 하는 것을 하나의 단어, 어구로 표현한 것이며, 광고주가 소비자에게 전달하고자하는 중점사항이다. 제롬 쥬얼러(Jerome Jeweler, 2007)는 "광고 컨셉트는 당신이 표적 청중에게 이야기하는 가장 중요한 소구점이 된다. 광고 컨셉트는 모든 광고에서 중심 이슈가 되고 구체적인 크리에이티브 소구 유형 및 실행 스타일을 발견하는 토대가 된다."라고 이야기하기도 했다.

### 1) 광고 컨셉트의 조건

(1) 한 가지 컨셉트(single concept)이어야 한다. 광고 컨셉트는 광고하려는 제품, 브랜드 등과 관련된 것 중 가장 중요한 한 가지만을 표현해야 한다.

(2) 명료성이다. 컨셉트는 단순명료해야 한다. 광고의 핵심을 간결하고 분명히 해야 광고 메시지 전달력 등을 제고할 수 있다.

(3) 이해의 용이성이다. 광고 컨셉트는 이해하기 쉬워야 한다. 소비자가 광고에 집중하지 않는 상황에서도 메시지의 핵심을 소비자의 마음속에 심어 줄 수 있어야 한다. 컨셉트는 초등학교 이상의 학력을 가진 사람이라면 누구라도 알아 볼 수 있도록 쉽게 설정해야 한다.

## 5. 크리에이티브 전략, 광고표현물 제시

이 단계에서는 크리에이티브 전략(creative strategy)을 수립한다. 크리에이티브 전략이란 광고 창작, 표현에 대한 계획이다. 다른 말로 '어떻게 이야기할 것인가(How to say)'에 대한 계획이라고 할 수 있다. 정해진 광고 방향을 표현 아이디어로 구체화하고, 창의적이어야 하며, 광고목표를 달성할 수 있도록 수립해야 한다.

그리고 정해진 크리에이티브 전략에 맞춰, 광고물을 기획서에 스토리보드 등의 형태로 제시한다.

## 6. 매체전략

광고목표를 달성하기 위해 가장 효율적인 매체전략을 계획한다. 이때 경제성과 효율성을 고려해서, 가급적이면 적은 비용으로, 가능한 한 큰 효과를 낼 수 있는 매체를 선택한다. 다시 말해 가능하면 가장 강한 임팩트로, 많은 소비자에게, 적은 비용으로 전달할 수 있는 매체를 선정하는 것이 좋다.

구체적으로 매체전략에서는 매체 선택과 미디어 믹스, 매체 도달률(reach) 및 빈도(frequency) 확정, 매체 스케줄링(media scheduling) 등을 결정한다.

참고로 도달률은 일정 광고 캠페인 기간 동안 집행된 매체 스케줄에 최소한 한

번 이상 노출된 사람들의 수나 백분율을 말한다. 빈도는 일정한 광고 캠페인 기간 동안 광고 집행안에 노출된 표적 청중의 평균 노출 횟수를 뜻한다. 매체 스케줄링 전략은 광고를 언제, 어떤 패턴으로, 얼마나 오래 노출시킬 것인가 등에 대한 계획이다.

## 7. 광고예산 설정

광고목표를 달성하기 위해 소요되는 예산을 결정한다. 광고예산 설정법 중에서 매출액 기준법, 경쟁사 예산 기준법, 지불능력 기준법, 목표 기준법을 살펴보겠다.

### 1) 매출액 기준법

매출액 기준법은 매출액의 일정 비율을 광고비로 책정하는 방법이다. 가장 일반적으로 사용되고 있으며, 장점은 사용하기가 편리하고, 최고 경영층 설득이 용이하다는 것이다. 단점은 광고비율 산출기준이 모호하다는 점을 들 수 있다. 매년 매출액에 맞춰 광고예산 비율을 수정해야 하기 때문에 번거롭다. 광고가 매출을 결정한다는 인과관계를 무시한 것도 단점이다.

### 2) 경쟁사 예산 기준법

경쟁사 예산 기준법은 경쟁기업 기준법이라고도 하며, 동일 산업 내 경쟁사가 투입하는 광고비를 기준으로 책정하는 방법이다. 즉 경쟁사의 광고비를 근거로 해서 경쟁사 보다 높거나 동일하거나 낮은 수준의 광고비를 설정한다. 장점은 최고 경영층 설득이 용이하고, 경쟁사의 광고활동에 주의를 기울일 수 있다. 반면 단점은 예산 설정의 논리적 근거가 부족하다는 것이다. 사실 광고예산은 각 기업의 고유한 시장 상황이나 마케팅 목표 등에 따라 차별적으로 책정되어야 한다. 그러나 본 방법은 광고 캠페인 실행 및 매체 사용의 효과성 등에서 기업들 간의 차이를 무시하고 광고비를 설정한다. 또 다른 단점으로 경쟁을 유발할 가능성이 높다는 것을 들 수 있다.

### 3) 지불능력 기준법

지불능력 기준법은 자금 운영에 관련된 사항을 고려하여, 광고비로 사용 가능한 금액을 책정하는 방법이다. 광고주가 지불 가능한 만큼만 광고비를 산정하는 것이다. 따라서 광고예산 도출이 용이하다는 장점이 있다. 하지만 적정 예산 산출의 논리성, 합리성이 결여되고, 시장상황, 매체 사용의 변화 등의 요소들과 연계성이 약한 방법이며, 너무 낮은 예산 설정을 할 수도 있다는 단점이 있다.

### 4) 목표 기준법

목표 기준법은 목표 과업법이라고도 부른다. 광고목표를 수립하고 이를 달성하기 위한 과업을 도출하여, 목표 과업 달성에 필요한 예산을 산정하는 방법이다. 다시 말해 광고목표를 달성하기 위해 필요한 규모만큼의 금액을 광고비로 설정하는 것이다. 다른 방법에 비해 논리적 타당성이 높고, 광고목표 관점에서 합리적인 예산 설정을 할 수 있다. 단점은 합리적인 목표 설정 자체가 쉽지 않다. 목표를 달성하기 위해 필요한 예산 규모를 정확하게 예측하는 것이 어렵기 때문이다.

이외에도 수익률의 일정 비율을 광고비로 책정하는 수익률 기준법, 최근의 상표 역사 기록, 판매량, 시장점유율, 가격 등을 비교 분석하여 광고예산을 수립하는 상표 역사 개관법, 전년도 광고비와 동일하게 책정하는 불변 예산법 등이 있다.

# Ⅳ. 광고전략 모델

광고전략 모델(advertising strategy model)이란 광고전략을 세우기 위한 방법(method)이자 틀(frame)을 말한다. 광고전략을 수립하는데 있어서, 합리적인 방법들을 정리해 놓은 것이다. 보통 그대로 쓰이지 않고, 부분적으로 응용되어진다. 광고전략 모델은 지침 또는 업무 매뉴얼, 체계로서의 성격을 지닌다.

(1) 지침 측면에서 보면, 광고전략 모델은 기획과정에 일관된 흐름을 유지하고, 크리에이티브의 방향성을 제시하며, 광고효과를 극대화시키는데 도움을 준다.

(2) 업무 매뉴얼, 체계 측면에서는 광고회사 내의 부서들 간의 광고업무 표준화를 위한 도구이자, 이들과 광고주 사이의 효과적인 커뮤니케이션을 이뤄내는 수단으로 활용될 수 있다.

## 1. FCB의 그리드 모델

그리드 모델(grid model)은 광고회사 FCB(Foote, Cone & Belding)의 부사장을 역임한 리차드 본(Richard Vaughn, 1980)이 제시하였다. 기존의 전통적 소비자 행동 이론(경제학적 이론, 심리학적 이론, 자극-반응 이론, 사회학적 이론)과 효과 위계 모형(의사결정과정), 소비자 관여 이론(고관여, 저관여), 두뇌기능 분화 이론(좌뇌-이성, 우뇌-감성) 등을 하나의 모델로 통합하여, 포괄적 맥락에서 설명하는 광고전략 모델이다.

리차드 본은 소비자의 구매의사결정과정에서 관여도(고관여/저관여)와 정보처리동기(이성적 사고/ 감성)가 중요한 중계변인으로 작용한다고 보았다. 관여도, 정보처리동기를 바탕으로 제품을 총 4가지 유형, 고관여 이성적, 고관여 감성적, 저관여 이성적, 저관여 감성적 제품으로 구분하고, 각 유형에 알맞은 광고전략을 제시했다(정차숙, 2003).

### 1) 1상한: 고관여 이성적

FCB 그리드 모델은 관여도, 정보처리동기라는 두 축을 기준으로 제품의 영역을 그리드에 총 4가지 상한으로 구분하였는데, 이중 1상한은 고관여 이성적 제품들로, 관여도가 높고, 이성적 사고를 통해서 구매하게 되는 제품이다. 사례로 자동차나 컴퓨터, 냉장고 등을 비롯하여, 고가이면서 특성, 용도, 가격 등에 대한 정보를 제공해야 하는 신제품 등을 들 수 있다.

소비자는 인지–느낌–구매(learn-feel-do)의 구매의사결정과정을 거치는 thinker(생각하는 사람)다. 이론적 근거가 되는 행동 모델은 '소비자들은 논리적이고 합리적이며, 제품구매결정을 위한 정보를 적극적으로 찾는다.'라는 경제학적 이론이다.

광고전략은 소비자를 이성적으로 설득할 수 있는 '정보 제공적 광고전략(information strategy)'이 적합하다. 광고매체는 긴 카피가 가능하고, 많은 정보를 제공할 수 있으며, 소비자가 시간을 가지고 광고내용을 심사숙고 할 수 있는, 인쇄매체 특히 신문이 좋다. 광고 제작은 특별하고 차별적인 정보 제공에 초점을 맞추는 것이 효과적이다. 실연(demonstration) 기법을 사용하는 것도 좋은데, 실연은 제품의 성능이나 효과, 혜택 등을 실제로 광고에서 직접 보여주는 방법이다. 제품의 효과를 직접 제시하고 실제로 증명하기 때문에 소비자들에게 신뢰감과 믿음을 줄 수 있다.

사례로 폭스바겐(Volkswagen)의 신문광고를 들겠다. 광고되는 제품이 고관여 이성적 제품인 자동차로서 잘못 구매했을 때 위험부담이 크며, 가격이 고가이다. 따라서 소비자들은 적극적으로 정보를 탐색하고 심사숙고해서 구매의사결정을 내린다. 이러한 소비자를 공략하기 위해 폭스바겐 광고는 소비자를 이성적으로 설득할 수 있는 정보 제공적 성격을 띠었다. 지면의 1/3을 할애해서 폭스바겐의 장점, 편익을 자세하게 설명했다. 광고매체 또한 긴 카피를 쓸 수 있고 많은 정보 제공이 가능한 신문매체를 택했다. 구체적으로, 광고는 "물 위에 뜬다는 엉터리 폭스바겐

**그림 4-1** 폭스바겐 광고

광고를 내가 폭로하기로 결심했을 때 어이없는 일이 일어났습니다."라는 헤드라인과 함께, 실제로 물 위에 뜬 폭스바겐의 모습을 제시했다. 이것은 제품의 특징을 직접 광고에서 보여주는 실연방식을 사용한 것으로, 소비자에게 신뢰감을 준다. 바디카피에서는 미국 WLUK 방송국 기자인 스탠리 시갈(Stanley Siegel)이 물 위에 폭스바겐이 뜨는지 직접 테스트하고 "폭스바겐이 정말 물 위에 뜨며, 아무런 트러블 없이 움직이기까지 했습니다."라고 증언했다. 이를 통해 '물 위에 뜰 정도로 차체 기밀성과 내구성이 뛰어나다.'는 폭스바겐의 경쟁적 이점을 효과적으로 전달했다(박현주, 1988).

### 2) 2상한: 고관여 감성적

고관여 감성적 제품은 소비자 관여도가 높으면서, 감성적인 판단, 태도, 전체적 느낌에 좌우된다. 보석, 화장품, 의상 등의 제품이 해당한다.

소비자는 feeler(느끼는 사람)이며, 구매의사결정과정은 느낌–인지–구매(feel-learn-do)의 단계를 거친다. 근거가 되는 행동 모델은 '소비자들은 자아의 심리적인 요구와 개인적인 세계상(ego)를 추구하며, 이에 필요한 제품을 구매 한다.'라는 심리학적 이론이다.

**그림 4-2** 샤넬 No. 5 광고

광고전략은 정서적 호소력이 있는 '감성적 광고전략(affective strategy)', '감정 유발 광고전략'이 효과적이다. 광고매체는 지면이 크고, 광고 노출 시 감성적 공감대를 느낄 수 있는 잡지나 포스터가 적당하다. 광고 제작은 이미지 위주나 광고 접촉 시에 강한 임팩트가 발생하도록 해야 한다.

사례로 '샤넬 No. 5' 향수 잡지광고를 들겠다. 샤넬 향수는 가격이 고가이기 때문에 구매의사결정 시 관여도가 높지만, 구체적 정보보다는 감성적 판단이나 전체적인 느낌이 강조된다. 그렇기 때문에 샤넬은 감성적 호소력이 있는 광고를 집행했다. 영화 물랑루즈, 디아더스로 유명한 니콜 키드먼(Nicole Kidman)을 광고 모델로 기용하여, 기자들에게 둘러싸여 플래시 세례를 받고 있는 장면을 연출했다. 이를 통해 '샤넬 향수를 쓰게 되면 사람들의 주목을 받을 수 있다.'는 메시지를 간접적으로 전달하며, 개인의 자부심에 호소했다. 느낌을 중시하는 소비자를 대상으로 하기 때문에 샤넬 향수에 대한 자세한 설명은 자제했으며, 니콜 키드먼의 우아한 이미지를 부각해서 감성적 공감을 유도했다. 광고매체 또한 지면이 크고, 광고 노출 시 감정이입을 할 수 있는 잡지매체를 활용하였다.

### 3) 3상한: 저관여 이성적

저관여 이성적 제품은 관여도가 낮으면서도 이성적 사고를 통해 구매결정을 한다. 제품은 식품, 의약품, 일상생활용품 등이 해당하며, 습관적인 구매가 이루어지는 특징이 있다.

소비자는 doer(행동하는 사람)이고, 구매의사결정과정은 구매-인지-느낌(do-learn-feel)의 순이다. '소비자는 별다른 노력 없이 자극과 반응의 연속으로 습관화된 구매를 한다.'는 자극-반응 이론을 이론적 근거로 삼고 있다.

광고전략은 제품이 습관적으로 구매되는 특성이 있으므로 '습관 형성 광고전략(habitual strategy)'을 목표로 해야 한다. 광고매체는 반복 노출을 통해 브랜드 인지도를 형성, 강화할 수 있는 라디오, TV의 자막광고(ID 광고, 곧이어광고) 등이 적합하다. 자막광고는 텔레비전의 방송순서 고지, 방송국명칭 고지 시 화면 하단에 방송되는 자막형태의 광고를 말한다. 광고 제작은 차이점을 부각하거나 브랜드 상기에 초점을 맞춘다.

사례로써 동화약품의 후시딘 TV 광고를 들겠다. 상처치료제인 후시딘은 의약품이다. 가격이 비교적 저렴해서 관여도가 낮지만, 약품이다 보니 이성적 사고를 통해서 구매를 결정하는 특성이 있다. 따라서 광고에서는 엄마가 상처 입은 아이에게 후시딘을 발라주며 '돌아가라, 빨리 돌아가라, 우리 아이 상처 나기 전으로 빨리 돌아가라'라고 이야기하여, '상처에 후시딘을 바르면 흉터 없이 빠르게 낫는다.'는 장점을 설명했다. 또한 상처의 빠른 치유를 돕고 세균 감염을 막아주는 후시딘의 퓨시드산 성분을 '후시딘 보호막'으로 표현해 제품의 특성을 강조했다. 특히 기존 캠페인에서부터 일관되게 "상처엔 후~ 후시딘"이라는 슬로건을 반복적으로 사

그림 4-3 후시딘 광고

용함으로써 브랜드 인지도, 상기도를 높이고, '상처=후시딘'의 등식을 성립시켜 소비자의 습관적 구매를 유도했다.

### 4) 4상한: 저관여 감성적

저관여 감성적 제품은 관여도가 낮고, 감성적 판단을 통해 구매한다. 제품은 청량음료, 담배, 과자, 캔디 등의 개인적 선호도가 담긴 기호품이다.

소비자는 reactor(즉각 반응하는 사람)고, 구매의사결정과정은 구매-느낌-인지(do-feel-learn)의 단계를 거친다. 행동 모델은 '소비자는 모방 성향이 강하기 때문에 타인의 구매행동을 따라한다.'는 사회학적 이론이다. 소비자는 해당 제품 등에 즉각 반응을 하고, 충동적 구매를 하기 때문에, 논리적, 이성적으로 설득한다하더라도 오래가지 못한다.

따라서 광고전략은 소비자 주의, 주목을 끌고, 지속시키는 전략이 바람직하다. 그리고 제품사용과정에서의 느낌이 중시되기 때문에 '자아 만족 광고전략(self satisfaction strategy)'이 적합하다. 광고매체는 거리의 옥외매체, POP 광고(point of purchase, 구매시점광고) 등이 좋고, 광고 제작은 주의 환기에 초점을 맞춘다.

사례로 맥주회사 포스터스의 칼튼 드래프트(Carlton Drought) 광고를 들겠다. 칼튼 드래프트는 맥주로서, 관여도가 낮은 상태에서 감성적 판단에 따라 구매가 결정되는 제품이다. 이러한 저관여 감성적 제품은 소비자의 주의를 끄는 광고가 적합하기 때문에, 칼튼 드래프트는 100만 달러(약 7억 원)를 들여 거대 광고(big Ad.)를 제작, 집행했다. 마치 매스게임처럼 많은 사람들을 동원해서 거인이 맥주잔으

**그림 4-4** 칼튼 드래프트 광고

**그림 4-5** 애드벌룬을 이용한 칼튼 드래프트의 옥외광고

로 생맥주를 들이키는 모습을 연출하였는데, 그 스케일이 상당히 커서 저절로 소비자의 주의를 끈다. 카피 또한 "이건 큰 광고이다. 엄청 큰 광고이다(It's a big ad. Very big ad)', '맙소사! 그건 크다. 얼마나 큰지 믿기지 않을 정도야(My god. it's big! Can't believe how big it is!)." 등으로 광고의 영상을 뒷받침하고, 스케일이 크다는 것을 계속 강조한다. 그리고 배경음악으로 사용된 칼 오르프의 카르미나 브라나(Carl Orff's Carmina burana) 역시 매우 웅장하여 사람들의 이목을 집중시키는데 한 몫을 한다. 또한 칼튼 드래프트는 옥외매체도 이용하였는데, 〈그림 4-5〉와 같이 맥주잔을 형상화한 애드벌룬을 띄워서 광고를 했다. 그런데 맥주잔의 크기가 상당히 거대해서, 소비자들의 주의를 집중시키고 흥미를 잘 끌었다. 즉 칼튼 드래프트 광고는 저관여 감성적 제품이라는 맥주의 특성을 고려해서, 이성적으로 소구하기보다는, 맥주 마시는 모습을 대형 군무로 형상화하고 거대한 애드벌룬을 띄워서 소비자의 주의를 효과적으로 끌었다.

정리하면 FCB의 그리드 모델은 광고전략 수립뿐만이 아니라, 소비자 심리와 행동 이해 및 파악, 광고 제작, 매체 집행 등 광고의 다양한 영역을 커버하는 모델이라고 할 수 있다.

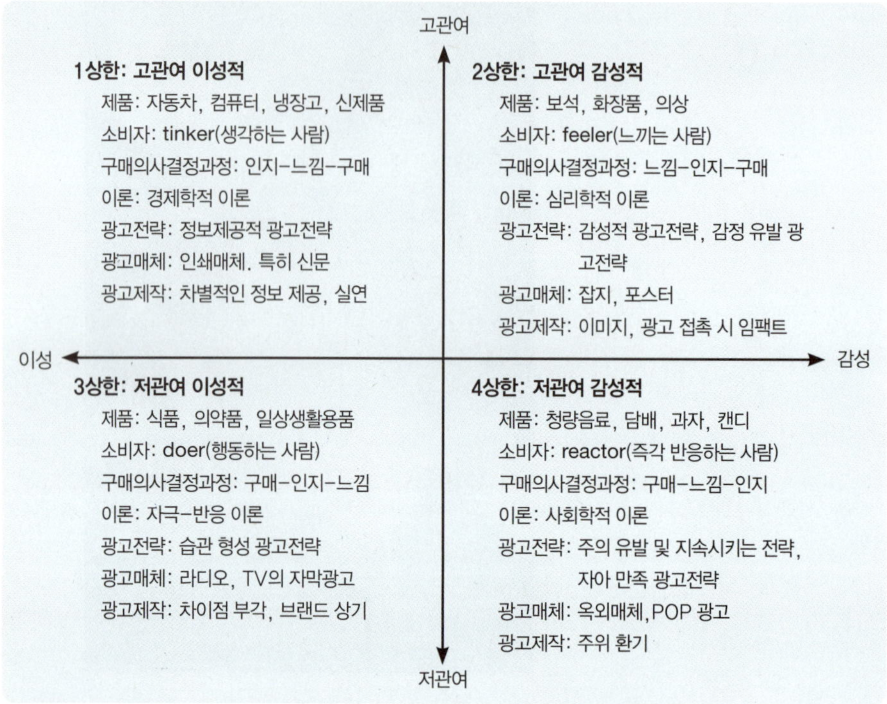


**그림 4-6** FCB 그리드 모델(* 출처: 정차숙, 2003)

## 2. 사치 앤 사치의 브리프

### 1) 브리프

브리프(brief)는 광고전략을 간추린 문서다. 광고 제작에 참여하는 전체 구성원들이 공유하는 광고 창작의 '지침(가이드라인, 양식)'이자, 광고전략의 내용을 요약한 '간이 기획서'이다.

장점은 크게 3가지로, (1) 브리프는 광고전략의 전체적 내용을 일목요연하게 제시한다. 광고전략의 핵심들을 명확하게 제시하여, 이해를 돕는다. (2) 일관성을 부여한다. 광고기획팀과 크리에이티브팀 간에 일관된 광고물을 창작할 수 있도록 만든다. (3) 브리프는 효율성을 제고한다. 광고를 창작할 때 구성원들 간의 혼동을 막고, 개인적인 생각, 주장에 따른 마찰을 방지하며, 제작시간과 경비를 단축시켜 준다.

브리프를 작성하는 목적은 (1) 광고주와 광고회사 간에 광고전략 방향을 협의, 조정하기 위해서이다. (2) 그리고 광고회사 안에서 광고기획 팀이 크리에이티브 팀에게 광고 제작을 의뢰하고, 구성원들 간 광고물 창작의 명확한 지침을 공유하기 위해서 작성한다.

### 2) 사치 앤 사치의 브리프

브리프 중에서 가장 유명한 것이 영국의 다국적 광고회사인 사치 앤 사치(Saatchi & Saatchi)의 브리프(the brief)로, 크게 3가지 양식, 즉 광고의 배경에 대한 브리프인 background to the advertising brief와, 광고를 창작하기 위한 브리프인 creative brief, 그리고 media brief로 구성돼 있다.

이중 크리에이티브 브리프에서 핵심은 SMP(single minded proposition)다. SMP란 단일 집약적 제안으로, 광고목표를 달성하기 위해 표적 집단에게 브랜드에

| 광고주(*client*) | 브랜드(*brand*) | 직업번호(*SWO No.*) |
|---|---|---|
| | | 작업일자(*date*) |

| 캠페인 요청사항(*campaign requirement*) 캠페인, 단발성 광고, 광고번호 | |
|---|---|
| 목표 수용자(*the target audience*) 인구통계적 특성, 라이프스타일, 상품사용법, 태도 | |
| 광고목표(*what is this advertising intended to archive?*) | |
| 단일집약적 제안(*the single minded proposition*) | |
| 제안의 근거(*substantiation for the proposition*) | |
| 필수 삽입요소(*mandatory inclusions*) 상품소유자, 로고, 전화번호 등 | |
| 원하는 브랜드 이미지(*desired brand image*) 친근한, 섬세한, 현대적인 등 | |
| 작업일정(*Timing of creative work*)<br>기획팀에게:<br>광고주에게: | 창작팀장 서명<br>기획팀장 서명 |

**그림 4-7** 사치 앤 사치의 브리프

대하여 전달하는, 동기 유발적이고 차별적인 '단 하나의 제안점'을 말한다. SMP의 기본 철학은 광고의 힘이 광고 메시지를 집약하고 단일화하는 데서 나온다고 본다. 광고인은 제품, 서비스가 갖고 있는 많은 혜택 가운데서 가장 중요한 한 가지를 뽑아내어, 그것을 단일 집약적으로 표현해야 한다. 올바른 SMP란 우선, 여러 제안이어서는 안 되고 한 가지 포인트로 강하게 부각시키는 것이다. 제품, 브랜드 등과 관련된 것 중 가장 중요한 한 가지만을 표현해야 좋은 SMP다. 예를 들어 '값이 저렴하고 저칼로리'와 '배불리 먹으면서 저칼로리를 섭취하는 길' 중에서 전자는 가격과 칼로리 두 가지를 이야기했지만, 후자는 칼로리 한 가지만을 이야기 했으므로 좋은 SMP라고 할 수 있다. 다음, 구체적인 방향을 제시해야 한다. 두리뭉실하고 막연하고, 추상적이어서는 안 되고, 정확하게 하나의 방향에만 포커스를 맞춰야 한다. 즉 '수명이 오래 가는 TV'와 '시장에서 가장 좋은 TV' 중에서, 앞 문장은 수명 하나에만 포커스를 맞췄지만, 뒷 문장은 좋은 점들을 제시하지 않아 추상적이다. 전자처럼 구체적으로 작성해야 좋은 SMP다. 마지막으로 자극할 수 있는 것이어야 한다. 소비자의 마음을 움직일 수 있어야 올바른 SMP다. '강아지를 위한 건강식'과 '당신의 강아지를 위한 건강식사' 중에서 후자가 당신만의 애완견을 위한 것이라고 했기 때문에 소비자의 마음을 움직일 가능성이 높다.

SMP를 설정한 후에는 이를 광고에서 신선하고(fresh), 흥분되고(exciting), 기억되도록(memorable) 표현해야 한다.

정리하면 사치 앤 사치의 브리프는 광고 창작의 가이드라인을 제시하는 유용한 광고전략 모델이다. 광고전략의 전체적 개념을 일목요연하게 제시하고, 광고기획 팀과 크리에이티브 팀 사이의 일관된 광고물 창작을 유도한다.

## 3. 디디비 니드햄의 ROI

ROI는 광고회사 디디비 니드햄(DDB Needham)의 수석 부사장을 역임한 윌리엄 웰스(William Wells)에 의해 체계화되었다. 복잡한 시장 환경에서 광고가 성공하기 위해서는 관련성(relevance), 독창성(originality), 충격성(impact)을 가져야 한다는 것으로, 각 요소의 머리글자를 따서 ROI라고 부른다.

### 1) 관련성(relevance), 독창성(originality), 충격성(impact)

**(1) 관련성(relevance):** 광고는 관련성(일치성, 연관성, 적합성, 적절성)을 갖고 있어야 한다. 광고는 시장과 관련되어야 하고, 제품과 관련성이 있어야 하며, 소

비자와 연관성이 있어야 한다. 왜냐하면 광고가 제품, 브랜드, 소비자 등의 특성을 반영하고 연관되어 있으면 광고효과를 증대시킬 수 있기 때문이다. 반면에 관련성을 등한시하게 되면 소비자의 머리를 파고들어 구매욕구를 자극하는 좋은 광고를 만들 수 없다. 광고회사 DDB(Doyle, Dane, Bernbach)를 창립한 광고인 번벅(Bernbach)은 "멍청한 광고는 제품을팔지 못한다. 제품과 관련성이 없는 멋진 광고 역시 제품을 팔지 못하긴 마찬가지다."라고 하며, 관련성을 강조하였다.

**(2) 독창성:** 광고는 지금까지 보지 못했던 새로움, 기대하지 못했던 것, 참신함, 신선한 것 등이 있어야 한다. 그럴 때 소비자의 관심과 흥미를 끌 수 있다.

**(3) 충격성:** 영향력이라고도 한다. 소비자의 마음을 헤치고 들어가서, 전달하고자 하는 광고 메시지에 주의하게 하고, 목표한 소비자의 마음을 움직이고, 공감을 유도하는 힘을 말한다. 소비자에게 임팩트를 줄 수 없다면, 광고를 통해 받은 느낌이 오래 지속되지 못한다. 임팩트 없는 광고는 소비자를 그냥 스쳐 지나갈 뿐이다. 그러나 임팩트 있는 광고는 소비자의 주의를 집중시킨다.

### 2) ROI 기획 방법

ROI가 있는 광고전략을 수립하려면 다음의 5가지 질문에 분명하게 답해야 한다. 즉 ROI는 다음 5가지 질문에 대한 해답을 기술하고, 고려하는 과정에서 완성된다.

(1) **광고의 목표는 무엇인가?:** 광고목표에 대한 것으로, 목표를 구체적이고 정확하게 설정한다.

(2) **누구에게 광고를 전달할 것인가?** 소비자에 대한 것이다. 이 부분에서는 소비자를 선정하고, 특징과 생활 모습(life style) 등을 분석한다.

(3) **어떤 경쟁적 혜택(benefit)을 소비자에게 약속할 것인가? 그리고 어떻게 그 약속을 뒷받침할 것인가?:** 혜택에 대한 부분으로, 경쟁사와 구별되는 차별적인 혜택과 이를 뒷받침하는 근거를 제시한다.

(4) **어떤 개성으로 상표를 차별화할 것인가?** 차별화를 도모할 수 있는 브랜드 개성을 결정한다. 그리고 지속적이고 일관적인 광고를 통해 브랜드 개성을 구축한다.

(5) **어떤 매체를 통해 광고메시지를 전달할 것인가? 그리고 어떤 빈틈을 노릴 것인가?:** 매체에 대한 부분으로, 광고매체를 선정한다. 특히 소비자의 빈틈이 가장 크게 열려있는 시간, 장소에 적합한 매체를 선택한다.

이상의 5가지 질문에 적절한 답을 찾아가는 것이, 바로 ROI가 있는 광고전략이다.

참고로 경영분야에도 ROI가 있는데, 이는 투자 수익률(return on investment)을 말한다. 투자자의 어떤 자원 투자로 인해 얻어진 이익이다. 미국의 화학회사 듀폰(Du pont)사가 개발하였고, 널리 사용되는 경영성과 측정기준 중의 하나이며, 기업의 순이익을 투자액으로 나누어서 구한다.

## 4. JWT의 T Plan

광고회사 JWT(J. Walter Thompson)가 제시한 광고전략 모델이다. T Plan이란 어느 소구 대상을 선택할 것이며, 그 사람이 제품, 브랜드를 사게 만들기 위해서 무엇을 그 사람의 마음에 담아야 하는가를 설정하는 것이다. T Plan의 T는 '소비자(target)'를 말하는 것으로, 이 광고전략 모델은 소비자의 분석에 주안점을 둔다. 다른 광고전략이 '광고주가 소비자에게 전달하고자 하는 핵심 메시지 도출'을 위한 것이라면, T Plan은 '소비자로부터 특정 반응을 얻어내기 위한 것'이다(오두범, 1996).

T Plan은 다음의 3가지를 전제한다.

첫째, 소비자들의 브랜드 선택은 총체적 인상(total impression)에 의해 좌우된다.

둘째, 소비자는 브랜드 선택 시 짧은 리스트(shot list)를 활용한다.

셋째, 브랜드 개성을 위해 커뮤니케이션 채널이 통합적으로 관리되어야 한다.

### 1) T Plan 광고기획 사이클

**(1) 우리는 현재 어디에 있는가(Where are we):** '시장 분석', '환경 분석'을 실시한다. 광고기획의 첫 단계에서는 우리 제품, 브랜드가 지금 사람들의 마음 속 어느 곳에 자리 잡고 있으며, 이는 시장 위치와 관련하여 어떻게 해석하여야 하는가? 등을 분석한다.

**(2) 왜 우리는 그곳에 있는가(Why are we there):** 광고기획 두 번째 단계는 '문제점' 및 '기회'를 발견하는 것이다. 여기에서는 우리 브랜드의 강점, 약점을 형성해 온 결정적인 요소들은 무엇인가? 등을 분석한다.

**(3) 우리는 어디로 갈 수 있는가(Where could we be)?:** 앞의 분석들을 바탕으로 '마케팅 목표'를 설정한다. 현실적으로 우리 브랜드의 미래의 위치는 어디까지 가능한가?를 고려해서 마케팅 목표를 수립한다.

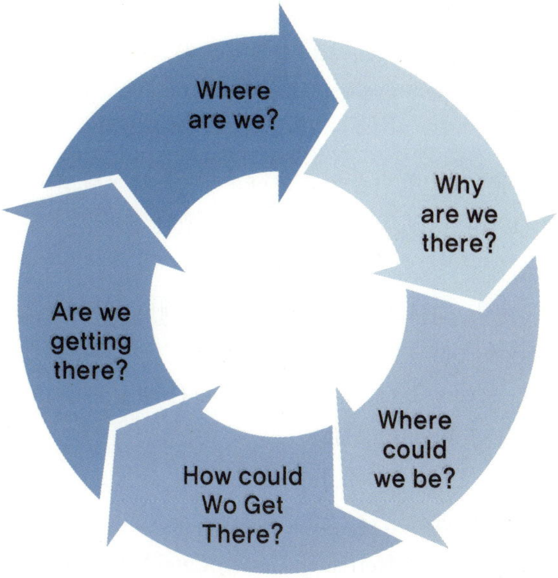


**그림 4-8** JWT의 T Plan. 이 과정은 순환적이므로 각 단계를 지속적으로 점검하여 실행에 반영할 필요가 있다.

**(4) 어떻게 그곳에 갈 수 있는가(How could we get there)?:** 광고기획 네번째 단계는 '광고전략 및 방법'을 수립하는 것이다. 이 단계에서는 마케팅 믹스의 어떤 부분을 어떻게 변화시켰을 때 그 목표에 다다를 수 있는가? 등을 고려하여 구체적인 전략과 전술을 수립한다.

**(5) 우리는 지금 그곳에 가고 있는가(Are we getting there)?:** 집행된 '광고를 평가'한다. 우리는 지금 광고목표를 달성해나가고 있으며, 광고효과가 나타나고 있는가? 등을 살펴본다.

이러한 T Plan 광고기획 사이클은 지속적인 순환체계이기 때문에 급변하는 시장 경쟁환경을 파악하는데 유용하다. 또한 피드백을 통해서 시행착오를 줄일 수 있도록 해주고, 현실 인식의 중요성을 강조하고 있다는 등의 장점을 가지고 있다(김정현).

## <참고문헌>

김병희 (2007). 광고 카피 창작론. 파주: 나남출판.

김정현. 광고전략 모델에 대한 이해: 7가지 모델을 중심으로. 〈http://www.seri.org/kz/kzBndbV.html?no=14087&pgca=1〉.

한광석, 백승록 (2012). 광고론. 파주: 글로벌.

전수미 (2004.12.01). 니콜 키드먼, 광고 '1분에 13억' 으로 기네스북 등재. 노컷뉴스.

최봉선 (2011.06.13). 동화약품, 상처치료제 후시딘 새로운 TV 광고 전개. 메디파나뉴스.

박현주 (1998). 딱정벌레에게 배우는 광고발상법 : 폴크스바겐 비틀 광고신화. 서울: 나남출판.

김태은 (2004.10.10). 니콜 키드만 샤넬 넘버5 새 모델. 스타뉴스.

오두범 (1996). 광고전략의 주요 쟁점에 관한 평가 분석. 광고연구, 1996년 여름호, 313-339.

정차숙 (2003). 일치성과 제품 유형에 따른 캐릭터를 이용한 광고의 효과 연구. 서강대학교 석사학위논문.

Batra, R., Myers, J. G., & Aaker, D. A. (1996). Advertising management. Englewood Cliffs, NJ: Prentice-Hall.

Colley, R. H. (1961). Defining advertising goals for measured advertising results. New York: Association of National Advertisers.

Felton, G. (1994). Advertising: Concept and copy. Englewood Cliffs, New Jersey: Prentice-Hall.

Vaughn, R. (1980). How advertising works: A planning model. Journal of Advertising Research, 20(5), 27-33.

Jeweler, J. (2007). Creative strategy in advertising. CA: Wadsworth.

# 05 크리에이티브 전략

학습목차



광고회사 DDB(Doyle, Dane, Bernbach)를 설립한 윌리엄 번벅(William Bernbach)은 "사람의 마음을 흔드는 것은 그대가 '무엇을 말하는 것'이 아니라 그것을 '어떻게 말하는가'에 달려있다."라고 말했다. 여기서 '어떻게 말하는가'는 크리에이티브 전략을 의미한다. 번벅은 광고전략만으로는 부족하고, 전달하고자 하는 메시지 내용만큼 크리에이티브 전략이 중요하다고 보았다.

번벅은 '광고계의 피카소'라고 불렸으며, 광고에서의 예술적인 표현과 기교, 아트를 중요시했다. 효과적인 광고 창작에는 예술적인 직관, 재능이 필요하고, 광고 메시지를 표현해내는 창작 솜씨가 중요하다고 생각했다. 번벅의 광고 창작 스타일이 이랬던 만큼 광고에서 '어떻게 말할 것인가'를 중시한 것은 당연해 보인다.

크리에이티브 전략은 소비자와 접촉하는 광고의 기술이다. 따라서 뛰어난 크리에이티브 전략을 수립하지 못하면, 아무 좋은 광고전략을 세웠더라도 광고효과가 감소한다. 마치 영화에서 영화감독이 좋은 계획을 수립했더라도, 배우가 제대로 연기해주지 못하면, 결국 관객들이 보는 것은 배우의 연기이므로 훌륭한 영화가 되지 못하는 것과 같다.

## Ⅰ. 크리에이티브 전략의 개념

### 1. 정의

크리에이티브 전략(creative strategy, 표현전략)이란 광고 창작, 광고 표현에 대한

**표 5-1** 크리에이티브 전략의 정의

| 연구자 | 정의 |
|---|---|
| Frazer (1983) | 광고 메시지의 속성과 특성을 구체적으로 표현하는 하나의 정책(policy) 또는 지침이 되는 원칙(guiding principle) |
| Schutlz (1988) | 소비자의 마음에 쏙 파고들 수 있는 광고를 어떻게 표현해야 하는지를 의미. 즉 광고 제작물이 어떻게 말해야 하며 어떻게 움직이고 어떻게 그리는가 하는 방법을 짜내는 것 |
| Simon (1971) | 소비자에게 메시지를 전달하기 위하여 카피와 일러스트레이션 등을 이용하는 명시적 또는 암시적 표현의 틀 |

계획을 말한다. 한마디로 '어떻게 이야기할 것인가(How to say)에 대한 계획'으로, 앞에서 수립한 광고전략을 메시지와 시각적으로 어떻게 표현할 것인지 계획을 세우는 것이다.

전체 광고활동 중 가장 창의적인 측면이 강조되는, 매우 중요한 과정이다. 광고는 소비자를 설득하기 위해서, 합리적인 내용만 전달하는 것이 아니고, 소비자의 주의를 끌기 위한 독창적인 방법을 필요로 하는데, 크리에이티브 전략은 이와 직결되어 있다.

## 2. 특성

크리에이티브 전략은 광고전략이 창의적으로 표현되는 과정이다. 표현의 내용 및 방법과 소구법(approach), 표현 소재, 아이디어 등을 결정한다.

표현전략은 최종 제작된 광고물의 창의성을 좌우한다. 광고인의 직관과 통찰력, 상상력이 중시되는 부분이다. 흔히 '광고는 과학과 예술의 조합'이라고 하는데, 크리에이티브 전략은 예술에 해당된다고 할 수 있다.

프레이저(Frazer, 1983)는 크리에이티브 전략을 실제적인 광고물 제작의 방향을 제시하는 '광고 제작의 길잡이'이라고 했다. 그 이유는 표현전략의 다음 단계는 '실행(execution)'으로 '어떻게 마무리할 것인가'의 단계다. 카피라이터는 카피를 창작하고, 아트 디렉터는 비주얼을 제작하는 등 실제적인 광고 제작이 이루어진다. 크리에이티브 전략은 광고 창작의 내용과 방법, 소구법 등을 결정하여, 실행 단계를 이끌기 때문에, 광고 제작의 길잡이라고 할 수 있다.

표 5-2 광고전략, 크리에이티브 전략, 실행

| 광고전략 (strategy) | | 크리에이티브 전략 (creative) | | 실행 (execution) |
|---|---|---|---|---|
| **'무엇을 말할 것인가'** 광고목표, 광고 컨셉트. 제품, 브랜드 등의 장점, 혜택(benefit) | ➡ | **'어떻게 말할 것인가'** 광고 창작, 표현. 크리에이티브 소구, 표현의 내용 및 방법 등 | ➡ | **'어떻게 마무리할 것인가'** 실제적인 제작 과정. 카피 창작, 비주얼 제작, 음악, 모델 선정, 촬영, 편집 |

## Ⅱ. 크리에이티브 전략의 종류

크리에이티브 전략의 종류 중에서 가장 대표적인 유형은 시대 순으로 크게 3가지를 들 수 있다. 크리에이티브 전략의 종류는 시대가 흐름에 따라 주류를 이루는 전략이 변화되어 왔다. 1950년대에는 USP 전략이 주류를 이루었고, 1960년대에는 브랜드 이미지 전략이 주도했으며, 1970년대에는 주로 포지셔닝 전략이 그 시기를 주도하는 크리에이티브 전략으로 활용되었다(송용섭, 리대룡, 1996). 이 대표적인 세 가지 크리에이티브 전략을 비롯해서, 2단계 접근 전략, 제품 중심-소비자 중심 전략, 프레이저의 크리에이티브 전략, 프렌전의 크리에이티브 전략을 살펴보겠다.

### 1. USP 전략

#### 1) 정의

광고회사 테드 베이츠(Ted Bates)를 공동 설립한 로저 리브스(Rosser Reeves)는 1961년 저서 '광고의 실체(Reality in advertising)'에서 USP 전략을 제안했다. USP는 unique selling proposition의 앞머리 글자를 딴 것으로 '독특한 판매 제안', '고유 판매 제안'을 뜻한다. 즉 제품의 특별한 혜택(benefit, 편익, 이익)을 의미한다.

USP 전략(unique selling proposition strategy)은 경쟁사가 제안하기 어렵고, 자사 제품만이 가지는 독특한 판매 제안점을 전달함으로써 장기적으로 비교 우위를 확보하는 전략이다. 본 전략의 핵심은 소비자에게 오직 우리 제품만이 가지고 있는 '고유한 혜택'을 제공하는 것이다. 리브스는 모든 제품은 그 자체의 USP를 개

**표 5-3** 크리에이티브 전략의 종류

| 크리에이티브 전략 | 내용 |
|---|---|
| 2단계접근전략 (two-stage approach strategy) | 정보제공광고(information advertising), 전이광고(transformation advertising) |
| 사이먼 전략 (Simon strategy) | 정보(information)전략, 논증(argument)전략, 심리적소구(psychological appeals)전략, 반복주장(repeated assertion)전략, 명령(command)전략, 습관시작(habit starting)전략, 브랜드친숙성(brand familiarization)전략, 상징적연상(symbolic association)전략, 모방(imitation)전략, 사은(obligation)전략 |
| AIIEE 전략 (AIIEE strategy) | 주장(argument), 정보(information), 이미지(image), 감정(emotion), 오락(entertainment) |
| 제품중심-소비자중심전략 (product centered strategy-prospect centered strategy) | 제품중심전략(product centered strategy), 소비자중심전략(prospect centered strategy) |
| 프레이저 전략 (Frazer's creative strategy model) | 본원적전략(generic strategy), 선점전략(preemptive strategy), USP 전략(unique selling proposition strategy), 브랜드이미지전략(brand image strategy), 포지셔닝전략(positioning strategy), 공명전략(resonance strategy), 정서전략(affective strategy) |
| 프렌전 전략 (Frazen's creative strategy model) | 공개(announcement), 진열(display), 연상 전이(association transfer), 수업(lesson), 드라마(drama), 오락(entertainment), 상상(imagination), 특수 효과(special effect) |

발해야 하며, 소비자에게 USP를 전달하기 위해서는 '반복'이 필요하다고 제안했다.

### 2) 특성

(1) USP 전략은 '과학적'인 광고 창작 개념이다. 로저 리브스가 USP 전략을 제안하던 당시 광고계는 주먹구구식의 주관적 느낌으로 광고를 창작했다. 이런 상황에서 리브스는 과학적인 접근방법의 필요성을 환기하고, 광고 창작에서 광고효과를 높일 수 있는 판매 메시지 개발에 기여했다. USP는 단순히 아이디어에만 의존해서는 찾아내기 어렵고, 제품에 대한 자세한 분석과 광범위한 조사, 폭넓은 소비자 이해가 필요하다. 따라서 리브스는 구체적인 주장을 뒷받침하기 위해 제품 조사를 실시했으며, 때로는 정교한 실험을 하기도 했다.

(2) USP 전략은 '소비자' 관점의 표현전략이다. USP 전략이 나왔던 당시의 시장은 '셀러스 마켓(seller's market)'이었다. 셀러스 마켓이란 단어 의미 그대로 판매자 위주의 시장이다. 수요가 공급보다 많고, 구매자 사이에 경쟁이 일어나 시장

의 주도권을 판매사 측이 쥐게 되며, 가격이 오르는 특성이 있다. 한마디로 판매자에게 유리한 시장이다. 반면 '바이어스 마켓(buyer's market)'은 구매자 위주의 시장이다. 판매자 시장에 대응되는 개념이다. 공급이 수요보다 많아서, 시장의 제품이나 서비스, 용역 등이 과잉상태이며, 가격이 하락하는 특성이 있다. 가격이나 수량 등에 소비자의 의견이 반영될 가능성이 높고, 구매자가 판매자보다 유리한 입장에 있는 시장이다. 오늘날의 시장은 바이어스 마켓이지만, USP 전략이 풍미하던 1950년대는 셀러스 마켓이었다. 시장이 판매자 위주였는데, USP 전략은 판매자 보다 구매자를 중시하고, 소비자들에게 특별한 혜택을 제공하고자 했기 때문에 소비자 관점의 크리에이티브 전략이라고 할 수 있다.

(3) 본 전략은 오늘날에도 사용되지만, 과거 제품 간에 차별점이나 품질 등이 극명할 때 특히 많이 이용된 방법이다.

### 3) 고려사항

USP의 3가지 고려사항은 다음과 같다.

(1) 모든 광고는 소비자가 얻게 될 구체적인 제품의 혜택을 제안해야 한다. '구체적인 제품 혜택'을 강조한 것으로, 이 제품을 사면 소비자는 어떤 혜택을 받을 것인지를 광고에서 제안해야 한다.

(2) 그 제안은 경쟁사에서는 제시할 수 없는 독특한 것이어야 한다. '고유성'을 의미하는 것으로, 우리 제품에서 찾아낸 혜택이라고 하더라도, 다른 경쟁사의 제품에서도 찾을 수 있는 것이라면 USP로 사용될 수 없다. 경쟁사가 따라할 수 없고, 쉽게 제안하기 어려운, 특별한 혜택이어야 한다.

(3) 소비자들에게 그 제품을 사고자 하는 욕구를 일으킬 수 있을 만큼 강력한 것이어야 한다: USP는 '판매력'이 있을 만큼 강력해야 한다.

### 4) 주의점

USP 전략의 주의점을 살펴보면, USP는 자사 제품만이 가지고 있는 고유한 것이어야 할 뿐만 아니라, '소비자들에게 의미 있는 것'이어야 한다. 대우전자 VCR의 실패 사례를 들겠다. 과거 대우전자 VCR은 광고에서, 테이프를 2배로 빨리 돌리면서도 주요 소리를 들을 수 있는 새로운 기능을 강조했다. 이는 대우전자 VCR만의 고유한 특징이었으나, 소비자에게 의미 있는 특징이 되지 못했다. 왜냐하면 소비자가 영화를 감상할 때 테이프를 2배로 빨리 돌리면서 영화를 볼 필요가 없었기 때문이었다.

USP 전략이 이용된 사례로 로저 리브스가 제작한 엠 앤 엠(M&M) 초콜렛 광고를 들겠다. 사람들이 초콜렛을 먹을 때 간혹 손의 체온으로 인해 초콜렛이 녹아서 손, 옷 등에 묻는 불편함을 겪는다. 엠 앤 엠 초콜렛은 손에서는 안 녹고, 입에서만 녹는 독특한 특징이 있었기 때문에, 소비자의 불편함을 해결해줄 수 있었다. 그래서 제품의 고유한 혜택을 광고에서 "엠 앤 엠 초콜렛은 손에서 녹지 않고, 입에

**그림 5-1** 엠 앤 엠 초콜렛 광고

**그림 5-2** 삼성파워봇 청소기 인쇄광고. 진공흡입 방식의 로봇청소기라는 USP를 제시하고 있다.

서 녹습니다(M & M's melt in your mouth, not in your hands)."라는 카피로 표현해서 성공했다.

## 2. 브랜드 이미지 전략

### 1) 정의

'현대 광고의 아버지'라고 불리는 데이비드 오길비(David Ogilvy)는 1963년 '어느 광고인의 고백(Confessions of an advertising man)'이라는 책에서 브랜드 이미지 전략을 제안하였다. 브랜드 이미지(brand image)란 특정 브랜드에 대해 소비자가 느끼는 총체적 인상으로서, 오길비는 '제품의 개성(product personality)'이라고 표현했다. 브랜드 이미지는 제품의 특성과 포장, 가격, 광고 등 다양한 요소들이 결합되어서 형성된다.

브랜드 이미지 전략(brand image strategy)은 광고를 통해 차별화된 이미지를 창출하는 전략을 말한다. 오길비는 "광고를 통해 브랜드에 뚜렷한 이미지, 개성을 형성해야 한다."고 주장했다.

아울러 브랜드 이미지 전략은 첫째, 제품의 개성을 창조하며 좋은 이미지를 가지게 해야 한다. 둘째, 동일한 이미지를 지속적으로 유지해야 한다. 셋째, 가능한 고급 이미지를 유지해야 한다(이명천, 김요한, 2016). 이는 사람들의 생활수준이 향상하고, 수입이 증대되면서, 고급스럽고 좋은 이미지를 가진 제품에 대한 관심이 증가했기 때문이다. 따라서 가급적이면 좋고 고급스러운 브랜드 이미지를 형성하여, 소비자들에게 자긍심, 우월감을 심어주는 것이 좋다. 소비자는 싸구려 이미지의 제품을 사려고 하지 않는다.

### 2) 특성

(1) 브랜드 이미지 전략은 '장기적 관점'의 전략이다. 브랜드 이미지는 몇 번의 광고를 집행한다고 해서 바로 형성될 수 있는 것이 아니다. 오랜 기간 동안 그 브랜드에 대해 일관된 광고 메시지를 전달함으로써, 서서히 소비자들의 인식 속에 형성되는 것이다. 오길비는 "모든 광고는 그 제품의 이미지 구축을 위한 장기간의 투자다.", "소비자들의 관심, 흥미를 끌 수 있는 일부 단기 프로그램을 희생해서라도, 장기적 관점에서 브랜드에 대한 호의적인 이미지를 형성하는 것이 중요하다."라고 이야기 했다.

(2) 본 전략은 인간의 '감성'에 중점을 두고 광고 크리에이티브 전략을 수립한다. 즉 사실 보다는 소비자 감성적인 측면에 전략적 강조점을 두고 광고를 창작하고자 한다. 이를 통해 소비자의 마음을 자극한다.

(3) 브랜드 이미지 전략은 경쟁 제품과 물리적, 기능적 특성의 차별화가 아닌, '심리적 차별화'를 강조한다.

(4) 브랜드 간의 유사성이 강해지면 강해질수록 브랜드 이미지의 중요성이 높아진다. 제품 품질, 가격, 디자인, 포장 등 경쟁 제품과의 차별적 우위점이 거의 나타나지 않게 되면서부터, 브랜드 이미지 전략이 주목을 받게 되었다.

브랜드 이미지 전략이 사용된 사례로 오길비가 제작한 롤스 로이스(Rolls Royce) 광고를 들겠다. 고급 자동차가 갖추어야 할 조건 중에 하나가 바로 정숙성이다. 오길비는 광고에서 롤스 로이스의 정숙성을 "시속 60마일로 가는 이 신

**그림 5-3** 롤스 로이스 자동차 광고

형 롤스로이스 안에서 가장 큰 소음은 전자시계에서 나는 소리입니다(At 60 miles an hour the loudest noise in this new Rolls-Royce comes from the electric clock).”라는 카피로 표현했다. 즉 아주 조용한 차라는 것을 부각하여, 고급스러운 자동차로서의 브랜드 이미지를 구축했다.

참고로 오길비의 광고 창작 스타일(Ogilvy's creative style)을 살펴보면,

(1) 광고 창작에서 '조사'를 중시하고, 과학성을 추구했다. 이는 조사회사 갤럽의 조사원으로 근무한 경험에서 비롯되었다. 오길비는 1938년 뉴저지 프린스턴에 있는 갤럽에 입사해서 3년 동안 약 400건 이상의 서베이를 진행했다. 이러한 경험은 그의 광고관에 영향을 미쳐서, 광고 조사의 중요성, 과학성 등을 강조하게 되었다.

(2) '헤드라인'을 중요하게 생각했다. 오길비는 “소비자의 80% 이상이 헤드라인만 읽고 지나간다.”라고 이야기했다. 이를 '헤드라인 리더(headline reader)'라고 하는데, 대부분의 사람들이 인쇄광고를 볼 때 헤드라인만 읽고 그냥 지나치기 때문에, 인쇄광고의 효과는 거의 헤드라인에 달렸다고 할 수 있다. 그러므로 헤드라인에서 메시지를 제대로 전달하지 못한다면 광고는 실패할 수 있다.

(3) '무엇을 말한 것인가(What to say)'를 강조했다. 오길비는 “말하고자 하는 내용이 그 방법보다 더 중요하다.”고 말함으로써, 광고에서 '어떻게 말할 것인가(How to say)' 보다 '무엇을 말한 것인가(What to say)'가 더 중요하다고 보았다.

(4) 광고에서 '빅 아이디어(big idea)'를 중시했다. 오길비는 “빅아이디어가 있어야 소비자의 주목을 끌고 그들이 당신 제품을 사게 만들 수 있습니다. 광고에 빅아이디어가 없으면 마치 한밤중에 배가 지나가듯 그냥 소비자 눈앞을 지나쳐 갈 뿐입니다.”라고 하면서, 빅 아이디어를 강조했다.

(5) 오길비의 '효과적인 광고 창작 원칙'은 다음과 같다.

① 가능하면 제품을 크게 제시하라
② 수용자를 혼란시키는 부정적 헤드라인을 쓰지 말라
③ 헤드라인에 브랜드명을 넣고, 로고 처리를 강하게 하라
④ 신상품일 경우 뉴스성을 최대한 보장하라
⑤ 가능한 한 제품 사용자를 제시하라

마지막으로 오길비는 '오길비 포맷(Ogilvy's format)'을 제안하였다. 소비자들

**그림 5-4** 오길비가 제작한 헤서웨이 셔츠 광고. 소비자들의 시선 흐름인 Z에 맞춰 제품과 헤드라인, 바디카피를 배치했다.

을 조사한 결과, 사람들은 인쇄광고를 볼 때 'Z'자 형태로 시선을 이동시키며 본다는 것을 발견했다. 소비자들은 가장 먼저 광고 상단 왼쪽부터 본 다음에 오른쪽을 보고, 아래로 내려오며, 맨 마지막에 광고 하단 오른쪽을 본다.

이러한 시선의 흐름을 고려하여, 광고 상단에 제품 등의 사진을 배치하고, 하단에 글을 배치하는 레이아웃을 오길비 포맷 또는 고전적 포맷이라고 한다.

## 3. 포지셔닝 전략

### 1) 정의

잭 트라우트(Jack Trout)와 알 리스(Al Ries)는 "USP와 이미지 컨셉트(image concept)의 시대는 지나갔다. 1970년대는 포지셔닝의 시대다."라고 하면서 1969년 포지셔닝 전략을 제안하였다. 포지셔닝(positioning)이란 단어 의미 그대로 '위치 잡기', '위치 정립', '위상 정립'이란 뜻이다.

잭 트라우트와 알 리스가 제안한 포지셔닝 전략(positioning strategy)은 소비자의 마음 속에 특정 제품의 위치를 잡아주는 것이다. 즉 자사 제품이나 브랜드, 기업 등을 소비자의 마음 속에 경쟁사와 관련해서 우월하게 위치시키는 것이다. 여기서 위치는 시장에서 경쟁하는 여러 제품, 브랜드들 중 제품을 어떻게 인식하는가 하는 '심리적 위치'다. 따라서 실제 시장 점유율이나 제품의 특장점보다는, 소비자의 마음 속에 어떻게 위치하고 있는지가 더 중요하며, 마케팅이란 제품력의 싸움이 아니라 인식의 싸움이다. 제품의 특징이나 성능이 아무리 우수하다 하더라도, 소비자들이 마음 속에서 그렇게 인식하지 않으면 아무 소용이 없다.

### 2) 특성

포지셔닝은 '상대적(relative)'인 개념으로, 경쟁사와의 관련 하에서 이해되어야 한다. 소비자가 특정 제품, 브랜드 등에 대해 경쟁사와 관련해서 어떻게 생각하는가가 중요하다. 다시 말해 소비자의 머릿속에 경쟁 제품 및 브랜드와 관련, 비교해서 상대적으로 우월하게 자리 잡아야 한다.

포지셔닝의 사례로 '세븐업(7up)'을 들겠다. 과거 세븐업은 미국 청량음료 시장에서 크게 뒤쳐져 있었다. 시장 조사 결과, 열세의 원인은 소비자들이 세븐업을 콜라와 같은 음료로 인식하여 고려대상군에 함께 포함하기 때문에 코카콜라, 펩시

**그림 5-5** 세븐업 광고

콜라와 같은 대형 브랜드들에 밀리기 때문이었다. 그래서 세븐업은 '콜라가 아닙니다(un cola)'라는 광고 캠페인을 집행했다. 이것은 세븐업은 콜라가 아니다라는 점을 강조해서, 소비자의 마음 속에 다른 제품군(product category)으로 위치시키려는 것이었다. 언콜라 광고 덕분에 세븐업은 음료시장을 콜라인 것과 콜라가 아닌 것으로 양분시키고, 세븐업을 콜라를 대체할 수 있는 음료로 포지셔닝하는데 성공했다.

### 3) 포지셔닝의 방법

포지셔닝을 하는 방법은 제품 특성을 이용하거나 모델, 가격과 품질의 상관관계, 용도 제시, 상징, 경쟁자의 위상, 제품군, 사회적 이슈 및 비전통적인 표현 등을 활용하는 것이 있다. 포지셔닝의 유형에 대해 기술하면 다음과 같다(이두희, 2009).

(1) **제품 특성에 의한 포지셔닝:** 제품 특성에 의한 포지셔닝은 말 그대로 제품이 갖고 있는 특성, 속성을 강조함으로써, 소비자의 마음 속에 그 제품을 위치시키는 방법이다. 자사의 제품이 경쟁제품과 비교하여 다른 차별적 속성과 특징을 가져 다른 혜택을 제공한다고 소비자에게 인식시킨다. 예를 들어, 도브의 '보습 화장 비누', 하이트의 '천연 암반수 맥주', 샘표의 '숨 쉬는 콩된장'은 각각 제품이 가지는 보습, 천연 암반수, 숨 쉬는 특성을 강조하여 해당 제품을 소비자의 마음 속에 자리 잡게 하는데 성공했다.

(2) **모델에 의한 포지셔닝(제품 사용자에 의한 포지셔닝):** 광고 모델의 성격이나 이미지를 자사 제품, 브랜드와 연결시켜서 소비자의 머릿속에 위치하는 방법이다. 보통 유명 모델 또는 그 제품의 전형적인 소비자를 광고 모델로 기용해서 모델의 이미지를 제품, 브랜드로 전이시키는 방법을 쓴다. 예를 들어, 다시다는 '김혜자'를 광고모델로 기용하여 푸근한 어머니, 고향의 느낌으로 소비자의 마음에 위치했고, 나이키는 '마이클 조던(Michael Jordan)'을 통해 스포티하고 액티브한 이미지로 소비자 머릿속에 자리 잡았다.

또한 제품을 특정 사용자나 사용자 계층과 연계를 시켜서 포지셔닝을 한다. 즉 제품이 특정한 소비자들에게 적절하다고 포지셔닝 하는 것이다. 과거 존슨 앤 존슨(Johnson & Johnson)의 베이비 샴푸는 '유아'들이 사용하는 샴푸로 포지셔닝 되었었다. 자극이 없는 아기용 샴푸로 포지셔닝을 했으나, 시장이 제한적이고, 1970년대 미국 내 출생률이 감소하면서 판매율도 줄어들었다. 이를 극복하기 위해 '부드러운 샴푸를 원하는 어른'들도 사용할 수 있는 것으로 리포지셔닝(repositioning, 재포지셔닝)을 했다. 그 결과 시장점유율이 3%에서 14%로 신장하고 제품 판매율도 증가하였다.

밀러(Miller) 맥주도 비슷한 방법을 사용했다. 미국 맥주시장에서 부동의 1위는 버드와이저(Budweiser)였고, 밀러는 약 70여년 동안 버드와이저에 밀려 2위에 그쳤었다. 밀러는 맥주를 '샴페인 같은 맥주'라는 컨셉트로, '상류층', '여성'이 마시는 맥주로 리포지셔닝을 했는데, 별로 효과적이지 않았다. 상류층이나 여성들이 샴페인 같은 밀러 맥주를 마시지 않았던 까닭은, 샴페인을 음미하고 싶으면 그냥 고급 샴페인을 마시면 되었기 때문이다. 1970년대에 밀러는 '노동자' 계층이 마시는 맥주로 리포지셔닝을 했다. 시장을 조사한 결과 맥주를 마시는 주요 소비자가 노동자(blue collar)였기 때문에, 타깃을 노동자로 설정하고, 그들의 라이프 스타일과 음주 습관을 면밀히 분석했다. 광고에서 노동자들이 힘든 일을 마치고 시원하게 밀러 맥주를 마시는 '밀러 타임(miller time)'을 보여주었다. 밀러는 노동자가 마시는 맥주로 리포지셔닝을 한 덕분에, 시장점유

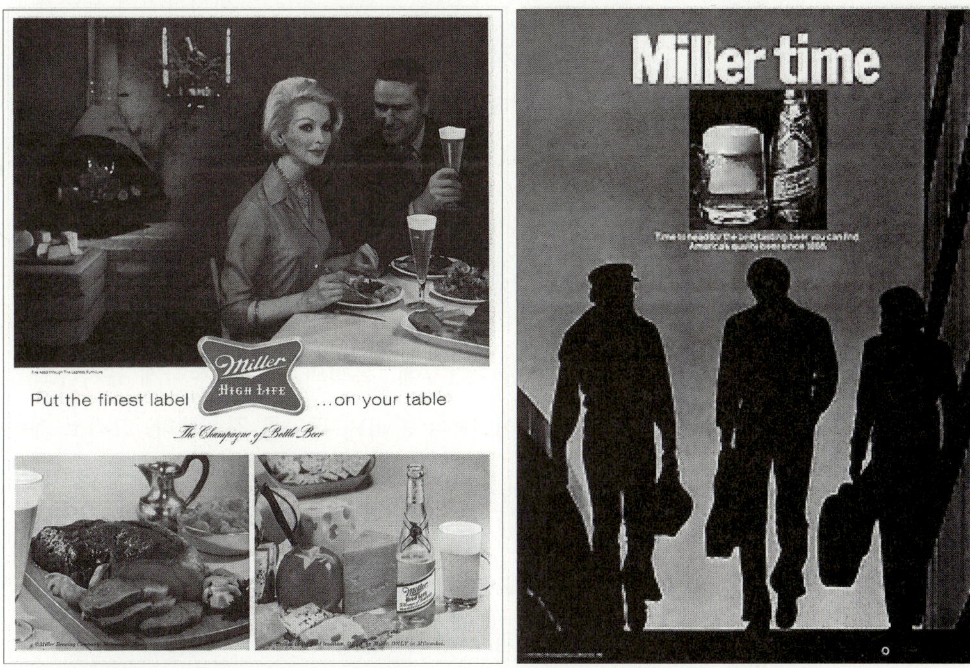


**그림 5-6** 상류층, 여성이 마시는 술로 포지셔닝한 1960년대 밀러 광고와 노동자가 마시는 술로 리포지셔닝한 광고

율이 무려 7배나 급증하면서 승승장구를 할 수 있었다.

(3) **가격과 품질의 상관관계를 이용하는 포지셔닝:** 일반적으로 소비자들은 '가격이 높으면 품질이 좋고, 가격이 낮으면 품질도 나쁘다.'라는 생각을 가지고 있다. 소비자들이 인식하고 있는 이러한 가격과 품질의 상관관계를 이용해서, 오히려 '가격은 저렴해도 품질은 좋다.' 등의 가격 정보를 활용하거나 경쟁 브랜드와의 품질을 비교함으로써, 소비자의 머릿속에 자사 브랜드를 위치시키는 방법이다. 일부 제조업자는 자신들의 제품이 보다 고품질이라는 사실을 전달하기 위해, 가격을 높게 책정하고 광고 등을 통해 고급 브랜드로서 포지셔닝 한다. 가격 정보를 잘 이용하면 품질에 관한 포지셔닝을 쉽게 할 수 있다. 예를 들어, 파크랜드는 광고에서 "옷값의 거품을 뺐습니다."라는 카피를 통해 가격은 저렴하지만 품질은 좋은 제품으로 포지셔닝 했다.

(4) **용도 제시에 의한 포지셔닝:** 제품의 사용 용도를 제시해서 소비자의 마음 속에 위치를 잡는 방법이다. 다시 말해 광고하는 제품의 사용 용도나 사용하는 적절한 상황을 보여줘서 '이 제품은 이런 용도로 쓰는 것', '이 제품은 이럴 때 사용하는 것' 등과 같은 포지셔닝을 하는 것이다.

이 방법은 제품을 기존 용도가 아닌 새로운 용도로 제시하면서 새롭게 리포지셔닝 할 때 유용하다. 대표적인 사례로 암 앤 해머(Arm & Hammer)를 들 수 있다. 암 앤 헤머는 원래 빵을 만들 때 넣는 베이킹 소다를 생산하는 회사였다. 그런데 1970년대 미국 여성들의 사회 진출이 확대되면서 외식이 증가하고 집에서 빵을 만들지 않으면서, 제품 판매율이 급감하였다. 암 앤 해머는 이 위기를 제품의 새로운 용도를 제시하는 리포지셔닝으로 극복했다. 베이킹 소다가 나쁜 냄새를 빨아들인 다는 점에 착안하여, 냉장고 안의 냄새를 제거하는 '탈취제'로 새로운 용도를 제시했다. TV에 "음식의 맛을 신선하게 유지하고 싶다면 냉장고에 암 앤 해머를 넣어라!"는 카피의 광고를 집행했다. 그리고 계속해서, 베이킹 소다가 연마 성분이 있으며, 먹어도 되고, 자연친화적이라는 점을 고려하여, 치약이나 세제, 세척제 등의 새로운 용도를 개발, 제시하였다. 결국 암 앤 해머는 기존의 베이킹 소다에서 탈취제 등의 새로운 용도를 제시하며 리포지셔닝함으로써, 제품판매율과 시장점유율이 획기적으로 올라가는 대성공을 거두었다. 당시 광고 집행 1년 만에 미국 전역에 있는 냉장고의 절반 가량에 냉장고 탈취제로 베이킹 소다가 들어가는 기적을 만들어 내기도 했다.

**그림 5-7** 제품의 새로운 용도 제시로 리포지셔닝에 성공한 암 앤 해머 광고

(5) **상징을 활용한 포지셔닝:** 상징을 활용한 포지셔닝 방법은, 캐릭터, 기호, 동물 등과 같은 상징체계를 활용하여 소비자의 마음 속에 위치하는 것이다. 말보로(Marlboro) 담배는 카우보이를 이용했으며, 빈폴은 자전거 상징을 활용해서 소비자의 머릿속에 자리 잡았다.

(6) **경쟁자의 위상을 이용하는 포지셔닝(경쟁적 포지셔닝):** 이 방법은 경쟁자의 위상을 활용하여 소비자의 마음 속에 위치하는 방법이다. 이미 확립되어 있는 경쟁자의 위상과 비슷하게 하거나 또는 다른 점을 대조함으로써 포지셔닝을 한다. 자사 브랜드를 경쟁사의 제품과 직접적, 암시적으로 연결하는 것이다.

경쟁적 포지셔닝을 한 대표적인 사례로 렌터카 회사 에이비스(Avis)를 들 수 있다. 1960년대 미국 렌터카 시장에서 1위는 허츠(Hertz)로 약 60%의 시장 점유율을 차지하고 있었고, 나머지 40%의 시장을 놓고 내셔널(National) 등의 중소업체들이 쟁탈전을 벌이고 있었다. 에이비스는 2위이긴 했지만 1위와는 거리가 먼 2위였다. 시장점유율도 10% 미만이었으며, 13년 이상 적자에 시달리고 있었는데 1962년에는 적자 규모가 125만 달러에 달했다. 이를 타개하기 위해 에이비스는 1962년 "에이비스는 렌터카 시장에서 2위에 지나지 않습니다. 그런데 고객은 왜 우리를 이용해주시는 것일까요?(Avis is only No.2 in rent a cars. So why go with us?)"라고 묻고, "더 열심히 일하기 때문입니다

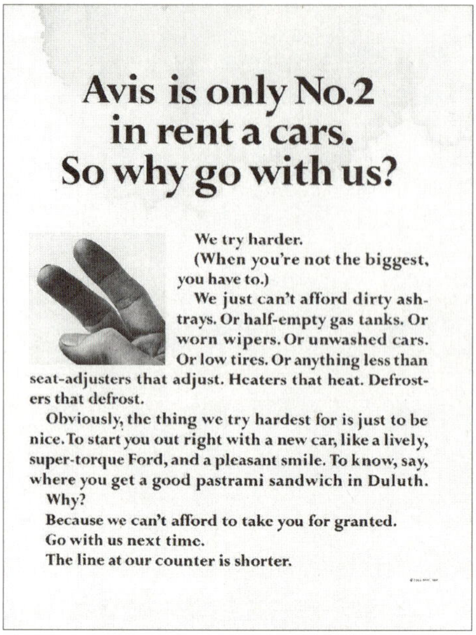


**그림 5-8** 에이비스 광고

(We try harder)."라고 대답하는 광고를 집행했다. 이것은 1위 허츠의 위상을 이용해서 2위로 포지셔닝을 한 것이다. 당시에는 보통 '1등', '세계 제일'처럼 자기 회사가 제일 우수하다고 광고를 하던 상황이라, 자신은 2위라고 스스로 인정하는 광고는 흔하지 않았기 때문에, 소비자들의 커다란 주의를 끌었다. 동시에 '당연히 2위가 더 열심히 일하는 경향이 있다'는 일반적인 심리를 공략함으로써 소비자들의 마음을 강하게 파고들었다. 결국 에이비스는 2위로 포지셔닝한 이 광고덕분에 광고 집행 2개월 만에 흑자를 기록했고, 그 해에만 매출이 50% 신장했으며, 시장점유율도 30% 이상 향상되었다.

(7) **제품군 활용에 의한 포지셔닝:** 제품군(product category)을 이용해서 소비자의 마음속에 위치하는 방법이다. '우리 제품은 이런 제품군에 속한다'나 '저런 제품군이 아니다'와 같이, 광고하는 제품이 어떤 제품군에 속하거나 또는 특정 제품군에 속하지 않는다고 표현함으로써 포지셔닝을 한다. 전술한 세븐업(7UP)의 '언콜라(uncola)' 광고 캠페인이 제품군 활용에 의한 포지셔닝 사례다. 게토레이의 '갈증 해소 음료'도 마찬가지인데, 1987년 출시된 게토레이는 '이온음료'의 선두 브랜드인 포카리스웨트의 모방제품으로 인식되어, 초기에 고전을 면치 못했고, 판매 중단까지 검토될 정도였다. 광고를 담당한 제일기획은 기존

의 이온 음료나 스포츠 음료가 아닌 갈증 해소 음료라는 새로운 제품군으로 포지셔닝하여 차별화를 꾀했다. 광고에서 "달지 않아야 한다! 물보다 흡수가 빨라야 한다.", "갈증엔 역시 게토레이입니다."라고 말함으로써, 상표 간의 경쟁보다 제품군 간의 경쟁을 유도하였다. '갈증 해소 음료'로 포지셔닝한 덕택에, 게토레이는 광고 캠페인 1년 만에 시장점유율이 50%까지 증대되었다.

(8) **사회적 이슈나 비전통적인 표현을 이용하는 포지셔닝:** 이 방법은 사회적 논쟁 및 물의를 일으킬 수 있는 메시지나 사진 등을 제시함으로써 포지셔닝하는 것이다. 전통적인 광고 메시지가 아닌, 논란을 일으킬 수 있는 메시지, 사진 또는 사회적인 쟁점이나 이슈를 사용하기 때문에, 강력하고 독특한 느낌을 줄 수 있다. 이탈리아 의류 브랜드 베네통은 〈삼색인종 심장〉 편 등 논쟁의 여지가 있는 사회문제를 다루는 광고를 집행하여 소비자들에게 강렬한 인상을 주었다.

## 4. 2단계접근전략

2단계접근전략(two-stage approach strategy)은 말 그대로 2단계로 구성되는데, 일단 광고의 주 메시지(main message)에 따라서 정보제공광고(information advertising)와 전이광고(transformational advertising)로 구분한 후에, 각각의 광고 유형에 맞춰서 광고를 창작하는 전략이다.

### 1) 정보제공광고(information advertising)

정보제공광고는 제품이나 브랜드 등에 대한 정보를 제공하여, 이성적으로 소구하는 광고다. 소비자가 광고를 본 후에 제품의 장점, 구매의 혜택 등을 평가할 수 있도록 하기 위해서 관련된 사실적 정보들을 명료하고 논리적인 방법으로 제시한다.

소비자들은 제품을 구입할 때 추구하는 욕구가 다양하다. 제품을 통해 자신을 타인에게 표현하고자 하는 자아 표현적 욕구를 추구하기도 하고 정서적으로 만족하고자 하는 심리적 욕구를 추구하기도 한다. 정보제공광고는 제품의 기능적인 혜택을 중시하는 실용적, 기능적, 효용적 욕구에 초점을 맞추며, 소비자의 합리적인 의사결정에 호소한다. 실제적, 직접적 판매 차원의 접근법이고, '하드 셀(hard sell)' 기법을 이용한다. 하드 셀이란 경성 판매, 강압적 판매란 뜻으로, 제품의 특징, 장점, 혜택 등을 집중적으로 소비자 머리에 주입시키는 방법이다. 제품을 구매하고 이용해야 하는 이유를 이성적이고 논리적으로 제시한다. 정보제공광고는 연구자에 따라서 이성소구광고, 정보전달형 광고, 사실(factual)광고, 사고(thinking)광고, 합리적 소구광고, 하드셀 광고, 정보광고 등으로도 지칭된다.

크리에이티브 전략은 광고 창작 시 브랜드, 제품, 기업 등의 특성이나 장점, 차별적 경쟁우위, 가격, 소비자 혜택 등을 담는다. 제품 사용 및 구매의 이유를 논리적으로 설명한다.

본 표현전략을 사용하기에 적합한 제품은 냉장고, 에어콘과 같이 기능적인 측면이 강조되는 제품, 고관여 제품, 이성적인 제품 등이다.

정보제공광고는 전이광고보다, 카피를 작성하고 방향을 설정할 때 세심한 주의를 기울여야 한다. 소비자에게 정보를 제공하고, 이것으로 논리적, 이성적으로 설득해야하기 때문이다.

한국베링거인겔하임은 2008년 뮤코팩트를 출시하고, 탤런트 류진을 기용하여 정보제공형 광고를 집행했다. "가래, 기침 치료제 뮤코팩트는 가래를 없애, 기침을 완화시켜 줍니다."란 카피와 함께, 유리병을 사용하여 뮤코팩트가 가래를 희석하는 원리를 시각적으로 보여줌으로써, '기관지에 끈끈하게 붙어서 기침을 유발하는 가래를 없애 기침을 완화시켜 준다.'는 제품의 성능을 명확하게 전달했다. 또한 '약국에서 뮤코팩트를 찾으세요.'라는 카피를 통해 제품 구입처에 대한 정보도 제공하였다. "가래 無, 기침 無, 뮤코팩트"라는 멘트와 자막으로, 어려운 제품명을 쉽게 표현 및 전달하고, 반복을 통해 각인시키기도 하였다.

**그림 5-9** 뮤코팩트

### 2) 전이광고(transformation advertising)

전이광고란 광고되는 제품이나 브랜드 등을 긍정적인 정서(positive emotions)로 전이시키는 광고다. 소비자의 감성, 정서에 호소하는 광고로, 구체적인 정보 전달, 이성적 설득보다, 다양한 느낌, 전체적인 이미지, 분위기 등을 강조함으로써 소비자의 마음을 움직인다.

본 광고는 소비자의 심리적, 사회적 욕구에 초점을 맞춘다. 판매에 있어 간접적, 장기적인 접근법이며, '소프트 셀(soft sell)' 기법을 이용한다. 소프트 셀이란 연성 판매란 의미로, 자연스럽게 그 제품에 대한 욕구가 생기도록 분위기를 만들어 가는 방식이다. 제품, 브랜드 등을 긍정적인 감정으로 연결시키는 감정적 소구를 이용한다. 연구자에 따라서 감성소구광고, 정서광고, 느낌광고, 무드광고, 소프트 셀 광고, 전환광고 등으로 부른다.

크리에이티브 전략은 광고 창작 시 구체적인 정보를 전달하기보다는, 제품에 대한 감성, 느낌, 전체적인 이미지를 강조한다. 이미지나 분위기 창출 위주로 광고를 제작하여, 소비자의 마음을 움직인다. 본 표현전략을 이용하기에 적합한 제품은 보석이나 화장품 등의 감성적 제품이다.

드비어스의 〈민들레〉편 광고를 보면, 처음부터 끝까지 민들레 홀씨 2개가 초원, 숲속, 도시, 해변 등을 날아다니기만 한다. 드비어스의 장점이나 특징 등을 제시하지 않고, 오로지 감각적인 영상과 음악으로 멋진 분위기만 유발하는데, 이것이 전이광고다. 광고에 등장하는 민들레 홀씨 2개는 부부를 뜻하고, 인생이라는 여행을 부부가 함께한다는 의미다.

참고로 광고 후반부에 등장하는 "다이아몬드는 영원하다(A diamond is forever)."라는 카피는 1948년 광고회사 앤 더블유 아이어 앤 선(N. W. Ayer & Son)에 의해 처음 사용되었다. 카피라이터 프랜시스 게레티(Frances Gerety)가 썼으며, 수십 년 동안 일관되게 사용됨으로써 드비어스 다이아몬드를 사랑의 상징으로 만드는데 일조했다. 즉 인간의 삶은 시간이 갈수록 변화하고 소모된다. 그러나 다이아몬드는 다른 광물들보다 강도가 높아서 변화하지 않는다. 다이아몬드의 이런 특성을 '다이아몬드는 영원하다.'라는 카피로 표현한 것이다. 광고에 수 십년 간 지속적으로 사용하여 '다이아몬드는 영원한 사랑, 변하지 않는 가치 등을 가져다준다.'고 말함으로써 사랑에 빠진 연인들에게 다이아몬드 선물의 의미를 일깨웠다. 동시에

그림 5-10 드비어스 광고

다이아몬드 수요를 창출했으며, 드비어스를 영원한 사랑의 상징으로 자리잡게 만들었다.

## 5. 제품중심-소비자중심전략

### 1) 제품중심전략(product centered strategy)

제품중심전략은 단어 의미 그대로 제품 자체에 초점을 맞춘 크리에이티브 전략이다. 제품의 특성, 장점을 파악하여 이것을 중심으로 광고 메시지, 표현방법 등을 구축한다.

광고 창작 시 주장(claim) 방식이 이용된다. 이는 제품의 기능, 역할, 특성 등에 대해 강하게 설명, 주장하는 것이다. 주장 방식을 사용한 사례로 보령제약 용각산을 들겠다. 용각산은 1973년 "용각산은 소리가 나지 않습니다."라는 광고 카피로 큰 인기를 끌고 국민적 사랑을 받는 의약품으로 자리매김을 했다. 사실 이 카피는 용각산 제품의 특성을 있는 그대로 설명한 것이다. 용각산은 뚜껑을 열면 하얗게 먼지가 일어날 정도로 아주 미세한 분말로 되어있다. 바로 이러한 특성 때문에 광고에서 용각산을 아무리 흔들어도 소리가 나지 않았던 것이다. 이처럼 제품의 특성 등을 강하게 설명하는 것이 주장 방식이다.

### 2) 소비자중심전략(prospect centered strategy)

소비자중심전략은 소비자에게 중점을 둔 크리에이티브 전략이다. 소비자의 욕구(needs)나 필요를 해소할 수 있게 광고 메시지를 창작, 전달한다.

시장에서 경쟁이 치열해지고, 제품의 기능이 비슷해질수록, 소비자중심전략이

**그림 5-11** 용각산 광고

제품중심전략 보다 효과적이다. 이익, 약속, 이유, USP 제시의 방법이 있다.

첫째, 이익은 소비자가 특정 제품, 브랜드, 서비스 등을 사용함으로써 얻을 수 있는 이익, 가치를 강조하는 전략이다.

둘째, 약속(promise)은 '이 제품을 사용한다면, 앞으로 ~될 것이다'로, 소비자에게 미래에 누리거나 향후 얻을 수 있는 것을 미리 말해두는 방식이다. 즉 소비자에게 제품을 사용함으로써 얻을 수 있는 미래의 현실을 제시하여 소비자를 설득하는 크리에이티브 전략이다. 이익과 상호 연관되어 있다.

셋째, 이유(reason)는 '~할 것이다. 왜냐하면~'으로, 제품 혜택의 '근거'를 제시하는 전략이다. 증거를 제시하거나, 논리 및 추론 등을 이용하여 명확하게 이유를 강조한다.

넷째, USP(unique selling proposition)는 전술한 바와 같이 독특한 판매 제안, 고유 판매 제안을 말한다. '오직 이 제품만이 가지고 있는 고유한 혜택을 제공한다'로, 자사 제품만이 가지고 있는 특별한, 유일무이한 혜택을 강조한다.

## 6. 프레이저의 크리에이티브 전략

미국 콜로라도 주립대학교의 찰스 프레이저(Charles F. Frazer) 교수는 기존에 발표되었던 여러 크리에이티브 전략들을 종합하고, 본인의 의견을 덧붙여서 1983년 '크리에이티브 전략(Creative strategy: A management perspective)'이라는 논문을 발표하였다. 그는 "크리에이티브 전략이란 광고 메시지의 속성과 특성을 구체적으로 표현하는 하나의 정책(policy) 또는 지침이 되는 원칙(guiding principle)" 이라고 정의하면서 7가지 크리에이티브 전략, 즉 (1) 본원적 전략, (2) 선점전략, (3) USP 전략, (4) 브랜드 이미지 전략, (5) 포지셔닝 전략, (6) 공명전략, (7) 정서전략을 제시하였다. 프레이저의 전략은 광고 크리에이티브 전략의 주요 유형이자 일반적인 가이드라인으로 평가받고 있다(Frazer, 1983; 김병희, 2007).

### 1) 본원적 전략(generic strategy)

본원적 전략은 같은 제품 카테고리에 있는 어떠한 브랜드라도 할 수 있는, '일반적 메시지(generic claim, 본원적 주장)'를 구사하는 크리에이티브 전략을 말한다. 경쟁 브랜드보다 우월하다는 주장이나 비교 우위점, 차별적 특성을 제시 및 강조하지 않으며, '일반적 속성'을 전달한다. 그리고 자사 제품의 경쟁적 이점을 강조하기보다는, 그 제품이 속한 시장을 키운다.

이 전략은 주로 선도 브랜드가 사용한다. 왜냐하면 하위 브랜드나 후발 브랜드가 활용할 경우 자칫하면 선도 브랜드로의 메시지 전이 현상이 발생하기 때문이다. 즉 선도 브랜드의 광고로 인식되어, 오히려 선도 브랜드를 도와줄 가능성이 많다.

대웅제약 우루사는 2010년 "피곤은 간 때문이야."라는 카피의 광고를 집행했다. 실제로 간은 인간의 몸 속으로 들어오는 유해한 세균, 바이러스의 약 99%를 잡아내고, 인체에 필수적인 단백질을 생산하며, 몸 속 독소의 75% 이상을 해독하는 일을 담당한다. 간이 제 기능을 못하면 피로가 발생한다(김진구, 2016.05.30). 따라서 우루사의 광고 카피는 간장약 브랜드라면 누구나 말할 수 있는 일반적인 상식이다. 우루사는 경쟁사에 비해 뛰어나다는 광고 메시지를 전달하지 않고, 단지 '피곤은 간 때문이다'라는 지극히 일반적인 내용만을 이야기했다. 그래서 광고 후반부

**그림 5-12** 우루사 광고

에 우루사가 아닌 레가론, 헤포스 등의 경쟁 브랜드를 제시해도 말이 될 정도다.

### 2) 선점전략(preemptive strategy)

선점전략은 '경쟁사와 똑같이 가지고 있는 특장점을 가장 먼저 강조'함으로써, 특징, 이미지 등을 '먼저 차지'하는 전략이다. 다시 말해 자사 제품만 가지고 있는 고유의 차별적 특징은 아니지만 아직 다른 경쟁자들이 광고에 사용하지 않은, 그래서 특유한 것으로 보이는 특장점을 먼저 주장해서 차지한다. 이 경우에 광고에서 제시되는 특장점들은 자사 제품만이 가지고 있는 고유한 요소가 아니다. 하지만 아직 경쟁사의 광고에서 사용되지 않았기 때문에, 소비자 입장에서는 마치 광고되는 제품만의 고유한 특징이나 장점처럼 보이게 된다.

이 전략은 특정 제품 카테고리에서 경쟁 브랜드 간에 기능, 품질 차이가 거의 없을 경우나, 기능면에서 서로 대체할 수 있는 제품, 서비스 광고 등에서 효과적으로 활용된다. 즉 서비스가 비슷 비슷하거나 제품력이 유사할 경우, 광고 메시지를 가장 먼저 노출하여 이미지를 선점하는 쪽에게 유리하다.

선점전략은 일정 수준 이상의 광고 노출이 전제되어야 한다. 노출량이 미약할 경우 후발 브랜드에서 쉽게 모방하기 때문이다. 우리 제품만이 아니라 경쟁사도 똑같이 갖고 있는 특징, 장점이기 때문에 광고 집행을 많이 하지 않을 경우, 경쟁사가 금방 모방하여 광고활동을 펼칠 수 있다.

사례로 백설식용유의 광고를 들겠다. 보통의 식용유는 콩 100%로 만든다. 이는 백설식용유뿐만이 아니라, 콩으로 만든 다른 식용유들도 똑같이 갖고 있는 특징

**그림 5-13** 백설식용유 광고

이다. 그런데 이러한 특장점을 소비자가 아직 모르고 있다는 사실을 착안해서, 백설식용유는 가장 먼저 광고에서 "100% 콩으로 만듭니다."라고 이야기 했다. 그리고 식용유 한 병을 만들기 위해 콩이 6되 반이나 들어간다는 사실을 시각적으로 보여주었다. 그 결과 소비자들은 백설식용유가 콩 100%로 만들어져 몸에 좋다고 생각하게 되었고, 백설식용유의 판매율과 시장점유율이 급증하였다.

### 3) USP 전략(unique selling proposition strategy)

USP(Unique Selling Proposition) 전략은 앞에서 언급했기 때문에, 여기에서는 간단하게 설명한다. USP는 로저 리브스가 1961년 제안했으며, '독특한 판매 제안', '고유 판매 제안'이란 뜻이다. 한마디로 제품의 '특별한 혜택(benefit)'을 말한다. USP 전략은 경쟁사가 제안하기 어렵고, '자사 제품만이 가지는 독특한 판매 제안점'을 전달함으로써 장기적으로 비교 우위를 확보하는 전략이다.

〈그림〉은 광고회사 테드 베이츠(Ted bates)가 1950년대에 만든 콜게이트(Colate) 치약 광고다. 헤드라인인 "콜게이트 치약은 당신의 치아를 닦는 동안 당신의 숨결도 닦아줍니다(Colgate dental cream cleans your breath while it cleans

**그림 5-14** 콜게이트 치약 광고

your teeth).”는 USP 전략을 사용한 것이다. 50년대의 치약들이 미백을 강조했던 상황에서, 숨결까지도 닦아준다는 것은 소비자에게 아주 강력한 제안이었다.

### 4) 브랜드 이미지 전략(brand image strategy)

브랜드 이미지는 전술한 바와 같이, 특정 브랜드에 대해 소비자가 느끼는 총체적 인상으로서, ‘제품의 개성(product personality)’을 말한다. 브랜드 이미지 전략은 데이비드 오길비가 1963년 제시했으며, 광고를 통해 ‘차별화된 이미지’를 창출하는 전략이다.

### 5) 포지셔닝 전략(positioning strategy)

포지셔닝 전략도 앞에서 자세하게 다뤘기 때문에, 여기서는 간단하게만 언급한다. 포지셔닝의 뜻은 ‘위치 잡기’, ‘위치 정립’, ‘위상 정립’이란 의미다. 포지셔닝 전략은 잭 트라우트와 알 리스가 1969년 제안했으며, 소비자의 마음 속에 특정 제품의 ‘위치를 잡아주는 전략’이다.

포지셔닝은 상대적인 개념으로, 소비자의 머릿속에 경쟁 제품 및 브랜드와 관련, 비교해서 상대적으로 우월하게 자리 잡아야 한다.

### 6) 공명전략(resonance strategy)

공명이란 울림 또는 남의 사상이나 감정, 행동 따위에 공감하고, 동조하는 것을 말한다. 공명전략은 소비자와 광고 내용 사이의 ‘울림’, ‘공감’을 불러일으키게 하는 크리에이티브 전략이다. 동조전략, 공감전략이라고도 부른다.

본 전략은 광고에서 묘사하는 내용과 소비자의 경험, 정보를 조화시켜, 소비자가 그 상황을 경험하도록 하는데 초점을 맞춘다. 광고를 접한 소비자들이 기억 속에서 공감, 동질감, 긍정적 연상 작용 등을 일으키도록 제작한다.

광고인은 소비자들이 겪은 경험, 알고 있는 정보를 심도 있게 파악해야 하며, 특히 어떤 자극을 주었을 때 저장된 정보가 일깨워지는지의 과정에 대해 깊이 알고 있어야 한다. 그래야 울림, 공감을 주는 광고를 창작할 수 있기 때문이다.

공명전략은 제품들 사이의 차별점이 거의 없을 때 유용한 크리에이티브 전략이다. 시장에서 경쟁이 치열하고 제품의 기능이 비슷하여 차별화가 전혀 되어 있지 않다면, 소비자의 공감을 불러일으켜 마음을 움직이는 광고가 확실히 효과가 좋을 것이다.

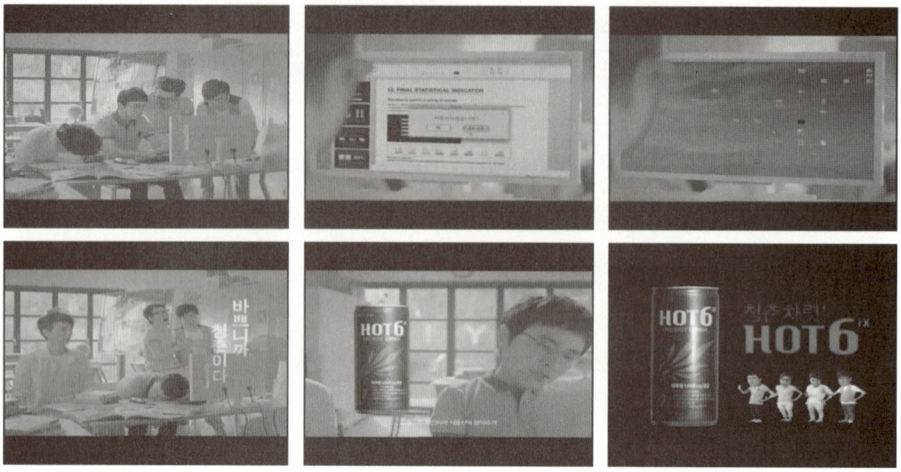


**그림 5-15** 핫식스 광고

참고로 공명전략은 '인사이트(insight)'를 찾는 것이다. 인사이트란 단어의 뜻은 '통찰', '통찰력'으로, 특정 대상을 꿰뚫어 보는 것을 말한다. 광고에서 인사이트는 '소비자의 무의식적인 욕구(needs), 필요성을 파악하는 것'으로, 사람들의 공감을 유도한다. 소비자 내면의 숨겨진 욕구와 동기 등을 파악하고 소비자의 마음을 움직이게 만드는 인사이트는 광고효과를 증대시킬 수 있는 효과적인 전략이다. 일본의 광고회사 하쿠호도는 인사이트를 "광고 대상에 대한 의외의 관점, 고정관념을 깨트리는 새로운 관점을 제시하여, 소비자 자신이 미처 깨닫지 못한 숨겨진 욕구를 환기시킴으로써, 소비자의 공감을 얻어내는 광고 전략"이라고 정의했다. 공감을 얻어낸다는 측면에서 프레이저의 공명전략과 비슷한데, 그는 본 전략을 사용할 때 제품에 대한 주장, 브랜드 이미지에 초점을 맞추기보다는 소비자들로부터 좋은 기억을 불러일으킬 수 있는 상황이나 감정과 연결된 메시지를 제시해야한다고 했다. 다시 말해 소비자들이 공감할 수 있는 특정 상황, 라이프스타일, 감정적 소구 등을 사용해야, 소비자들의 주의를 끌 수 있고 공명을 할 수 있게 만들 수 있다고 하였다(권세호, 2003).

공명전략을 사용한 사례로 롯데칠성 핫식스 광고를 들겠다. 핫식스는 "청춘 차렷"이라는 카피와 소재로 젊은층의 공감을 얻어냈다. 〈동아리〉편에서는 밤을 새서 힘들게 작업한 과제를 저장하려는 순간 '아니요'를 눌러서, 순식간에 과제를 날리는 장면이 나온다. 〈프린터〉편에서는 작업물을 출력하기 위해 프린터 전원 코드

들 씌우려나 컴퓨터 전원 코드를 빼버려서, 한순간에 노력한 작업물을 날리는 내용이 등장한다. 그리고 이런 실수를 방지하고 정신 집중이 필요할 때는 핫식스를 마시라고 제안한다. 사실 〈동아리〉편, 〈프린터〉편의 이야기는 젊은층이라면 한 번쯤은 겪었을 법한 일들이다. 따라서 광고를 보며 '내 이야기야'하면서 감정이입을 하고, 내용에 공감을 했을 것이다.

### 7) 정서전략(affective strategy)

정서전략은 '다양한 인간 감정'에 소구하는 전략이다. 인간의 감정은 긍정적인 정서인 기쁨, 우정, 사랑 등에서부터 부정적인 정서인 혐오, 후회, 공포 등에 이르기까지 다양하다. 이런 다양하고 복잡한 인간의 감정을 이용해서 광고 메시지를 구성, 표현한다.

순수한 감정적 차원에 접촉하려는 크리에이티브 전략이기 때문에 통계 수치나 조사 결과보다, 광고인의 직감, 창조력, 언어감각, 상상력 등이 이 전략 전개의 원동력이 된다.

보통 보석, 패션, 화장품 등 인간의 정서에 호소하는, 감성적 제품에 적용할 경우 유용하다. 그러나 제품, 서비스 등에 관계없이 두루 두루 사용 가능하다.

본 전략을 사용할 때 주의할 점은 제품과의 관련성(relevance)을 고려해서 광고를 창작해야한다는 것이다. 즉 막연히 인간의 감정을 이용하고 서정적인 내용을 담는다고 해서 정서광고가 되는 것은 아니기 때문에, 활용하는 감정과 제품이 관련성이 있는지 감안해서 광고를 제작한다.

## 7. 프렌전의 크리에이티브 전략

프렌전(Frazen)이 1994년 저서 '광고효과(Advertising effectiveness)'에서 제시한 크리에이티브 전략은 다양한 문화권, 나라에 공통적으로 적용될 수 있는 보편적인 접근법이자 일반적인 기준으로 평가 받고 있다. 총 8가지 전략, 즉 공개(announcement), 진열(display), 연상 전이(association transfer), 수업(lesson), 드라마(drama), 오락(entertainment), 상상(imagination), 특수효과(special effect)로 구성되어 있다. 특히 각 표현전략마다 하위에 다양한 보조기법(creative approach, 표현기법)들도 함께 제시한 것이 특징이다(Frazen, 1994; 김병희, 2007).

**그림 5-16** 썬키스트 레몬 광고

### 1) 공개(announcement)

공개전략은 단어 의미 그대로 사실을 '발표'하여, 사실 그 자체가 제품을 대변하는 크리에이티브 전략이다. 가장 기본적이고 기초적인 방식이다.

공개의 보조기법에는 다음과 같은 것들이 있다.

(1) **순수 발표(pure presentation):** 순수하게 제품, 브랜드 등에 관련된 사실을 발표하는 방법이다.

(2) **사실적 설명(actual explanation):** 제품을 사실적으로 설명하는 방식이다. 광고를 창작할 때 소비자가 제품이나 브랜드, 서비스 등에 대해 잘 알 수 있도록 밝혀서 말한다.

(3) **제품 메시지(product message):** 할인이나 구성요소, 효용 등 제품의 내용을 공개한다.

(4) **기업 설명/다큐멘터리(corporate presentation/documentary):** 기업, 제품에 대해 시각적으로 표현하는 방법이다. 기업과 관련된 인물, 기업의 제품 등에 대

하여 허구적인 내용이 아니라, 현실 그대로를 상세히 안내한다.

### 2) 진열(display)

편의점의 진열대를 보면 다양한 상품들이 쭉 진열이 되어 있다. 진열전략은 마치 진열대에 제품을 디스플레이 하는 것처럼, 광고 안에 제품 그 자체나 사용하는 방법, 제품의 주체 등을 단순하게 쭉 나열, 열거하는 방식이다.

표현기법 역시 광고 안에서 상품 또는 제품을 사용하는 방법 등을 나열하는 방법을 쓴다. 그러다보니 단순한 사실의 전달에 치중하는 경우가 많다. 아이디어가 빈약한 일차원적 표현이다.

진열기법을 사용한 사례로 썬키스트 광고를 들겠다. 썬키스트 그로워스(Sunkist Growers, Incorporated.)는 미국 캘리포니아와 애리조나의 감귤 재배자들로 구성된 협동조합이다. 오렌지에 비해 레몬은 상대적으로 덜 대중화되어 있어서 레몬의 사용법을 알리는 광고를 집행하였다. 광고 안에 다양한 일러스트와 함께, 레몬즙을 내어서 쥬스로 마시기, 차로 마시기, 파이로 만들기, 음식 위에 짜서 뿌리기 등 레몬을 사용한 각종 음식과 사용법을 쭉 나열했다. 이는 레몬 사용법을 알려 레몬의 대중화와 판매율 제고를 꾀한 것이다. 〈그림 5-16〉의 광고를 보면 마치 편의점 진열대에 상품을 디스플레이 하듯, 광고 안에 레몬 자체와 레몬 사용법이 쭉 나열되어 있는데, 이것이 진열기법이다.

### 3) 연상 전이(association transfer)

연상 전이전략은 제품, 브랜드 등을, 긍정적 이미지를 갖고 있는 다른 사람, 사물, 상황 등과 연결하여, 이미지를 브랜드로 전이시키는 크리에이티브 전략이다. 이를 통해 소비자들이 특정 제품 등을 더 쉽게 받아들이도록 만든다.

연상 전이의 보조기법에는 라이프스타일, 은유법, 환유법, 유명인 전이가 있다.

(1) **라이프스타일(life style):** 생활유형을 제시하는 방법이다. 이상적인 사람들의 생활을 제시함으로써, 소비자들의 라이프 스타일의 전환을 유도한다. 다시 말해 타깃 그룹의 이상적인 라이프 스타일을 보여줌으로써, 그 준거집단 또는 또래집단에 속하고 싶은 사람들에게 동참을 하도록 유도하고 제품의 이미지도 소구한다.

(2) **은유법(metaphor):** A=B라는 비유의 문장 구조를 통해, 보조관념의 의미를

원관념(제품, 브랜드)에 전이시켜, 원관념의 의미를 새롭게 규정하는 방식이다. 김동명의 시 '내 마음은'을 보면 "내 마음은 호수요."라는 문장이 나온다. 은유법이 쓰인 문장인데, 원관념이 '내 마음은'이고, 보조관념이 '호수'다. 호수의 좋은 의미가 원관념인 내 마음으로 전이되어서, 자신의 마음이 옹달샘처럼 좁고 작은 것이 아니라, 호수처럼 모든 것을 포용할 정도로 넓고 크다고 새롭게 규정했다.

(3) **환유법(metonymy):** 어떤 사물을, 그것의 속성과 밀접한 관계가 있는, 대표성, 상징성이 있는 다른 단어를 빌려서 표현하는 방법이다. 우리 민족을 흰옷으로 표현한다거나 남자를 수탉, 여자를 암탉으로 표현하는 것이 환유법이다.

(4) **유명인 전이(celebrity transfer):** 유명인의 단순 출연 또는 타 모델들과의 연기를 통해서, 모델이 갖고 있는 매력, 신뢰도, 이미지 등을 제품, 브랜드로 전이시키는 표현기법이다.

### 4) 수업(lesson)

수업전략은 광고 메시지를 직접 전달하며 쟁점을 제시하거나, 소비자를 교육시키는 전략이다. 한마디로 광고를 통해 소비자를 가르치는 것이다.

수업의 보조기법은 다음과 같다.

(1) **추천인(presenter):** 모델이 제품의 특성을 설명하거나 소비자에게 한번 써보라고 권유하는 방식이다.

(2) **증언/보증(testimonial/endorsement):** 광고에 등장한 모델이 자신의 제품 사용 경험 등을 이야기하는 형식이다. 모델 스스로 해당 제품을 직접 써보니까 좋다는 식으로 증언하거나, 보증한다. 장점으로는 실제 인물이 자신의 직접적인 경험을 말함으로써, 소비자의 주의를 쉽게 끌 수 있으며, 설득력이 강하다는 것을 들 수 있다.

(3) **실연(demonstration):** 시연, 실증이라고도 한다. 제품의 성능이나 효과, 혜택을 실제로 광고에서 직접 보여준다. 제품의 효과를 광고 안에서 직접 제시하고, 실제로 증명하기 때문에 신뢰성이 높다는 특징이 있다.

(4) **비교(comparison):** 둘 이상의 대상을 견주어 서로 간의 유사점, 차이점, 일반적인 특징 등을 제시하는 소구법이다. 보통 특정 브랜드나 불특정 경쟁 브랜드

또는 자사의 기존 제품 등과의 비교를 통해 자사 브랜드의 우위, 우월성을 제시한다.

(5) **유추(analogy):** 어떤 물건, 사건 등의 유사한 점을 이용하여 묘사하는 방식이다.

(6) **사용법 제시(how to):** 자사 제품을 쓰는 방식, 방법을 제시하여, 소비자를 가르친다.

(7) **극화된 수업(dramatized lesson):** 사실적 연기를 통해 교훈적 메시지를 전달하는 표현기법이다.

### 5) 드라마(drama)

드라마 전략은 단순히 제품의 기능과 장점을 설명하는 것이 아니라, 한편의 '이야기(story)'로 구성하는 방식이다. 따라서 메시지, 갈등(극적인 요소), 등장인물, 플롯 등의 요소가 있다. 메시지는 드라마의 주제다. 드라마 전반에 걸친 중심 테마이자, 분명하게 정의된 핵심 소구 내용이다. 갈등은 조화를 깨트리는 역동적 변화를 말하며, 드라마에 대한 흥미를 유발하는 요소다. 등장인물은 드라마의 스토리를 만드는 주체자로, 스토리 전개를 위한 행동을 해나간다. 플롯은 스토리의 전개 과정이자, 사건의 배열을 말한다. 보통 발단, 전개, 절정, 하강, 대단원으로 구성된다(Fog, Budtz, Yakaboylu, 2004; 정차숙, 2013).

드라마 전략의 보조기법은 아래와 같다.

(1) **생활의 단면(slice of life):** 일상의 단면이라고도 한다. 소비자의 일상생활의 한 장면을 그대로 묘사하는 표현기법이다. 실제 생활의 어느 한 부분을 뚝 잘라낸 듯한 장면을 광고 내용으로 활용하며, 보통 사람들의 사는 모습을 담담하게 보여주기 때문에, 소비자들에게 친근감, 호감을 주기 쉽다는 장점이 있다.

(2) **문제 해결(problem solution):** 문제점 제시와 자사 제품을 사용하여 해결하는 과정을, 스토리에 담아서 제시하는 방법이다.

(3) **비네트(vignette):** 삽화, 짧은 장면을 말한다. 연속성 없는 짤막한 장면이나 독립적인 상황들을 제시한다.

(4) **연극기법(theater):** 실제 생활이 아닌 이야기를 마치 연극처럼 제시하는 표현기법이다.

### 6) 오락(entertainment)

소비자에게 즐거움, 재미를 제공하는 데 중점을 두는 크리에이티브 전략이다.

오락의 보조기법에는 유머와 제품중심 연기가 있다.

(1) **유머(humor):** 유머란 익살스러운 농담, 해학, 우스개를 말한다. 메시지를 재미있고 유머러스하게 전달하는 소구 방법이다.

(2) **제품중심 연기(play or act around product):** 제품을 중심으로 춤이나 음악 등의 오락거리를 제시하는 표현기법이다.

### 7) 상상(imagination)

상상전략은 비현실적인 상상세계를 묘사하는 크리에이티브 전략을 말한다. 현실세계를 넘어서, 환상적, 공상적, 가공의 세계를 제시한다.

상상의 보조기법은 아래와 같다.

(1) **만화(cartoons):** 만화기법을 통해 상상의 세계를 그려 광고 메시지를 전달하는 표현기법이다.

(2) **영화 동작 소도구(film properties in action):** 영화적인 소재들을 활용하여 초현실적 상황을 묘사하는 방식이다.

(3) **기타 비현실적 연기(other, unrealistic):** 만화, 영화 이외의 소재를 활용하여 비현실적 세계를 묘사한다.

### 8) 특수효과(special effect)

특수효과전략은 카메라 효과, 비디오 기법, 음악효과, 컴퓨터 그래픽 등 현대적 테크닉, 기술적 효과를 사용하는 표현방식이다. 촬영기의 정상적인 기능으로는 촬영

그림 5-17 스미노프 광고

을 하기 힘든, 특수한 물리적 영상 등을 만들어 낸다.

특수효과의 보조기법에는 제품의 움직임/애니메이션, 영화, 비디오 기법/예술적 자극이 있다.

(1) **제품의 움직임/애니메이션(product in action, animation):** 컴퓨터그래픽과 같은 특수효과를 활용해서, 무생물인 제품 자체가 살아있는 것처럼 움직이게 하는 표현기법이다.

**표 5-4** 프렌전의 크리에이티브 전략과 보조기법(creative approach)

| 크리에이티브 전략 | 보조기법 |
| --- | --- |
| 공개(announcement) | 순수 발표(pure presentation)<br>사실적 설명(actual explanation)<br>제품 메시지(product message)<br>기업 설명/다큐멘터리(corporate presentation/documentary) |
| 진열(display) | 진열(display) |
| 연상 전이<br>(association transfer) | 라이프스타일(life style)<br>은유법(metaphor)<br>환유법(metonymy)<br>유명인 전이(celebrity transfer) |
| 수업(lesson) | 추천인(presenter)<br>증언/보증(testimonial/endorsement)<br>실연(demonstration)<br>비교(comparison)<br>유추(analogy)<br>사용법 제시(how to)<br>극화된 수업(dramatized lesson) |
| 드라마(drama) | 생활의 단면(slice of life)<br>문제 해결(problem solution)<br>비네트(vignettes)<br>연극(theater) |
| 오락(entertainment) | 유머(humor)<br>제품 중심의 연기(play or act around product) |
| 상상(imagination) | 만화(cartoons)<br>영화 동작 소도구(film properties in action)<br>기타 비현실적 연기(other, unrealistic) |
| 특수효과(special effect) | 제품의 움직임/애니메이션(product in action, animation)<br>영화, 비디오 기법/예술적 자극(film, video, techniques, artistic stimuli) |

(* 출처: 김병희, 2007)

(2) **영화, 비디오 기법/예술적 자극(film, video, techniques, artistic stimuli):** 영화나 비디오 촬영에서 사용되는 특수효과들을 이용하는 것이다.

스미노프(Smirnoff) 보드카는 프랑스의 영화감독 미셸 공드리(Michel Gondry)에게 광고 제작을 맡겼다. 공드리는 〈스마리언버그〉 편 광고에서 스미노프 보드카 병을 통해서 바라본 초현실적인 세상을 묘사하였다. 이때 '불릿타임(bullet time)'이라는 특수효과를 사용하였다. 이 기법은 특정 대상을 여러 개의 카메라로 동시에 촬영해서 마치 허공에 멈춰 있는 듯한 이미지를 잡아내는 것이다. 나중에 영화 매트릭스에서 주인공이 적의 총알을 피하는 장면에 사용되어 유명해진 기법이다. 스미노프의 스마리언버그 광고는 1997년 클리오 광고제와 칸 국제광고제에서 금상을 받았다.

### <참고문헌>

권세호 (2003). 소비자 Insight를 통한 Creative 표현에 관한 연구: TV광고물을 중심으로. 홍익대학교 석사학위논문.

김병희 (2007). 광고 카피 창작론. 파주: 나남출판.

김진구 (2016.05.30.). 손상된 간세포 되살리는 UDCA…세포 재생 지원하는 실리마린. 중앙일보.

송용섭, 리대룡 (1996). 현대광고론, 서울: 무역경영사.

이두희 (2009). 광고론. 서울: 박영사.

이명천, 김요한 (2016). 광고학개론. 서울: 커뮤니케이션북스.

정차숙 (2013). 스토리텔링 광고의 메시지 구성요소와 관여도가 광고 효과에 미치는 영향에 관한 연구. 한양대학교 박사학위논문.

Franzen, G. (1994). Advertising effectiveness. Henley on Thames. UK: NTC Business Publications.

Frazer, C. F. (1983). Creative strategy: A management perspective. Journal of Advertising. 12(4), 36-41.

Fog, K., Budtz, C., & Yakaboylu, B. (2005). Storytelling: Branding in practice. Berlin: Springer. 황신웅 역 (2008). 스토리텔링의 기술, 서울: 멘토르.

# 06 크리에이티브 소구

학습목차



## I. 광고가 극복해야 할 장벽

광고는 소비자를 설득해서 제품을 구매하게 해야 하는데, 이 때 클러터, 비주의, 잘못된 정보 처리, 회피, 불신 및 경시의 장애물을 극복해야 한다. 광고가 극복해야하는 장벽에 대해 살펴보자.

### 1. 클러터

클러터(clutter, cluttering)는 '혼잡도'로, 소비자의 주의 집중을 방해하는 메시지의 혼잡 상태를 뜻한다. '광고 혼잡(ad clutter, ad cluttering)'이라고도 한다. 소비자를 둘러싸고 있는 정보가 갈수록 증가하고(정보의 홍수), 광고들의 경쟁이 증가하면서, 소비자의 주의 집중을 혼란시켜 메시지 전달을 방해하는 매체 환경이 바로 클러터다. 광고는 이러한 클러터를 뚫고 소비자의 주의를 끌어야하며 설득을 해야 한다.

### 2. 비주의

소비자는 오히려 광고에 대해서는 주의, 주목을 하지 않으려고 한다(inattention). 광고는 제품, 서비스 등을 팔기 위해서 이루어지는 상업적인 활동이다. 따라서 광고를 보고 있으면 구매욕구가 자극되고, 불필요한 소비, 충동구매를 하게 되기 때문에, 광고에 주목을 하지 않으려고 한다.

설령 주목이 이루어지더라도, 금세 주의가 흐트러지거나 분산돼 버린다. 광고는 소비자 개인의 특성(욕구, 동기, 가치관, 신념 등)을 반영하고, 자극의 성질(대조, 크기, 강도, 새로움 등) 등을 이용하여, 소비자의 주의를 집중시켜야 한다.

### 3. 잘못된 정보 처리

잘못된 정보 처리에는 크게 두 가지 형태가 있는데 우선, 소비자가 비록 광고를 봤다고 해도, 광고주가 의도한대로 정보를 이해, 해석하지 않을 수 있다. 광고 메시지를 오인할 수 있는 문제가 있다.

다음, 전달하고자 하는 광고 메시지(중심 단서)가 아닌, '주변 단서'만 기억할 수 있는데, 이것도 잘못된 정보 처리다. 중심단서(central cue)는 광고의 구체적인 내용이나, 자료, 정보 등을 말하며, 주변단서(peripheral cue)는 광고 모델, 음악 등을 말한다. 광고에서 중요한 것은 중심단서로, 소비자들이 브랜드나 제품의 장점, 특징 등을 기억하게 해야 한다.

### 4. 회피

회피(avoidance)는 단어 의미 그대로 광고를 피하거나 기피하는 것이다. 오늘날 소비자는 리모콘(remote control)으로 손쉽게 광고를 회피한다. 광고를 회피하는 현상을 재핑, 지핑이라고 부른다.

재핑(zapping)은 텔레비전에서 광고가 나타나면 채널을 바꾸거나, 음향을 작게 함으로써 광고를 회피하는 행위를 말한다.

지핑(zipping)은 비디오테이프 등에서 광고 부분을 정상 이상으로 빨리 이동시켜 광고를 회피하는 현상을 일컫는다.

### 5. 불신, 경시

소비자는 광고의 메시지를 믿지 않거나, 하찮게 여긴다. 뉴스의 메시지는 믿으나, 광고의 메시지는 불신하고 대수롭지 않게 본다. 이렇게 소비자들이 광고의 내용을 믿지 않고, 가볍게 여기면 광고효과는 감소한다.

이상의 요소는 광고가 극복해야할 장애물이다. 광고는 클러터를 뚫고 소비자에게 다가가서, 주의를 유도해야하며, 광고 메시지를 올바로 이해하게 해야 하고, 광고를 회피하지 않게 해야 하며, 광고를 신뢰하도록 만들어야 한다. 이에 도움을 줄 수 있는 방법 중에 크리에이티브 소구가 있다.

## Ⅱ. 크리에이티브 소구의 종류

크리에이티브 소구(creative approach)는 표현 소구, 표현기법이라고도 하며 "광고 컨셉트 등을 구체화하는 작업(Yang, 1983)"을 말한다. 앞에서 결정한 '컨셉트 등을 좀 더 구체적으로 표현해서, 소비자들이 광고에 주목하고 받아들이도록 호소하는 방법'이다.

특성을 살펴보면, (1) 크리에이티브 소구는 크리에이티브 전략을 실행하는 구체적인 실천 방법이다. 실행하는 형식이다보니 (2) 크리에이티브 소구에 따라서 광고의 표현 결과물이 상이해지며, 소비자의 반응, 광고효과가 크게 달라진다. 아무리 컨셉트가 좋고, 전략이 뛰어나다할지라도 소비자에게 가장 잘 어필할 수 있는 소구법을 선택하지 못한다면 광고효과는 떨어진다. (3) 크리에이티브 소구의 선택은 크리에이티브 전략에 따라서 이루어져야 한다. 판매 메시지를 효과적으로 전달하고, 제품, 브랜드 등의 특장점을 가장 잘 반영할 수 있는 방법으로 선택하는 것이 좋다.

크리에이티브 소구의 종류에는 위협, 유머, 성, 패러디, 온정, 비교, 증언, 생활의 단면, 실증, 의인화, 여러 소구의 결합 등이 있다.

### 1. 위협, 공포소구

#### 1) 정의

위협소구(fear) 또는 공포소구는 공포나 불안 등 위협적 내용을 강조해서 소비자를 설득하고자 하는 소구법이다. 광고에서 공포심이나 불안감, 두려움 등을 조성해서 주의를 끌고, 제품이나 브랜드 등에 관심을 갖게 만들며, 소비자를 설득 한다. 위협소구는 광고의 역사 초창기부터 많이 사용되어 온 크리에이티브 어프로치 중에 하나다.

#### 2) 특성

광고에서 공포심, 두려움, 위화감 등을 불러일으킬 수 있는 특정 단서를 제시하면, 소비자는 긴장감을 느끼게 되면서 해소방법을 찾게 된다. 이때 제품과 관련한 해소방법을 권고해 주면 소비자는 그것을 쉽게 받아들이게 된다. 예를 들어 음주운전 방지 공익광고에서 술마시고 운전을 하다가 사고가 난 끔찍한 장면을 보여주면,

소비자들은 공포심, 두려움을 느끼게 된다. 이때 광고에서 음주운전을 하지 말라고 제안하면, 소비자들은 미연에 음주운전을 방지하도록 동기화가 되는 것이다.

위협소구는 공익광고(음주운전, 금연 등), 개인 관련 제품(구강청정제, 비듬제거샴푸 등), 재산 및 건강(생명보험, 자동차보험, 제약 등) 등의 광고에 많이 활용되는 특성이 있다.

### 3) 연구

**(1) 재니스의 연구(재니스의 곡선이론)**: 재니스는 과거 페쉬바흐와 함께했던 실험(Janis, Feshbach, 1953)과 다른 관련 연구들을 바탕으로, 위협소구와 태도 변화 간의 관계는 '역 U자 곡선'을 형성하고 있다고 주장했다(Janis, 1967). 중간 위협수준에서 가장 많은 태도 변화가 나타나고, 낮은 위협수준과 높은 위협수준에서는 약간의 태도 변화가 일어난다. 위협수준이 너무 낮으면 주의나 관심을 갖지 않을 것이고, 위협수준이 너무 높으면 소비자는 자기 방어를 위해 아예 회피해버리려고 할 것이다. 즉 적절한 수준의 위협이 상당히 많은 태도 변화를 유발한다는 것이 재니스의 곡선이론의 골자다. 재니스의 본 연구는 수 년 동안 위협소구와 태도 변화 사이의 관계에 대한 지배적인 관점이었다.

**(2) 로저스의 방어동기이론(protection motivation theory)**: 보호동기이론이라고도 한다. 로저스(Rogers, 1975)는 자신의 연구들과 레벤달, 나일스의 연구를 체계화시켜서 위협소구에 작용하는 세 가지 핵심요소를 제안했는데, ① 묘사

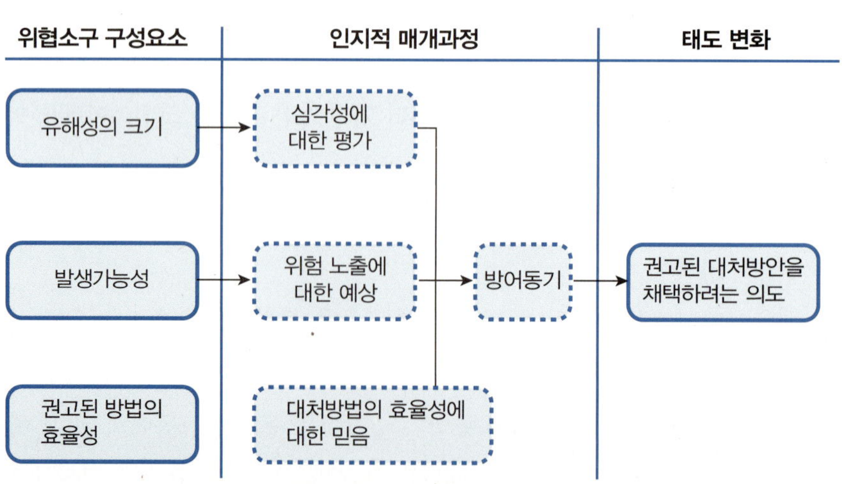


그림 6-1 로저스의 방어동기이론(* 출처: Rogers, 1975)

된 사건의 유해성 크기, ② 사건의 발생가능성, ③ 권고된 방법의 효율성이다. 각각의 요소들은 인지적 평가의 과정을 발생시키는데, 이 과정에서 인지적 평가들은 방어동기(보호동기)를 유발하고, 태도 변화의 양을 결정한다. 즉 묘사된 사건이 나에게 매우 심각한 피해를 초래하고, 발생 가능성이 상당히 높고, 정보원이 제시한 대처방법이 실제로 이 위협을 제거할 수 있다고 생각될 때, 태도 변화가 일어난다(Severin, Tankard, 2004).

### 4) 고려사항

(1) 위협소구는 때로 의도하지 않은 다른 반응을 유발할 수 있다. 너무 지나친 위협소구는 소비자가 메시지를 무시하거나, 불쾌함을 느끼고 외면해 버릴 수 있다. 그리고 당황함, 분노, 불쾌와 같은 감정은 메시지 수용에 방해가 될 수 있다. 즉 디아르 등이 에이즈에 대한 공포를 불러일으키도록 고안된 공익광고를 가지고 연구한 결과, 위협소구는 당황, 분노 등의 의도하지 않은 감정들을 유발할 수 있었고, 이는 광고 메시지 수용에 방해가 되었다(Dillard, Plotnick, Godbold, Freimuth, Edgar, 1996). 재니스와 페쉬바흐가 코네티컷 주의 한 고등학교에서 실시한 실험에서도 강력한 위협소구가 가장 효과가 없었다. 위협소구가 너무 강하면 커뮤니케이션의 효과를 감소시키는 간섭현상이 일어나기 때문이다. 정리하면 위협소구는 소비자들이 당황함, 분노, 불쾌함 등을 느끼고 아예 무시하거나 외면해버려서 광고효과가 저하될 수 있기 때문에, 사용할 때 신중을 기해야한다.

(2) 위협을 해결해 줄 수 있다는 확신을 주어야 한다. 위협소구는 사용할 경우 단순히 소비자에게 위협을 주는 것으로 끝나서는 안 된다. 소비자에게 위협을 주어 관심을 끈 뒤, 자신의 제품이나 권고된 방법이 그런 위협을 해소시켜줄 수 있다는 믿음을 줘서, 소비자가 수용하도록 해야 한다. 그리고 광고에서 제시한 대처방법이 실행 가능하고, 위협을 확실히 해소시켜줄 수 있어야 한다. 그렇지 못하면 소비자는 광고 메시지를 외면한다.

위협소구를 사용한 사례로 영국 교통국(DFT: department for transport)의 〈생각하라!(think!)〉 편 광고를 들겠다. 교통국은 광고회사 레오버넷 런던과 함께 몰래카메라 기법으로 음주운전 방지 공익광고를 전개하였다. 사람들이 펍(pub)에서 술을 마시다가 화장실에 간다. 일을 보고 세면대에서 손을 씻는데, 그 순간 커다

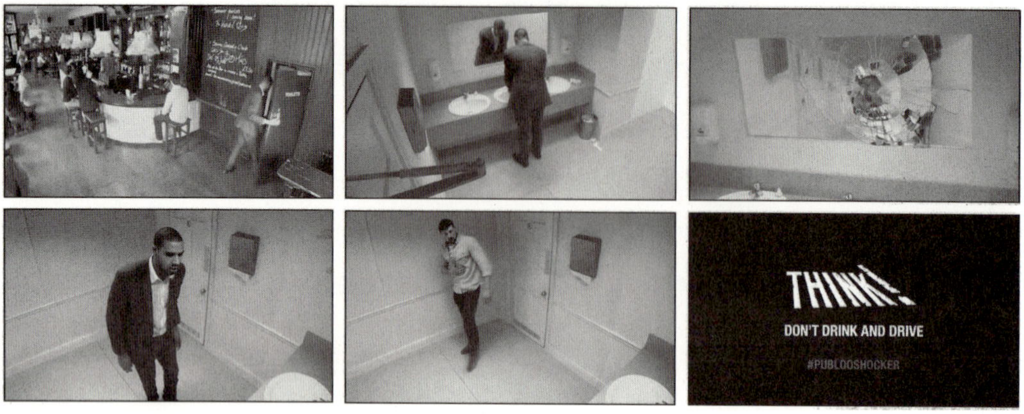


그림 6-2 영국 교통국의 음주운전 방지 공익광고

란 소리와 함께 거울 뒷면에 웬 사람이 부딪히면서 얼굴과 손 등이 거울을 뚫고 나온다. 세면대는 깨진 거울 조각과 얼굴에서 뚝뚝 떨어지는 피로 아수라장이 된다. 사람들은 갑작스럽게 끔찍한 장면을 목도하여 쓰러지기도 하고 놀라서 도망가기도 한다. 영국 교통국은 이런 몰래카메라 방식과, 사람들이 충격적인 경험을 하는 리얼한 영상을 유튜브에 올려서, 음주운전의 위험성을 공포스럽게 알렸다.

## 2. 유머

### 1) 정의

유머(humor)란 익살스러운 농담, 해학, 우스개를 말한다. 유머 소구는 메시지를 재미있고 유머러스하게 전달하는 표현소구다. 발상의 기반이 유머이며, 소비자에게 즐거움, 재미, 웃음을 제공하는데 중점을 둔다.

유머는 광고효과를 높이는 중요한 기법으로써, 전 세계적으로 널리 사용되고 있다. 유머소구는 오늘날과 같이 포화상태에 이른 광고환경에서 소비자의 주의를 끌고, 호감을 형성하며, 차별화를 시키는 중요한 방법이다.

### 2) 장점

(1) 소비자의 주의, 주목을 끈다. 브랜드 인지도를 제고한다. 광고가 재미있으면 사람들은 저절로 주의를 기울이게 되고, 이 과정에서 브랜드도 잘 기억하게 된다. 던컨과 넬슨(Duncan, Nelson, 1985)은 라디오 광고에서 지각된 유머의 광고효과를 조사했는데, 연구 결과 광고의 주목효과는 지각된 유머의 정도에 따라

유의적인 차이가 나타났다. 즉 지각된 유머가 높은 집단에서 광고의 주목이 잘 일어났다.

(2) 유머를 통해 좋은 기분, 즐거움, 기쁨 등을 불러일으켜서, 해당 제품, 브랜드 등에 호감을 형성한다. 나아가 브랜드 이미지도 향상시킬 수 있다.

(3) 주의를 분산 시켜서 반박 주장(counter argument)을 억제한다. 유머는 메시지 내용으로부터 주의를 다른 곳으로 분산시켜서, 소비자가 메시지를 자세하게 처리하거나, 반대되는 의견을 생각하지 못하게 한다. 이를테면 유머 광고를 보면서 웃느라, 내용의 타당성이나 반박 주장을 생각하지 못하는 것이다.

이를 뒷받침하는 이론이 주의분산가설(distraction hypothesis)이다. 방해가설이라고도 부른다. 주의분산가설은 설득적 메시지가 제시되는 동안 소비자의 주의를 산만하게 하면, 그들의 저항을 방해하게 되어, 태도 변화나 커뮤니케이션이 보다 용이하게 이루어질 수 있다는 것을 말한다(Duncan, Nelson, & Frontkzak, 1984). 이를 유머광고에 적용해보면, 바로 광고 속의 유머가 소비자의 주의를 분산시키는 역할을 해서, 반대되는 의견을 억제하고 광고효과를 증대시키는 것이다.

### 3) 단점

(1) 유머만 기억하고 광고 메시지는 기억 못할 위험이 있다. 만약 유머의 정도가 너무 강하면 오히려 광고 메시지가 유머에 묻혀버릴 가능성이 크다. 스턴달과 크레이그(Sternthal, Craig, 1973)는 유머의 강도가 너무 강해 광고를 전체적으로 압도할 경우, 제품의 장점을 제대로 전달하지 못해서 광고효과가 저하될 수 있다고 주장하였다.

(2) 유머는 주관적이기 때문에 사람에 따라 다르게 받아들인다. 어떤 사람은 유머가 있는 것으로 받아들이는데, 다른 사람은 재미없는 것으로 간주할 수 있다.

(3) 사용하는 빈도가 많아질수록 싫증을 느끼게 하는 경향이 있다. 처음 들었을 때 아무리 재미있는 유머라고 하더라도 반복해서 들으면 쉽게 싫증이 난다. 유머 소구를 이용한 광고는 다른 형태의 광고들 보다 더 빨리 효과가 소멸되는 경향이 있다.

(4) 유머는 각국의 문화에 따라 다를 수 있다. 어떤 문화권에서는 굉장히 재미있는 광고가 다른 문화권에서는 재미없는 광고로 여겨질 수 있다.

(5) 광고의 신뢰성, 믿음에 많이 기여하지 못한다. 유머는 가벼운 느낌, 진중하지

못한 느낌을 주기도하기 때문에, 신뢰성에는 크게 기여하지 못한다. 너무 우스꽝스럽거나 지나치게 천박하게 유머가 제시되었을 경우에는 신뢰도를 떨어트려서 광고효과가 저하된다.

## 3. 성적 소구

### 1) 정의

성적 소구(sex)는 인간의 본성인 성(性)적 본능에 호소하는 소구법이다. 인간이라면 누구나 기본적으로 성적 본능을 갖고 있다. 선천적으로 갖고 있는 성에 대한 관심을 자극해서 설득하고자 하며, 에로티시즘적 감정에 기초를 둔다.

### 2) 특성

우선, 성적 소구는 주로 화장품이나 술, 속옷, 청바지 등의 광고에 많이 이용되는 특성이 있다.

다음, 방식은 관능적 자세, 누드, 신체 일부 등을 직접적으로 노출하거나, 또는 성적 이미지 및 상징 등을 간접적으로 노출하여, 소비자의 감정적 반응(성적 반응, 관능성 등)을 자극하는 방법을 사용한다. 보통 시각적으로 전달한다. 명확한 인과관계를 명시적으로 표현하지 않고, 암시적으로 접근하는 특성이 있다.

성적 표현의 수준에 따라 사회적 논란을 일으킬 소지가 많으므로, 세심한 주의가 필요하다. 또한 방송광고의 경우 방송협회에서 사전심의를 받아야 하는데, 성적 표현의 수준이 높으면 심의를 통과하기가 어렵다. 성적 소구를 이용할 때는 수위조절에 주의해야한다.

마지막으로, 제품과 모델, 성적 표현 등과의 관련성(relevance)을 고려하여 사용해야한다. 제품 등과 관련성이 떨어지면 효과는 부정적으로 나타나기 때문이다.

### 3) 장점

(1) 소비자의 주의, 주목 유발에 효과적이다. 성적소구는 소비자의 본능적인 성적 욕망을 자극하여 강한 주의 집중을 유발한다.

(2) 모델의 매력이나 이미지를 자사의 제품, 브랜드로 전이시켜, 호감을 유발할 수 있다.

### 4) 단점

(1) 일부 소비자의 경우 성적 소구에 거부감을 가지고, 부정적으로 반응할 수 있다. 해당 제품의 이미지를 손상시킬 수 있다.

(2) 해당 제품의 이미지를 손상시킬 수 있다. 성적 소구는 자칫하면 사회적 논란을 야기하고, 문제가 될 수 있는데, 이럴 경우 제품, 브랜드, 기업에 부정적 이미지가 형성될 수 있다.

(3) 성적 표현에 대한 소비자의 지나친 주의 집중은, 광고의 내용, 제품, 브랜드 등에 대한 기억, 회상을 감소시킬 수 있다.

(4) 광고의 선정성은 아동이나 청소년에게 악영향을 미치며, 성 윤리에 대한 가치관을 무뎌지게 한다.

성적 소구를 이용한 광고 사례로 캘빈 클라인(Calvin Klein) 광고를 들겠다. 캘빈클라인은 1980년대 영화 블루라군 등으로 당대 최고의 청춘스타였던 브룩 쉴즈(Brooke Shields)를 기용하여, 광고를 집행했다. 브룩 쉴즈는 TV 광고에서 클레멘타인 노래를 휘파람으로 불며 선정적인 포즈를 취해서 소비자들의 주의를 끌었다. 그리고 "당신은 나와 캘빈(청바지) 사이에 무엇이 있는지 아세요? 아무것도 없어요!"라고 말하여, 소비자들의 야릇한 상상을 유도했다.

당시 브룩 쉴즈는 15세였기 때문에, 이 광고는 청소년을 성적으로 이용했다는 이유로 거센 비난을 받았다. 미국의 3대 방송사들은 외설 시비로 캘빈 클라인의 광고를 금지했다.

**그림 6-3** 캘빈클라인 인쇄광고

그러나 브룩 쉴즈라는 유명인을 등장시키고 성적 소구로 주목효과를 극대화한 결과, 캘빈클라인 청바지는 일주일 만에 약 40만장의 판매고를 달성했다. 그 후 캘빈클라인은 한 달 만에 200만장을 판매하는 대기록을 세웠으며, 본 광고는 아직까지도 사람들 입에 오르내리고 있다.

## 4. 패러디

### 1) 정의

패러디(parody)는 대중에게 널리 알려진 원작(문학, 영화, 미술, 인물, 사건 등)을 풍자나 해학, 유머 등을 사용하여 재구성, 재창조하는 것이다. 린다 허천(Linda Hutcheon)은 저서 '패러디 이론(A theory of parody)'에서 "패러디는 차이를 가진 반복"이라고 정의하였다.

패러디의 사례로 미군의 신병 모집 광고를 들겠다. 1917년 4월 2일 미국의 우드로 윌슨 대통령이 제1차 세계대전에 참전 선포를 하자, 미국 육군은 즉시 젊은이들의 자원입대를 유도하기 위해 삽화가 제임스 플래그(James M. Flagg)에게 의뢰하여 모병 포스터를 제작했다. 포스터에는 미국의 상징인 엉클샘(uncle sam)이 날카로운 눈길로, 포스터를 보는 사람을 지목하며 "나는 당신이 미군에 지원하기를 원한다. 가까운 모병 사무소에 문의하시오(I want you for U. S. army. Nearest recruiting station)."라고 말하고 있다. 이 포스터는 미국인들의 애국심을 크게 자극했으며, 광고효과도 좋아서 2년 동안 무려 400만부나 인쇄됐다.

그런데 이 포스터는 사실 영국의 '키치너 모병 포스터'를 패러디한 것이었다. 제1차 세계대전 발발 당시 영국의 허버트 애스퀴스 수상은 전쟁부라는 국가기관을 창설하고, 로드 키치너(Lord Kitchener)를 장관에 임명했다. 키치너 장관은 독일군에 맞설 대규모 군대를 소집하기 위해 모병 캠페인을 펼쳤는데, 1914년 포스터에 모델로 등장하여 "대영제국이 그대를 원한다(Britons wants you)."라고 이야기했다. 이 삽화는 일러스트레이터 알프레드 리트(Alfred Leete)가 그렸고, 주간지인 런던 오피니언(London Opinion)에 처음 집행되었다. 이 포스터 덕분에 1차 세계대전 발발 후 2년 동안 무려 2백만 이상의 젊은이들이 자원입대하였고, 키치너 포스터는 미국을 비롯하여 러시아, 브라질 등 많은 나라에서 패러디가 되었다(김의경, 2011.02.09; 정경원, 2014.04.26).

**그림 6-4** 키치너 포스터와 이를 패러디한 엉클샘 포스터

### 2) 패러디의 조건

패러디를 잘 하기 위해서는 원작을 공개해야 하고, 원작을 창의적으로 해체 및 재구성을 해야 하며, 풍자나 유머 등을 가미하여 재미를 주어야 한다. 좋은 패러디의 조건 3가지를 살펴보자.

**(1) 원작의 공개:** 패러디는 그 원작을 알아볼 수 있어야 한다. 소비자가 원작을 알아채지 못하면 효과가 없다. 원작의 공개 노력은 패러디를 모방이나 표절과 구별시켜 주는 중요한 요소이다.

아래의 프린스(Prince) 광고는 원작이 무엇일 것 같은가? 바로 레오나르도 다빈치의 '모나리자'이다. 소비자들이 한눈에 알아 볼 수 있도록 색감이나 구도 등을 거의 원작 그대로 사용하였다. 원작을 확실히 공개함으로써 패러디로 인한 광고효과가 나타나, 인지도, 상기도 등이 향상된다.

프린스는 청키(chunky) 스파게티 소스를 출시했는데, 이 제품은 덩어리가 들어있고, 영양이나 맛이 강화된 것이 특징이었다. 이러한 특징을 소비자들에게 알리기 위해서 명화 모나리자를 패러디하여, 기존 제품인 오리지널(original) 소스와 신제품인 청키 소스를 비교하였다. 즉 광고물에서 레오나르도 다빈치가 그린 원래의 모나리자가 오리지널 소스를 들고 있고, 통통한 모나리자가 청키 소스를 들고 있다. '청키 스파게티 소스가 기존 제품보다 맛과 영양이 강화되었고 덩어리까지 들어있다.'는 것을, 듬직하게 살찐 모나리자의 모습을 통해서 효과적으로 전달하였다.

**그림 6-5** 프린스의 청키 스파게티 소스 광고

그리고 모나리자는 이탈리아의 상징으로 인식되듯이 '소비자가 오리지널 소스와 덩어리 소스 중 어느 것을 선택하더라도 정통 이탈리아 음식(스파게티 소스)을 음미할 수 있다.'는 것을 패러디를 통해 유머러스하게 전달한다.

**(2) 원작의 창의적인 해체, 재구성:** 원작을 모방하되 내용 및 구조 등을 해체, 재창조해야한다. 모방의 개념을 '창조적'으로 극복하려는데 패러디의 의의가 있다. 본 조건은 표절과 패러디를 구분하는 기준이 된다.

보건복지부의 공익광고는 매튜 베리의 소설 '피터팬'을 패러디했다. 소설 속의 피터팬은 평생 늙지 않으며, 항상 어린아이의 모습을 하고 동심을 품고 살아가는 존재다. 보건복지부는 피터팬의 캐릭터를 그대로 가져다 쓰지 않고, 창조적으로 재구성했다.

광고 속의 피터팬은 어린아이의 모습이 아니라, 백발이 성성하고 주름이 많고 자세도 구부정한 할아버지다. 자세히 살펴보면 그의 손에 담배가 들려있다. 담배를 피우면 이렇게 젊음의 상징인 피터팬조차 늙어 버린다는 것이다. 또한 화면 우측 상단을 보면 조그만한 발이 보인다. 이것은 아름답고 사랑스러운 요정 '팅커벨'인데, 피터팬이 담배를 피고 늙어버리자, 그를 버리고 떠난 것이다. 흡연을 하면 이성에게도 미움을 받거나 버림을 받을 수 있다고 경고하여, 흡연의 해악을 알리고 있다. 피터팬을 창의적으로 패러디한 이 금연 공익광고는 2003년 뉴욕 페스티발에서 은상을 수상하였다.

**그림 6-6** 보건복지부의 금연 공익광고

(3) **풍자, 비평, 유머 등을 통한 재미:** 패러디는 기존의 유명한 원작을 의도적으로 해체, 재구성하는 과정에서 풍자나 비평, 익살, 유머 등을 가미하여, 소비자의 건강한 웃음을 유도하고, 재미로 승화시켜야 한다.

이상과 같이 패러디는 원작의 공개, 원작의 창의적 해체 및 재구성, 풍자, 유머 등을 통한 재미라는 조건들을 충족할 때 좋은 패러디가 될 수 있다.

### 3) 장점

(1) **홍보효과:** 유명한 원작을 패러디했다는 사실은 화제를 불러일으키고 홍보효과를 높인다.

(2) **친근감 형성:** 일반적으로 패러디의 대상이 되는 원작들은 소비자들에게 친숙하고 긍정적이기 때문에 패러디한 광고의 제품, 브랜드 등도 쉽게 친근감을 형성할 수 있다. 거부감이나 저항감도 낮춘다.

(3) **높은 상기도:** 패러디의 대상이 되는 원작들은 이미 소비자에게 적어도 1회 이상 반복되어 기억에 저장되어 있기 때문에, 소비자들은 패러디를 통해서 반복학습하게 된다. 이 과정에서 제품 등의 기억률, 회상률을 높일 수 있다.

(4) **높은 주목도:** 패러디는 주목도가 높다. 로저 셰퍼드(Roger Shepard)는 "우리가 이미 알고 있는 것과 비슷하지 않은 사물은 틀림없이 자세히 살펴본다."라고 하면서, 소비자는 자신이 기대했던 것과 다를 때 특히 주목하게 된다고 주장했다. 패러디는 유명한 명화나 광고와 같은 소비자에게 익숙한 것을 사용하고, 이를 변형하여 뜻밖의 놀라움과 재미를 준다. 이러한 '익숙한 것 낯설게 하기' 기법은 손쉽게 소비자의 주의, 주목을 유발한다.

**그림 6-7** 리바이스 광고

리바이스는 미켈란젤로의 다비드 석상을 패러디한 광고를 집행했다. 이스라엘의 왕 다윗의 청년시절 모습이 조각된 다비드 상은, 알다시피 누드다. 그런데 광고에서는 청바지를 입고 있다. 소비자들은 자신이 알고 있는 모습과 다르기 때문에, 광고에 주목을 하게 된다. 청바지 밑에는 리바이스라고 적혀있어, 브랜드 인지도도 높이고 있다.

(5) **이미지 향상:** 기존의 원작에 대해 소비자가 갖고 있던 긍정적 감정을 전이시켜, 해당 제품, 브랜드 등의 이미지를 향상시킨다. 예를 들어, 샤넬의 코코(CoCo) 향수 광고는 프랑스의 고전주의 화가 앵그르(Jean Auguste Dominique Ingres)의 샘이라는 명화를 패러디하였다. 앵그르의 그림은 샘의 정령인 젊은 여인이 나신으로 물가에서 물항아리를 들고 있는 모습이다. 여인의 육체를 정확한 데생으로 부드럽고 아름답게 이상화된 모습으로 표현하여 앵그르의 대표작으로 손꼽히며 대중들에게도 친숙한 작품이다. 샤넬은 이 작품을 패러디해서 젊은 여인이 샤넬 코코 향수를 들고 있는 모습으로 표현하였다. 이를 통해 명화 샘의 아름다움과 여성성, 관능미 등을 제품으로 전이시키고, 코코 향수를 마치 하나의 예술작품같이 고급스러운 이미지를 갖게 만들었다.

**그림 6-8** 앵그르의 샘과 샤넬 코코 향수 광고

## 4) 단점

(1) **표절의 위험이 있음:** 원작으로부터 지나친 분량을 차용하거나 원작을 밝히지 않을 경우, 표절 논란에 휘말릴 수 있고 저작권을 침해할 수도 있다.

(2) **패러디만 기억하고 광고 메시지 등은 기억 못할 수 있음:** 원작의 이미지가 너무 강하면 패러디한 장면은 생각이 나는데, 정작 브랜드나 광고 메시지는 생각이 나지 않는 경우가 있다. 자칫하면 뱀파이어 광고가 될 수도 있다.

(3) **소비자가 원작을 모를 경우 효과가 없음:** 패러디는 얼마나 많은 소비자가 원작을 알고 있는지가 중요하다. 이는 꾸준한 광고 인지도, 상기도의 바탕이 되기 때문이다. 하지만 소비자가 원작을 모를 경우 패러디로 인한 효과가 나타나기 어렵다.

(4) **범위의 한정성:** 패러디는 가볍고, 진중하지 못한 느낌을 줘서 신뢰도나 믿음에는 크게 기여하지 못하기 때문에, 사용 범위가 제한된다. 즉 광고할 수 있는 제품이 한정되는데, 보통 고관여 제품보다는, 저관여 제품이나 감성적인 제품의 광고에 주로 활용된다.

## 5. 온정

### 1) 정의

온정(warmth)이란 '사랑, 가족애, 우정 등을 직접적으로 또는 간접적으로 경험함으로써 느끼게 되는, 따뜻하고, 긍정적이고 온화한 정서(Aaker, Stayman & Hagerty, 1986)'를 말한다. 온정소구는 따뜻한 사랑이나 인정에 호소하는 소구법이다.

### 2) 특성

온정은 사람과 사람 사이에, 사람과 자연 등의 사이에 사랑, 애정, 우정, 따뜻한 인정 등으로 표현할 때 발생한다. 감정 이입이나 공감을 유발하며, 광고의 내용에 대한 소비자의 거부감을 낮추어 주는 장점이 있다.

온정은 동양 문화권에서 효과적이며, 광고에서 많이 사용되고 있다. 특히 한국적인 정서인데, 우리나라의 경우 학연, 지연, 혈연 등 정서적 측면을 강조하는 문화를 지니고 있기 때문에 온정소구가 효과적이다.

애빌리, 맥클라클란(Abeele & Maclachlan, 1994)은 온정 소구가 개념 자체가 명확하지 않고, 다른 정서들과 개념이 중첩되게 정의되어 있다고 주장했다.

## 6. 비교

### 1) 정의

비교(comparison)는 둘 이상의 대상을 견주어 서로 간의 유사점, 차이점, 일반적인 특징 등을 제시하는 소구법이다. 일반적으로 경쟁자의 제품과 비교하거나 자사의 기존 제품과 비교하여 해당 제품의 우월성 등을 보여준다.

비교소구는 미국의 연방거래위원회가 1972년 비교광고(comparative advertising)를 허용한 이래로 특히 서구에서 활발하게 이용되고 있다. 비교광고란 '동일한 제품 또는 서비스 내의 둘 이상의 상표를 구체적으로 밝히거나 암시하면서, 하나 또는 그 이상의 제품, 서비스 속성에 대해 비교를 하는 광고(Wilke, Farris, 1975)'를 말한다.

비교광고의 사례로 렌터카 회사 허츠(Hertz)의 광고를 들겠다. 1962년 에이비스(Avis)가 "에이비스는 렌터카 시장에서 2위에 지나지 않습니다. 그런데 고객은 왜 우리를 이용해주시는 것일까요?", "더 열심히 일하기 때문입니다."라는 광고를 집행했을 때, 업계 1위이던 허츠는 별로 신경 쓰지 않았다. 그러나 에이비스의 급격한 성장으로, 1966년 허츠의 시장점유율은 60%에서 무려 45%로 뚝 떨어지고 말았다.

결국 허츠는 기존의 광고회사와 해약하고, 칼 알리(Carl Ally)라는 광고인에게 광고를 맡겨 새로운 광고를 집행했다. 에이비스에 비해 허츠가 우월하다는 내용의 비교광고들이었다. 첫 번째 광고는 헤드라인에서 "지난 수년 동안 에이비스는 허츠가 No.1이라고 말해왔습니다. 이제 왜 그런지 이유를 말씀드리겠습니다."라고 말하고, 바디카피에서 업계 1위인 이유를 설명하는 내용의 광고였다. 그 당시는 경쟁 상대를 직접적으로 거론하며, 정식으로 반박하는 비교광고는 생각할 수 없었던 때라서, 허츠의 광고를 보고 많은 사람들이 깜짝 놀랐다. 두 번째 광고는 "No.2는 그들이 열심히 하겠다고 말했습니다. 누구보다 열심히 하겠다는 것일까요?"라는 카피의 광고였다. 허츠가 훨씬 뛰어나며, 에이비스는 상대도 되지 않는 미미한 존재

**그림 6-9** 허츠 광고

로 치부하는 광고로서, 사람들은 이 광고를 보고 '역시 1위 허츠야.'라고 생각하기 시작했다. 아울러 에이비스의 광고 중에 "에이비스에는 담배꽁초가 없습니다." 광고가 상당히 효과가 좋았는데, 이는 소비자들에게 마치 허츠의 렌터카 재털이에는 담배꽁초가 있는 것처럼 인식되었다. 광고인 칼 알리는 이 광고에 맞대응하기 위해 "당신이 승용차 대여업을 하시는데, 차량도 반밖에 안 되고, 대여할 장소도 반밖에 안 되고, 종업원도 훨씬 부족하다면, 당신은 어떻게 광고하시겠습니까? 그렇습니다. 재떨이가 더 깨끗하다고 하실 겁니다."라는 카피의 광고를 집행했다. 정면으로 공격한 것이다. 허츠의 사례에서와 같이 경쟁자와 견주어 우월성, 특징 등을 보여주는 광고를 비교광고라고 한다(이화자, 2009).

### 2) 비교광고의 종류

(1) **직접적 비교광고:** 동일한 제품 또는 서비스의 범주 내에서 경쟁사를 직접 거명하여 품질, 효능 등을 비교, 자사 제품을 상대적으로 우위에 놓은 광고를 일컫는다.

(2) **간접적 비교광고:** 간접적 비교광고는 비교하는 제품 또는 서비스의 브랜드 명을 직접 밝히지 않고 그 속성의 우열을 비교하는 광고다.

(3) **포괄적 비교광고:** 비슷한 사용 목적 등을 가지나, 제품 카테고리(product category. 제품범주)가 다른 경우의 비교를 말한다.

### 3) 장점

(1) **소비자 측면:** 제품에 대한 정보를 보다 많이 제공해 소비자의 의사 결정을 돕는다는 장점이 있다. 비교 소구는 자사 제품의 속성을 경쟁자 제품의 속성과 개별적으로 비교해야하기 때문에 상당히 정보적이며, 이는 소비자의 구매의사 결정을 용이하게 해 줄 수 있다. 이것이 1972년 미국 연방거래위원회가 비교광고를 허용한 이유이기도 하다.

사례로 롯데칠성의 칠성사이다 광고를 들겠다. 롯데칠성은 음료매출액이 갈수록 감소하고, 경쟁사인 코카콜라가 두산음료 등 국내 보틀링 3개 사를 인수, 합병하면서 국내 음료시장을 장악해가자, 공격적인 비교광고를 집행하였다. 광고에서 "콜라를 마실 것인가? 사이다를 마실 것인가?"라는 헤드라인 밑에 'No-caffeine', 'No-color', 'No-royalty'라는 사이다의 속성을 제시하였다. 경쟁제품인 코카콜라

**그림 6-10** 칠성사이다 광고

와 각각의 속성을 비교하면서, 사이다는 콜라와 달리 카페인이 없고, 색소도 안 들었고, 로열티 유출도 전혀 없는 토종 국산 브랜드라는 정보를 소비자에게 제공한다. 즉 콜라와 비교하여 사이다의 장점인 '無 카페인, 無 색소, 無 로열티'라는 '3無 음료' 정보를 전달하고, 맑고 깨끗한 이미지를 내세워서, 소비자의 구매의사결정을 돕고 있다.

(2) **시장 경제 측면:** 비교 소구는 경쟁을 통해서 제품의 품질 및 서비스의 향상이 이루어지게 만든다. 자사 제품이 경쟁사의 제품보다 뛰어나다고 말하려면 실제로도 그래야하기 때문에 제품 개발이나 품질 개선에 박차를 가하게 되는 것이다. 그리고 선두 브랜드의 독점, 과점을 제한하는 장점이 있다.

(3) **기업 측면:** 비교소구는 기업 측면에서 여러 가지 장점이 있는데 첫째, 비교라는 형식을 통해서, 소비자의 주의를 끌고, 인지도와 기억률을 높인다. 즉 비교는 공격적으로도 보이기 때문에 사람들의 이목을 잘 끌고, 그 과정에서 기억률 등을 높일 수 있다. 둘째, 신제품의 경우 시장 진입을 용이하게 해주며, 후발 브랜드가 효과적으로 위치를 구축할 수 있도록 돕는다. 후발 브랜드가 선발 브랜

드와 비교를 하게 되면 소비자들은 그 두 브랜드가 서로 유사한 포지션에 있다고 간주하게 된다. 따라서 신규 브랜드는 비교광고를 통해 자신의 포지션을 유리하게 구축할 수 있다. 또한 선두 브랜드의 제품과 자사제품을 비교하면서 사회적 논쟁을 불러일으키는 것만으로도 인지도 확보 등 후발 브랜드로서는 상당히 성공적이라고 할 수 있다. 셋째, 제품의 특징, 장점을 직접적이고 구체적으로 제시하기 때문에 차별화에 도움을 준다. 넷째, 단기간에 판매율이나 시장점유율(MS: market share) 등을 높인다.

### 4) 단점

(1) **소비자 측면:** 비교소구는 소비자에게 불필요한 정보를 과잉 제공해서 혼란을 야기한다. 그리고 별로 중요하지 않은 속성들을 비교함으로써 소비자의 혼동을 유발하는 경우도 있다.

(2) **시장 경제 측면:** 자칫하면 비교를 넘어 비난광고, 비방광고가 되기 쉽다. 상호 비난과 비방으로 건전한 경쟁을 저해한다. 비신뢰적인 비방광고, 반박광고와 같은 비효율적인 광고를 양산함으로써, 소비자의 광고에 대한 신뢰도를 떨어트린다.

(3) **기업 측면:** 부메랑 효과(boomerang effect)를 발생시킨다. 부메랑 효과는 특정 계획 또는 행위가 원래 의도한 목적을 벗어나서, 계획 입안자나 행위자 측에게 불리한 결과를 미치는 것을 말한다. 비교소구는 오히려 경쟁사의 특징, 장점을 부각시켜 인지도, 시장점유율, 판매율을 높여주기도 한다. 경쟁 브랜드가 우리 광고에 드러나는 것이기 때문에 무료로 경쟁자를 광고해주는 위험을 초래할 수도 있다. 또한 분쟁에 휘말릴 경우 신뢰도와 이미지 등이 하락한다.

## 7. 증언

### 1) 정의

증언(testimonial)은 광고에 등장한 모델이 자신의 제품 사용 경험 등을 이야기하는 소구법이다. 즉 제품을 실제로 써 본 사람이 등장하여, 해당 제품을 써보니까 좋다는 식으로 경험을 직접 이야기한다. 구전(WOM: word of mouth) 효과형이라고도 부른다.

### 2) 특성

일반 소비자나 신뢰할 만한 전문가, 유명인 모델 등이 자신의 직접적인 경험을 전달하기 때문에, 주의를 쉽게 끌 수 있다.

또한 신뢰감 유발에 효과적이다. 소비자들은 당사자인 광고주가 직접 말하는 것보다는, 제품을 직접 사용해본 친구나 이웃 등의 구전(word of mouth)에 더 귀를 기울이며 신뢰감을 나타낸다. 다시 말해 증언기법은 당사자의 말보다 다른 사람의 입을 통해 듣게 되는 말을 더 신뢰하는 인간의 습성을 이용한 소구법이기 때문에, 설득력이 강하다.

## 8. 생활의 단면

### 1) 정의

일상의 단면이라고도 한다. 생활의 단면(slice of life)은 소비자의 일상생활의 한 장면을 그대로 묘사하는 소구 유형이다. 소비자의 실제 생활의 어느 한 부분을 뚝 잘라낸 듯한 장면을 광고 내용으로 활용한다.

### 2) 특성

본 소구법은 광고에서 보통 사람들의 사는 모습을 자연스럽고 담담하게 보여준다. 이를 통해서 친근감을 유발하고, 공감을 유도한다. '유사성의 원칙'에 따르면 사람들은 자신과 비슷한 사람에게 친근감이나 호감을 갖는 특성이 있다. 생활의 단면 기법은 이런 유사성(similarity)을 통한 친근감을 유발한다.

특정 제품이 생활의 문제점들을 해소시켜 주는(problem solution) 상황을 제시하기도 한다. 즉 소비자들이 일상생활 속에서 직면할 수 있는 문제점들을 제시한 다음, 광고하는 제품이 이를 해결하는 장면을 보여준다.

생활의 단면 소구법을 이용할 때는 거창하거나 과장된 표현은 지양한다. 소비자에게 실제로 와 닿는 일상적이고 진솔한 내용을 소재로 삼아서 공감을 유도해야 한다.

## 9. 실연

### 1) 정의

실연(demonstration, 시연, 시범, 실증, 입증)은 제품의 성능이나 효과, 혜택 등을 실제로 광고에서 직접 보여주는 방법이다. 광고 안에서 실제로 성능을 증명한다.

### 2) 특성

제품의 효과, 성능을 직접 보여주기 때문에, 백문이 불여일견(百聞不如一見)이라고 소비자의 신뢰성, 믿음을 제고하는 장점이 있다.

좋은 실연의 기준으로, 행크 세이든(Hank Seiden)은 다음의 6가지 요소를 제시하였다.

(1) 재미있고, 흥미롭고, 극적인 요소가 있어야 한다.

(2) 광고 창작자가 주장하려는 주제와 일치해야 한다.

(3) 결과적으로 주장을 증명해야 한다.

(4) 이해하기 쉬워야 한다.

(5) 경쟁 제품보다 먼저 실연되어야 한다,

(6) 실연을 소비자가 믿을 수 있어야 한다.

실연기법을 이용한 대표적인 사례로 볼보(Volvo) 광고를 들 수 있다. 볼보하면 '안전'이 떠오르는데, 이는 수 십 년간 일관되게 안전, 탄탄함을 컨셉트로 광고를 해왔기 때문이다. 그 중에서도 1970년대의 '세븐 업(seven up test)' 광고가 유명하다. 이 광고는 직접 볼보 자동차 7대를 마치 탑처럼 쭉 쌓은 것을 보여주었다.

그림 6-11 볼보 세븐업 테스트 광고

무거운 차들을 쌓았으나 가장 아래에 있는 자동차조차 찌그러짐 없이 원형 그대로를 유지했다. 볼보 관계자는 "1970년대 초반에 제작된 이 광고는 소비자들에게 볼보는 강한 차, 튼튼한 차라는 인식을 심어줬다.", "볼보의 탄탄한 차체를 설명하는 유명한 광고로, 볼보 광고 중 가장 널리 알려졌다."고 설명하기도 했다(정초원, 2012.05.07). 정리하면 볼보의 세븐 업 광고는 데몬스트레이션 기법을 통해 볼보 자동차의 튼튼함을 보여줌으로써, 안전이라는 이미지를 구축하는데 기여했다.

## 10. 의인화

### 1) 정의

의인화(personification)는 무생물, 추상적 개념 등에 인간적인 성질이나 특성을 부여하는 소구 유형이다. 다시 말해 무생물, 동물, 식물, 추상적 개념 등을 마치 '사람'인 것처럼 비유하는 것이다.

### 2) 특성

사람인 것처럼 묘사하기 때문에 소비자의 거부 반응 정도(resistance level)를 줄이고, 친근감을 유발할 수 있다. 즉 의인화를 하면 제품, 서비스 등에 대한 거부감, 저항을 감소시키고, 소비자에게 보다 친근하게 다가가게 할 수 있다. 그 과정에서 혜택 등도 잘 전달할 수 있다.

추상적이고 어려운 개념을 쉽게 설명 및 전달할 수 있다는 장점이 있다.

## 11. 여러 소구의 결합

여러 소구의 결합(combine)은 필요에 따라 둘 또는 그 이상의 다양한 소구 방법들을 복합적으로 사용하는 소구법이다. 특정 광고에 반드시 한 가지 소구 방법만 활용되는 것은 아니고, 때에 따라 여러 개의 소구법을 이용하기도 한다.

하지만 다양한 소구법을 결합하여 사용할 경우, 소비자의 인지적 처리 과정이 방해를 받을 수 있기 때문에 광고효과가 낮을 수도 있다.

상기에서 살펴본 소구법 이외에도 암시나 상징(symbol), 키치 및 엽기, 티저(teaser), 잠재의식, 대화(dialogue), 환상(fantasy), 문제 해결(problem solution), 비네트(vignette), 해설(narration), 음악(CM song), 쇼 및 뮤지컬, 시즐(sizzle), 만화 등 다양한 소구 방식이 있다.

## III. 현대 크리에이티브 소구로서 부조리와 모호성

### 1. 부조리광고

#### 1) 부조리광고 배경

**(1) 예술에서의 부조리 운동**

부조리(absurdity) 개념이 본격적으로 공인된 하나의 장르로 인식된 것은 예술에서의 부조리 운동, 즉 다다이즘에서부터이다. 다다이즘이란 1916년, 예술은 이성적 통제로부터 자유로워야 한다는 기치 아래 '다다(Dada)'의 이름으로 예술가들이 모여 주창한 것이다. 이후 1921년 무렵 초현실주의(surrealism)에 초점을 두어 꿈 이미지, 상상세계, 물리적 왜곡 등과 결부된 작품들이 등장하였다. 이러한 부조리 개념이 문학에 적용된 것이 부조리극(theater of the absurd)이다. 사무엘 베케트의 고도를 기다리며, 유진 이오네스코의 하녀들, 수업 등이 대표작이다.

**(2) 현대적 부조리 개념과 영향**

1900년대 말부터 부조리 개념의 영향력은 영화, 광고 등으로 확장되고 있다. 광고에서의 부조리 속성을 내세운 것이 바로 부조리 광고(absurdity advertising)이다. 부조리광고 사례들은 1995년 애드버타이징 에이지(advertising age) 봄호에서 처음으로 다루어졌다. 학제적으로는 주로 시각적 요소에 초점을 두어 연구가 시작되었다(예를 들어, Al-Marwai, Jayashree, 2010; Arias-Bolzmann, 2000). 현대에 들

그림 6-12 B급문화에 관한 언론 보도(*출처: 서울경제TV, SEN 2014.10.25)

이 B급 광고 성격으로 보편화되고 있다. B급광고는 맥락없고 형편없고 어이없다는 뜻이다(SBS 스타뉴스, http://star.mt.co.kr).

## 2) 부조리광고의 정의

부조리광고(absurd advertising)란 독자나 소비자들이 보기에 이상하고 비이성적이고, 비논리적이며, 무질서한 시각적 요소나 단어, 소리 등이 부조화스럽게 배치된 광고를 말한다. 부조리광고는 시청자들이 보기에 이상하고 비이성적이고, 비논리적이며, 무질서한 사진 이미지나 단어, 소리 등이 부조화스럽게 배치된 광고 등이 포함된다. 현대에 들어 부조리광고는 인터넷상에서나 실제 생활에서는 'B급광고', '병맛광고' 등으로 표현되기도 한다(위키트리, 2015.07.07)

부조리광고는 주로 전통적인 광고 크리에이티브 관습에 배반되는 성격을 갖는다. 예를 들어, 설득 목적을 위해서는 언어적 기호 등을 통해 메시지의 의미를 분명하게 하여야 하는데, 오히려 의미를 의도적으로 불분명하게 하는 모호성 광고가 그렇다(Stern, 1992).

그림 6-13 낙타 캐릭터가 담배를 피우는 카멜 제품광고. 초기에는 의인화된 캐릭터를 부조리 유형으로 분류하였다.

### 3) 부조리광고의 유형

#### (1) 전통적인 유형

초기에는 의인화된 캐릭터 광고가 주로 언급되었다. 에너자이저 백만돌이, 코카콜라 곰, 카멜 담배, 캘리포니아 건포도 등이 있다.

부조리에 관한 선행 연구에서는 부조리광고 유형을 크게 네 가지로 제안하였다(Al-Marwai, Jayashree, 2010).

① 초현실주의 (surrealism)

② 의인화 (anthropomorphism)

③ 풍자 (allegory)

④ 과장 (hyperbole)

이는 독자적인 유형이라기보다 전통적이며 전형적인 수사법에 해당한다. 반면 현대적인 광고에 자주 등장하는 비이성적이고 비논리적인 측면 등을 설명하기에 한계가 있다. 따라서 최근 비정형적이고 왜곡된 여러 현상을 설명하기 위해 보다 세분화된 유형이 추가될 필요가 있다.

#### (2) 현대적 관점에서의 세부 유형

① 의미의 불분명: 추상적인 이미지, 모호함 예) 옥동자 메가톤바 등(서우 편, 한국), 원캐싱(테즈카마이 편, 한국), 갸스비(학생작품, 일본)

② 비논리, 극과장, 반전: 상식적으로 이해되지 않는 내용, 터무니없음. 예) Old spice(미국), 옥메와까(일본)

③ 무질서한 표현: 그림 순서의 어긋남, 누락, 부자연스러움, 비대칭. 예) 편강탕 광고(편강한의원, 한국), 롯데 돼지바(빨간봉다리깠어! 열광의 맛, 한국)

④ 엽기, 혐오, 폭력적. 예) 핫딜가격비교 쿠차(한국), Panda cheese(아랍), 구미베어(미국)

⑤ 저질, 선정적, 유치함. 예) 빙그레 참붕어싸만코(한국), 이니스프리('국주 맘대로, 마이쿠션!', 한국), Wonder core(일본), Pop rocks(미국), Das beer boot(미국)

⑥ 노골적인 패러디. 예) 옵티머스 블랙(한국, 신라면 블랙 패러디), 초코하임(한국, 하우젠 광고를 패러디), 팔도 왕뚜껑(베가 아이언 패러디)

**그림 6-14** 한 일본 우유광고의 병맛광고 이미지(출처: 유튜브)

⑦ 유머, 이상한 이미지. 예) 크리넥스 '마이비데', 초록매실(조성모, 유병재, 홍석천 편, 한국), LG 유플러스(김수원 가족친구할인편, 한국) 등

먼저 평강탕 광고(2014)를 보자. '코에서 아주 나이아가라 폭포가 쏟아지는구나!'라는 속어 카피와 순정 만화와 캐릭터, 직설적인 이야기 전개 등으로 기존 광고와 차별화를 꾀했다. '한약 광고' 하면 품질과 효능을 일방적으로 나열하는 전통방식을 생각하면 순정만화 그림부터가 참신하다. 실제로 매출액도 약 2.5배 증가하였다고 한다. 빙그레 참붕어싸만코는 '맛의 지구정복'이라는 다소 진부한 캠페인 슬로건에다, 스타워즈 이미지와 촌스러운 광고모델을 혼합하여 등장시키는 등 키치적 영상으로 시선을 끌었다(2013). 크리넥스 '마이비데'라는 비데화장지는 애완견을 이용하여 비데 후 비데용 휴지를 사용하라는 메시지를 전달한다. 이 역시 정색하여 소비자를 가르치려 들지 않고 조성모의 노래와 애완견 연기, 유머소구 카피 등으로 유쾌한 이미지를 전달한다. 물론 이들 광고가 단순히 파격적인 크리에이티브에 의존한 '이슈 만들기'만으로 성공한 것은 아니다. 제품이 처해진 브랜드 과제를 읽고 소비자를 움직이는 해결방안을 제시한다. 치열한 시장에서 '치열하지 않으면서도 정확한' 방법을 찾았다. 이처럼 B급 광고 크리에이티브에서도 커뮤니케이션 전략은 놓치지 말아야 한다.

## 4) 부조리광고 효과 이론

### (1) 폰 레스토프 효과

① 개념적 정의

기존 연구에서 부조리가 비부조리 광고보다 더 눈을 끄는 것으로 나타났다. 또한 시각적 이미지가 진기하거나 예상치 못한 자극일 경우 더 광범위하게 처리된다. 자극의 현저성이 주는 긍정적 측면을 폰 레스토프(von restorff) 효과라 한다(Karis, et al.,1984). 폰 레스토프 주장하는 이 효과는 독특하거나 차별화된 대상을 더 잘 회상하는 현상을 말한다.

예컨대 PLZQ7XME일 경우 사람들은 7을 가장 잘 기억할 수 있을 것이다. 다른 단어에 비해 7은 숫자이기 때문이다. 브랜드 패키지나 광고를 만들 때 주변 상황이나 이전 경험에 비해 차이가 나도록 제시할 필요가 있다. 매장 안 이미지를 기존 경험과 차별되록 연출하여 눈에 띄게 만들거나, 전형적이지 않은 단어를 사용하여 네이밍(naming)할 경우 보편적인 경우에 비해 상대적으로 기억하기 쉽다.

② 세부 내용: 인지 스키마와의 불일치

부조리광고는 일종의 '양날의 칼'이다. 부조리적이고 비논리적인 내용을 보면 사람들은 기존에 갖고 있던 자신의 스키마(schema), 즉 인지구조와 불일치를 경험하게 되는데, 이러한 불일치는 부정적인 효과를 가져오기도 하고 긍정적인 효과를 가져오기도 한다(Mai, & Hutter, 2014). 부정적인 효과 측면은 일반적으로 이해가 어렵거나 불쾌한 감정이 유발되는 것 등을 말한다. 긍정적인 측면은 사람들의 주의를 끄는 측면을 말한다.

### (2) 인지정교화의 평가의 일관성 이론

① 개념의 정의

인지 정교화의 평가적 일관성(evaluative consistency) 원칙이란 개인의 인지적 평가의 방향성(direnctionality)에 관한 이론으로, 소비자의 태도 대상에 대한 사전 평가는 정보처리과정에서의 평가 방향성에 중요한 영향을 미친다고 본다.

② 세부 내용과 적용

제품유형에 대한 태도는 부조리 광고의 설득효과를 조절하는 역할을 할 수 있다. 제품유형에 대해 긍정적으로 평가하던 사람은 부조리광고에 더 긍정적으로 반응하는 반면, 기존에 제품유형에 대해 부정적이었던 소비자는 부메랑효과로 낮은 설득효과를 가져온다. 이는 인지정교화의 평가의 일관성 이론과 관련되어 있다.

예를 들어 제품유형에 대해 부정적으로 평가하는 경우는 인지적 반응에도 부정적인 반응을 더 많이 야기할 것이고, 광고 태도와 브랜드 태도에도 부정적인 영향을 미칠 것이다. 즉 소비자가 기존에 호의적인 태도를 가졌던 제품유형인 경우에는 부조리 광고에 대한 노출이 보다 긍정적인 설득효과를 가져오며, 반면 제품유형에 대한 태도가 부정적인 경우는 상대적으로 설득효과가 낮을 것이다.

### (3) 주의분산가설

① 개념적 정의

주의분산가설은 반응양식 관련하여, 부정적인 정서에서 벗어나기 위해 즐겁거나 중립적인 자극들에 자신의 주의를 기울이는 것과 관련이 있다.

즉 기존에 부정적으로 편향된 메시지라도 만약 메시지 제시 중 마음을 분산시키면 반박 논증이 줄어든다(Maccoby, 1964). 주의분산가설(distraction hypothesis)에 따를 때 부정적 인지적 반응을 감소시키는 효과가 있다(Petty, Wells, & Brock, 1976).

② 세부 내용

예를 들어, 기존에 긍정적으로 편향된 사람에게는 주의분산으로 인해 지지주장(argument)이 줄어드는 반면, 부정적으로 편향된 사람에게는 반대주장(counter argument)이 줄어들 것이다. 이를 요약하면 다음과 같다.

(1) 긍정적 태도 → (분산이 되어서) 지지주장을 적게 생성 → 효과 작음

(2) 부정적 태도 → (분산이 되어서) 반대주장을 적게 생성 → 효과 큼

### (4) 놀라움 효과(surprise effect)

놀라움 효과란 부조리적인 자극은 놀라움을 주는 것을 말한다. 즉 예상치 못한 자극과 활동(광고)들은 소비자를 놀라게 하여 광고 메시지에 주의를 기울이게 한다.

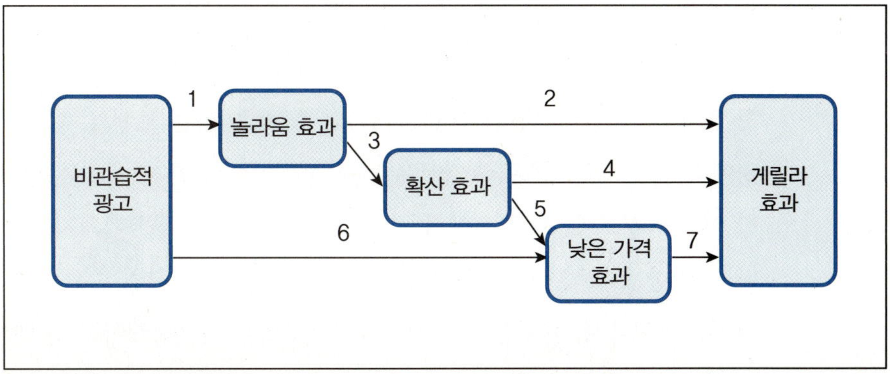


그림 6-15 게릴라 효과과정 개념도

관련이론으로는 달렌 등(Dahlen et al., 2005)과 루멜하트(Rumelhart, 1984)의 부조리 자극에 관한 연구를 들 수 있다.

#### (5) 확산효과 (diffusion effect)

① 개념적 정의

확산효과란 소비자들이 강한 감정을 경험할 경우 자신들의 감정적 경험을 다른 사람들과 공유하려 하는 동기를 갖게 된다. 이처럼 갑작스러운 경험이 공유되면서 긍정적인 감정적 반응이 생겨나는 경향을 게릴라 효과라 한다(그림 6-15 참조).

② 세부내용

예컨대, 친구들이 직접 생산한 메시지는 더 신뢰하게 되어 구전을 높일 수 있다. 가격 측면에서, 저가격이 주는 놀라움도 구전 과정에 긍정적인 영향을 준다.

비관습적 효과 과정 개념도. 비관습적 광고는 놀라움을 주고, 이는 확산과정을 거치거나 그 자체로 긍정적인 감정반응 효과(게릴라 효과)를 가져온다. 한편 비관습적 광고 효과는 저가격 요인에 의해 매개되기도 하는데, 이는 일반적으로 비관습적 광고가 저가 또는 저관여 제품에 자주 활용될 수 있음을 반증한다(Hutter, Hoffmann, 2011).

## 2. 모호성 광고: 모호성의 전략적 사용

### 1) 탄생 배경

전통적으로 광고 메시지에 관한 연구에서는 메시지의 설득성, 정보성 측면을 중시해왔다. 이러한 관점에서 비주얼보다는 카피의 역할을 핵심적으로 보았다. 반면 모호한 메시지가 주의를 끄는 잠재적인 힘을 가진 것으로 언급하기도 한다. 최근 들어 설득적 효과를 위해 전략적으로 모호성(ambiguity)을 사용하는 경향이 증대하고 있다. 예를 들어, 버버리(Burberry)의 'Icons'이라는 브랜드 광고에는 모노톤 배경에 정면을 도전적으로 쳐다보는 남녀 모델이 등장한다. 광고의 상황을 판단할만한 어떤 단서도 없이 광고 해석을 독자들에게 맡김으로써 메시지를 모호하게 만든다. 이러한 모호성은 비주얼 메시지로 가득한 현대 광고의 주요 특징의 하나이다. 이러한 맥락에서, 현대광고 연구에서는 모호성을 커뮤니케이션 전략에서 의도적으로 사용하는 것으로 파악한다.

### 2) 정의와 유형

#### (1) 모호성, 모호성 전략의 정의

모호성이란 동일한 광고 메시지에 대해 다수의 해석 가능성이 있는 것을 말한다. 모호성 전략이란 설득 효과를 위해 의도적으로 불명확하게 메시지를 처리하는 것을 말한다. 이때 모호성은 커뮤니케이션 효과를 높이기 위해 전략적 차원에서 사용된다(strategic use of ambiguity).

- 크리에이티브 실무에서 정보를 의도적으로 생략하거나 이미지를 통해 광고의 주장을 모호하게 처리하는 것이다. 이러한 관점에서 크리에이티브 전략의 일종이다.

#### (2) 유형

① 모호한 텍스트(texts)

무심하고 까다로운 독자들을 끌어들이기 위해 의도적으로 구성된 것으로 보며, 커뮤니케이션의 전략적 자원의 하나로 간주된다.

예1) 앱솔루트 보드카의 경우 중의적 해석이 일어나도록 비주얼 단서를 사용함으로써 다양한 광고 타깃에게 다양한 광고 의미를 전달하는 브랜드로 묘사

예2) 패션이나 주류 제품 광고에서 비주얼 위주의 커뮤니케이션

② 의도적 생략 또는 삭제

특정 상황에서 놀라움을 주거나 시선을 끌기에는 명확한 메시지보다 모호한 메시

그림 6-16 루이비통(인쇄, TV)광고의 한 장면. 남녀 모델이 등장하여 한쪽을 응시하거나 의미를 알 수 없는 이미지가 오버랩 된다(*출처:tvcf.co.kr).

지가 더 적합할 수 있다. 이미지의 일부를 숨기거나 의미를 명확히 알 수 없는 형태로 제시하거나, 의미를 불분명하게 함으로써 마치 해결되지 않는 문제나 수수께끼 같이 즐거움을 준다.

예) 광고 사진 내에서 상품과 관련한 중요한 사물의 일부가 삭제된 경우

③ 불충분한 정보 제시

고의적으로 불충분한 정보를 제공하는 경우를 말한다.

예) 정치캠페인에서 후보자들은 캠페인 효과를 높이기 위해 정보적 광고를 통해 정보를 제공할지 아니면 정치적 입장에 관한 정보를 보류할지 전략적인 결정을 시도한다.

④ 제한적인 카피 양

광고 카피가 의도적으로 생략됨으로써 소비자들의 주의를 끌거나 광고를 해석하는 즐거움을 주는 경우가 이에 해당한다.

### (3) 관련이론

① 인지심리학 관점

사람들이 명확할 것으로 기대한 것과 상반되는 자극을 만나게 되면 인지적 불일치가 생겨나고 더 많은 주의와 관여를 갖게 된다. 모호성은 정보처리와 정교화를 촉진하는 필수 조건으로 기능한다. 소비자들은 모호할 경우 인지적으로 자극을 받게 되어 생략된 것이 무엇인지 찾으려고 하는 경향이 있다.

② 광고크리에이티비티 이론 관점

광고 크리에이티비티의 평가기준으로는 독창성(또는 놀라움, 일탈), 문제해결력(또는 타당성, 적절성), 그리고 정교화와 통합(elaboration and synthesis, 또는 기교, 실행적 완성도) 등이 있다. 모호성은 놀라움을 준다는 점에서 독창성과도 관련이 있지만, 문제해결력과 정교화와 통합 측면과도 관련이 많다.

- 문제해결과 부정적인 관련: 광고 메시지를 이해하기 어렵게 만듦으로써 문제 해결에 부정적으로 작용할 수 있다.
- 정교화와 통합 측면과 긍정적으로 관련: 광고 주장에 대한 소비자의 시선을 사로잡게 만들거나 메시지를 더욱 놀랍고 매력적으로 만든다(White & Smith 2001).

### (4) 실행

① 전략적 방향

A. 커뮤니케이션의 스타일이자 실행 단서를 이용하는 전략으로서, 크리에이티브 효과를 높이기 위해 고려되어야 한다.

B. 광고에 대해 주의를 기울이도록 메시지 전달방식을 '언어적 측면'과 '비언어적 측면' 중에서 선택할 필요가 있다. 텍스트(언어)와 비주얼(비언어적)은 광고 크리에이티브의 두 핵심 요소이다. 언어와 비주얼, 이 두 요소의 조합으로 만들어내는 표현 특성에 따라 광고 크리에이티비티가 다르게 평가된다. 텍스트의 양이 길수록 광고는 정보적이며 메시지의 모호성은 줄어들 가능성이 높으며, 반면 광고에 나타난 시각적 메시지가 증대될수록 모호성은 증대된다.

예)언어(문자, 구어)를 이용할지, 비언어(그림, 음악)를 이용할지의 메시지 전달 방식

C. 비주얼의 구체성 등을 고려하여야 한다.

D. 제품 타입과 관련되어 결정되어야 한다.

예) 패션이나 화장품 광고 등 놀라움과 기대를 통해 긍정적 감정을 유도하는 제품 광고에 자주 등장

E. 문화적 차이에 따라 실행전략이 달라질 수 있다.

광고 메시지가 구체적인 정보를 포함할수록 메시지 명확도(clarity)가 높아지며, 이는 문화적 차이에 따라 달라질 수 있음을 주장한다. 예를 들어 불확실 회피성향이 높은 문화에서는 보다 세부적이고, 사실적이며, 수량화할 수 있는 정보를 선호한다고 본다. 불확실 회피성향이란 불확실하게 인식되는 내용에 대한 참을성의 정도를 말한다.

② 세부 차원

모호성 구성항목의 두 가지 차원은 감성모호와 생략모호로 구분할 수 있다(김운한, 강미선, 2014). 하나는 감성과 관련한 모호성, 즉 감성모호 항목이며, 다른 하나는 생략과 부재와 관련한 모호성, 즉 생략모호 항목이다.

감성모호와 관련한 항목으로는 느낌 전달 및 소프트 이미지를 강조하는 항목, 정서 자극과 관련한 모노톤 또는 흑백 색상, 은유와 상징 등이 있다. 반면 생략모호와 관련한 항목으로는 언어 축약, 제품을 제시하지 않음, 명확한 결론의 부재, 비주

**표 6-1** 모호성 단서(구성 항목)

| 항목구분 | | 세부내용 | 이론적 배경 |
|---|---|---|---|
| 감성 모호 | 감정과 이미지 | • 이 광고는 정확성보다 감정 소구를 강조하며 소프트 이미지를 사용하는가? | Lin (2001) |
| | 상업적 언어 없음 | • 소프트 이미지를 전달하면서 상업적 언어를 사용하지 않았는가? | Zaharna(1995) |
| | 컬러의 부족 | • 광고 주장과 관련한 내용이 모노톤이나 흑백으로 표현되었는가? | Hudson(1990), Warlaumont(1995) |
| | 모호한 상징 | • 모호한 상징을 사용하고 있는가? | Schroeder & Zwick (2004) |
| 생략 모호 | 언어 축약 | • 광고 언어의 생략 혹은 변형을 포함하고 있는가? | Mintu-Wimsatt & Gassenheimer(2000) |
| | 제품 없음 | • 광고 제품을 제시하지 않았는가? | Williamson(1978) |
| | 결론 없음 | • 명확한 결론이 없는가? | Schroeder & Zwick (2004) |
| | 비주얼 생략 | • 이미지나 핵심 사물의 일부가 감추어져(cropping) 있는가? | Peracchio & Meyers-Levy(1994) |

얼의 생략 등이 있다. 이를 도표로 정리하면 표 6-1과 같다.

김운한과 강미선(2014)은 국제광고제 중 칸(cannes) 수상작과 국내 일반 TV 광고를 대상으로 모호성 사용 사례를 내용분석하였다. 분석 결과는 다음과 같다. 첫째, 2013년 칸 수상작 광고의 93.7%가 모호성 단서를 1개 이상 포함하고 있었으며, 해당년도 한국의 TV광고는 60.2%가 모호성 단서를 1개 이상 포함하고 있었다. 칸 수상작의 모호성 단서는 광고 한 편당 평균 2.14개였으며 한국의 TV광고는 평균 .81개였다. 세부 항목별 빈도수로는 칸과 한국 TV광고 모두 '감정과 이미지' 항목이 가장 많았으며 두 번째로는 '모호한 상징'이 많았다. 그 다음으로 많은 항목은 칸의 경우는 '결론 없음'과 '상업적 언어 없음' 순이었으나, 한국 TV광고의 경우는 '컬러의 부족', '결론 없음' 순이었다. 둘째, 칸 수상작의 모호성은 한국의 일반 TV광고에 비해 통계적으로 유의미한 정도로 많았다. 셋째, 광고 모호성은 제품 범주별로 달랐으며, 칸 수상작과 한국 TV광고별로 차이가 있었다. 칸 수상작의 경우 모호성이 높은 품목은 의류 · 신발, 건강 · 미용 순이었으며 모호성이 가장 낮은 품목은 자동차, 전자 · 기계 순인 반면, 한국 TV광고의 경우 모호성이 높은 품목은 자동차, 의류 신발 순이었으며, 모호성이 가장 낮은 품목은 가정용품, 주류 순이었다. 넷째, 칸 수상작의 모호성은 지역에 따라 유의미한 차이를 나타냈다. 구체적으로 아시아는 북미보다 모호성이 평균 1.086만큼 높았으며 아프리카보다는 평균 1.244만큼 높았다. 모호성이 높은 지역은 아시아(2.71), 유럽(2.17) 순이었으며, 모호성이 낮은 지역은 아프리카(1.47), 북미(1.63) 순이었다.

### <참고문헌>


강두필 (2004). 대한민국을 대표하는 10인의 CF감독. 서울: 살림출판사.

강승구, 김병희 (2011). 현대광고와 성공 카피전략. 서울: 한국방송통신대학교.

김병희 (2007). 광고 카피 창작론. 파주: 나남출판.

김운한, 강미선 (2014). 광고 크리에이티비티에서의 전략적 모호성에 관한 탐색적 연구: 칸느 광고제 수상작과 한국 TV 광고 비교. 커뮤니케이션학 연구, 22(2), 123-144.

김의경 (2011.02.09). 20세기 디자인 아이콘: 광고 – 키치너 포스터. 〈http://navercast.naver.com/contents.nhn?rid=101&contents_id=4676〉.

김정현 (2015). 설득커뮤니케이션의 이해와 활용. 서울: 커뮤니케이션북스.

이두희 (2009). 광고론–통합적 관리. 서울: 박영사.

이화자 (2009). 크리에이티브 내비게이터: 광고제작의 이론과 실제. 서울: 한경사.

정경원 (2014.04.26). 오리지널보다 더 유명해진 짝퉁. 조선일보.

정초원 (2012.05.07). 자동차 광고의 세계: '군말 없이 안전' 볼보. CNB저널, 273호.

한광석, 백승록 (2012). 광고론. 서울: 글로벌.

Aaker, D. A., Stayman, D. M., & Hagerty, M. R. (1986). Warmth in advertising: Measurement, impact, and sequence effects. Journal of Consumer Research, 12(4), 365-381.

Abeele, P. V., & MacLachlan, D. L. (1994). Process tracing of emotional responses to TV ads: Revisiting the warmth monitor. Journal of Consumer Research, 20(4), 586-600.

Al-Marwai, S. A., & Jayashree, S. (2010). Strategic advantages of creative advertising modes-a Saudi Arabian perception. J. Journal of Applied Sciences, 10(4), 349-353.

Arias-Bolzmann, L., Chakraborty, G., & Mowen, J. C. (2000). Effects of absurdity in advertising: The moderating role of product category attitude and the mediating role of cognitive responses. Journal of Advertising, 29(1), 35-49.

Dahlén, M., Lange, F., Sjödin, H., & Törn, F. (2005). Effects of ad-brand incongruence. Journal of Current Issues & Research in Advertising, 27(2), 1-12.

Dillard, J. P., Plotnick, C. A., Godbold, L. C., Freimuth, V. S., & Edgar, T. (1996). The multiple affective outcomes of AIDS PSAs: Fear appeals do more than scare people. Communication Research, 23(1), 44-72.

Duncan, C. P., Nelson, J. E., & Frontczak, N. T. (1984). The effects of humor on advertising comprehension. Advances in Consumer Research, 11, 432-437.

Duncan, C. P., Nelson, J. E (1985). Effects of humor in a radio advertising experiment. Journal of Advertising, 14(2), 33-40.

Hutter, K., & Hoffmann, S. (2011). Guerrilla marketing: The nature of the concept and propositions for further research. Asian Journal of Marketing, 5(2), 39-54.

Janis, I. (1967). Effects of fear arousal on attitude change; recent developments in theory and experimental research. In Advances in Experimental Social Psychology, Berkowitz L (ed), New York: Academic Press, 166-224.

Janis, I. & Feshbach, S. (1953). Effects of fear-arousing communications. Journal of Abnormal and Social Psychology, 48, 78-92.

Karis, D., Fabiani, M., & Donchin, E. (1984). "P300" and memory: Individual differences in the von Restorff effect. Cognitive Psychology, 16(2), 177-216.

Maccoby, E. E. (1964). Effects of the mass media. Review of child development research, 1, 323-48.

Mai, R., & Hutter, K. (2014). Non-Linear Effects of Absurdity in Advertising (No. 96480). ZBW-German National Library of Economics.

Petty, R. E., Wells, G. L., & Brock, T. C. (1976). Distraction can enhance or reduce yielding to propaganda: Thought disruption versus effort justification. Journal of Personality and Social Psychology, 34(5), 874.

Rogers, R. W. (1975). A protection motivation theory of fear appeals and attitude change. Journal of Psychology, 91, 93-114.

Rumelhart, D. E. (1984). Schemata and the cognitive system. Handbook of social cognition, 1, 161-188.

Severin, W. J., Tankard, J. W. (2001). Communication theories: Origins, methods and uses in the mass media. New York: Allyn & Bacon. 박천일, 강형철, 안민호 역(2004). 커뮤니케이션 이론: 연구방법과 이론의 활용. 파주: 나남출판.

Stern, B. B. (1992). Historical and personal nostalgia in advertising text: The fin de siecle effect. Journal of Advertising, 21(4), 11-22.

Sternthal, B. & Craig, S. (1973). Humor in advertising. Journal of Marketing, 37, 12-18.

White, A., & Smith, B. L. (2001). Assessing advertising creativity using the creative product semantic scale. Journal of Advertising Research, 41(6), 27-34.

Wilkie, W. L. & Farris, P. (1975). Comparison advertising: Problems and potential.

Journal of Marketing, 39(October), 7-15.

Yang, Charles. Y. New marketing. 김충기, 리대룡 역 (1983). 이른바 뉴마케팅의 時代. 서울: 대학문화사.

스타뉴스, http://star.mt.co.kr

# 07 카피라이팅의 기초

학습목차

1. 카피, 카피라이팅, 카피라이터
2. 카피라이팅의 원칙
3. 카피 전략과 카피포맷
4. 카피의 구성요소
5. 현대 카피 전략의 변화

## Ⅰ. 카피, 카피라이팅, 카피라이터

### 1. 카피(copy)의 정의

#### 1) 형식적 정의

광고에서 시공간적 음성형태로 존재하거나 문자 상태로 표기되는 모든 말이나 문자를 말한다.

(1) 인쇄광고 카피: 지면에 나타난 모든 활자부분. ex)헤드라인, 바디카피, 슬로건, 캡션, 박스, 상품명(브랜드네임), 로고타입, 가격, 스펙(specs, specifications)

(2) 전파광고 카피: 등장인물의 목소리. ex)자막, 브랜드네임, 로고타입, 멘트와 나레이션

(3) 신유형 매체광고 카피: 인터넷, 모바일 등 광고화면에 나타나는 모든 문자와 사람 목소리

1 이하 단락은 조병량 외 (2010) 「광고카피의 이론과 실제」 (나남) 제2장 카피와 카피라이터(오창일) 부분을 일부 인용한 것임.

### 2) 의미적 정의(설득 커뮤니케이션으로서의 카피)

카피는 다음과 같이 다양한 의미로 정의된다.

첫째, 광고를 보고 듣는 타깃에게 목표하는 믿음을 갖게 하거나 특정 행동을 하게 만드는 설득 메시지이다.

둘째, 제품, 소비자, 시장에 대한 심층적 이해를 바탕으로, 말과 글을 통해 목표 고객을 설득하는 광고 커뮤니케이션 메시지이다.

셋째, 광고에서 메시지 기능을 담당하는 언어적 기호, 즉 광고언어로서 광고 전략의 핵심을 이룬다.

### 3) 기타 정의

"카피는 광고의 척추(back-bone)이다" – 핼 스태빈스(Hal Stebbins)

"카피는 인쇄된 판매술(salesman-ship in print)" – 제임스 캐네디(J. E. Kennedy)

"카피는 테스트를 거친 정확한 소구점의 산물이다" – 존 케이플즈(John Caples)

"카피는 제품이나 서비스에 대해 팔고, 설득하고 교육시키는 것." – 블레이크와 블리(Blake, G. & R. W. Bly)

## 2. 카피라이팅, 카피라이터의 역할

(1) 카피라이팅(Copywriting)이란 카피(copy)와 라이팅(writing)이 합쳐진 말이다. 카피를 쓰는 과정으로 카피 창작을 일컫는다.

(2) 카피라이팅의 핵심은 차이와 관계의 발견에 있다.

차이란 좁게는 상품의 차이, 넓게는 시장의 차이, 고객의 차이, 관점의 차이를 말한다. 각각의 상품이 갖는 고유한 가치를 말한다. 제품 자체의 차이가 없더라도 관점의 차이는 있다. 각 기업과 상품은 서로 다른 관점에서 생활자의 문제를 해결하기 위해 존재하기 때문이다.

관계란 일상생활 속에서 제품을 소비하는 생활자(즉 소비자)와의 연결고리를 찾아야 한다는 뜻이다. 하나의 문화 속에서 생활자가 제품을 왜 구매하고 어떻게 소비하는가 등 제품 소비에 대한 모든 정보와 의미를 의미한다.

카피라이터는 생활자가 어떤 가치관과 라이프스타일을 갖고 있는지 거시적인 관계를 파악해야 한다. 컨셉트를 발견하고 아이디어를 발상할 때 상품이 생활 속에서 어떤 맥락에서 어떤 의미로 사용되는가를 생각해야 한다. 이 관계는 가능한 '최대다수의 최대 공감'이라는 경제원칙을 따라야 한다. 가장 중요한 기준은 '생활 속의 문제해결과 의미부여'이다.

요약하면, 차이는 분석적이고 주관적이며 개인중심 사고인 반면, 관계는 종합적이고 객관적이며 상품중심 사고이다. 이때 차이와 관계는 눈에 보이는 '겉의 차이'뿐 아니라 드러나지 않은 '속의 차이와 관계'에 집중해서 연결시켜야 한다. 보이지 않는 관계를 만들기 위해 강제결합이 동원되기도 한다. 기대하지 않은 조합(unexpected combination)이 새로운 연결고리를 만든다. 카피라이터는 이 차이와 관계라는 재료를 가지고 고객이 맛있게 즐길 수 있는 생활이라는 요리를 만든다.

## II. 카피라이팅의 원칙

### 1. AIDMA 원칙

#### 1) AIDA

미국 광고대행업협회의 초대 회장을 역임한 루이스(E. St. Elmo Lewis)가 1898년에 창안한 법칙이다.

소비자가 특정 커뮤니케이션 메시지를 접한 후 이를 처리, 수용, 구체적인 행동을 일으키기까지는 주의(Attention) → 흥미(Interest) → 욕망(Desire) → 행동(Action)의 단계를 거친다.

#### 2) AIDMA

미국의 Samuel Roland Hall이 1920년대 AIDA의 욕망(Desire), 행동(Action) 사이에 기억(Memory) 단계를 추가, 발전시킨 모형이다.[2]

광고 카피는 소비자의 주의를 끌고, 흥미를 불러일으킨 다음, 제품에 대한 욕구를 자극하고, 제품 브랜드 등에 대해 기억시키고, 마침내 구매를 하도록 유도해야 한다. 이는 카피에만 국한된 것이 아니라 광고 커뮤니케이션 전반에 통용되는 원칙이다.

2 AIDCA 원칙: E. S 루이스는 MEMORY 대신 확신(conviction, confidence)을 사용하여 AIDCA의 원칙이라 불렀음

**(1) 주의(Attention)**

주의란 소비자의 감각기관을 지속적으로 자극하는 정보들 가운데, 특정 정보에 대한 정보처리 능력이 집중되는 것을 의미한다.

광고 카피는 우선적으로 소비자의 주의를 끌어야 한다. 혼잡(clutter) 현상이 심화되면서 소비자는 zipping, zapping 등을 통해 원하는 정보만을 취사선택한다.

주의의 유형은 두 가지이다.

첫째, 자발적 주의(voluntary attention)이다. 고관여 제품에서 발생하며, 적극적으로 정보를 탐색하고, 관련 기사, 광고 등에 자의적, 자발적으로 관심을 가지는 것을 말한다.

둘째, 비자발적 주의(involuntary attention)이다. 저관여 제품에서 발생하며, creative가 뛰어나거나, impact가 높은 광고에 타의적, 비자발적으로 주목하는 것이다.

**(2) 흥미(Interest)**

소비자는 특정 대상에 대해 주의(attention)를 기울인 뒤에는 흥미(interest) 단계를 거친다.

광고 카피는 흥미를 불러일으켜야 한다. 그래야 계속 카피를 읽고 듣게 된다.

흥미 유발은 제품 자체에서 시작해야 한다. 즉 제품 상황에 맞는 적절해야 하며(relevance), 제품과 관련 없는 자극적인 광고 카피는 지양해야 한다.

**(3) 욕망(Desire)**

광고 카피는 소비자들의 욕망, 욕구를 갖도록 자극하고, 충족시켜 주겠다는 약속을 해야 한다. 이를 위해 소비자로 하여금 자사 제품, 브랜드 등에 대한 욕구를 자극해야 한다.

**(4) 기억(Memory)**

특정 대상에 대한 정보를 부호화하여 의식 속에 저장하고, 인출하는 정신 기능을 말한다. 카피는 경쟁적 혜택, 제품, 브랜드 등을 기억시켜야 한다. 기억을 위해서는 반복 노출이 효과적이다.

**(5) 행동(Action)**

행동은 커뮤니케이션의 결과로써 야기되는 것으로 자극에 대한 수용자의 마지막

빈응 단계를 말한다.

카피는 소비자의 '구매 행동(purchase behavior)'에 영향을 미쳐야 한다. 소비자들이 자사 제품을 구매할 결심을 하게 만들고, 직접 물건을 구입하게끔 유도해야 한다.

## Ⅲ. 카피 전략과 카피포맷[3]

### 1. 카피의 전략적 요소

#### 1) 개요

카피의 전략적 요소에 해당하는 것으로 카피폴리시(copy policy), 카피포맷(copy format), 카피 플랫폼(copy platform), 카피라인(copy line) 등이 있다.

카피폴리시와 카피 플랫폼은 카피 작성의 전반적인 계획을 의미하는 '개념어' 성격이 강한 반면, 카피포맷과 카피라인은 일련의 카피들을 지칭하는 구체적인 용어에 가깝다. 실무에서는 카피 포맷이나 카피라인이 주로 사용된다. 이 책에서는 카피포맷을 대표적인 용어로 사용하고자 한다.

카피 경력이 많지 않고 단발 광고를 주로 작성해온 사람들 입장에서 카피의 전반적인 흐름으로서 카피포맷을 구성하기란 쉽지 않다. 특히 최근 장기적인 캠페인보다는 프로모션 중심의 단발성 광고가 성행하고 있는 상황에서 카피 포맷을 구상해내는 능력을 키울 기회도 줄어들고 있다.

광고 크리에이티브 전반에서의 중요성을 고려할 때 꾸준히 전략적인 관점에서 카피포맷에 관심을 갖고 훈련할 필요가 있다.

### 2. 카피 포맷(copy format)

#### 1) 개요

광고는 과정이며, 그 과정에 핵심적인 안내판 역할을 하는 것이 카피포맷이다. 구

3 (1) 카피 전략: 크리에이티브 컨셉트를 추출하고 카피 창작에 필요한 구체적 메시지를 구성하는 청사진
(2) 카피 전술: 실제로 카피를 쓰는 구체적 방법이자, 카피 전략을 바탕으로 표현을 행하는 실무적 원칙

체적으로 광고 과정이란,

첫째, 기획이라는 든든한 기초공사를 하고 나서(전략적 사고)

둘째, 이야기하고자 하는 핵심 내용을 정한 뒤(CR컨셉트)

셋째, 감동적인 아이디어를 찾아내고 (카피포맷 작성, 아이디어발상)

마지막으로, 이를 완벽한 카피와 아트웍으로 표현해내는 과학적이면서 예술적인 과정이다.

### 2) 카피 포맷의 정의와 특성

(1) 특정 제품, 브랜드의 일련의 시리즈 광고 또는 캠페인들이 갖는 서로 일관된 메시지를 말한다. 특히 흐름을 유지할 수 있도록, 카피의 전체적인 틀이나 구조를 미리 정하는 것이다. 이때 광고캠페인이란 동일한 광고컨셉트 아래 일련의 연속된 광고를 집행하는 것을 말한다.

(2) Ideation 회의 때 CR발상을 위한 자료로 사용된다. 즉 커뮤니케이션 전략에서 크리에이티브 컨셉트를 추출, 수립하기 위한 자료로 사용된다.

(3) 캠페인 슬로건 중심으로 메시지를 집중하게 한다. 이때, 캠페인 슬로건을 엔드라인(endline)이라고도 한다.

(4) 외형적 구조가 통일되어 제시될 때가 많다.

### 3) 특성 및 주안점

#### (1) 역할론

- 광고에 일관성 및 통일성을 부여한다.
- 누적 효과를 유발한다.
- 브랜드 인지를 용이하게 한다.

#### (2) 주안점

첫째, 카피 플랫폼(카피포맷)은 제품의 특성, 소비자 혜택, 시장환경, 경쟁구도에서의 강점 및 약점, 소비자 정보, 제품에 대해 설명하는 한마디의 말 등의 정보를 포괄해야 한다(Altstiel, Grow. 2006).

- 시장 환경: 주요 경쟁자, 제품의 비교우위 및 비교열위, 시장에서의 제품의 위치 등

– 소비자 정보: demographic 특성, psychographics 특성, 욕구 등

–한마디의 말: 키워드(key word)로서, '이 제품에 대해 한마디로 말한다면 이다'를 의미

둘째, 제품의 일반적 특성을 소비자 '혜택' 및 가치로 전환하는 것이 중요하다.

셋째, 카피포맷의 문구는 헤드라인 및 키워드 자체로 활용할 수 있다.

## Ⅳ. 카피의 구성요소

* **인쇄광고**: 문자로 표현되는 것. headline, bodycopy, slogan, overline, subhead, leadcopy, caption, eye-catcher, balloon, box, panel, logotype 등
* **방송광고**: 동영상을 제외한, 말, 문자로 전달되는 모든 것. title(자막), narration, CM song(노래), slogan 등

### 1. 헤드라인(headline)

#### 1) 정의

헤드라인이란 광고 아이디어나 크리에이티브 컨셉트를 전달하는 핵심 메시지이자, 소비자를 주목하게 하여 바디카피나 광고의 메시지로 시선을 유도하는 문구를 말한다.

#### 2) 기능

소구의 주안점(key point)이 되는 것으로, 광고의 핵심을 말한다. 광고 아이디어와 직결되며 소비자가 얻는 정보의 도입부라 할 수 있다.

헤드라인의 기능(Bly, 1985)은 소비자의 주의를 끌고, 광고의 핵심 소비자를 선택하게 하며, 헤드라인 자체로 전체 메시지를 다 전달하며, 소비자를 바디카피로 유인해야 한다는 것이다. 이를 세부적으로 살펴보면 다음과 같다.

(1) 주의 유발: "헤드라인은 달려오는 열차의 기관사에게 역무원이 붉은 깃발을 흔드는 것과 같다(V. O. Schwab)". 헤드라인은 stopping power가 커야 한다. 소비자의 주목을 유발하는 기능을 수행해야 한다.

(2) 소비자 선택: 헤드라인은 많은 소비자 중 광고의 target audience를 선택 또는 호명하는 기능을 수행해야 한다.

(3) 전체 메시지 전달: "광고 독자의 80% 이상이 헤드라인만 훑고 지나가는 헤드라인 독자(headline reader, D. Ogilvy)"이다. 헤드라인에서 전체 광고의 메시지를 함축적으로 전달한다.

(4) 바디카피로 유인: 헤드라인은 소비자에게 바디카피를 읽고 싶은 마음이 들도록 유인해야 한다.

– 크기: 대체로 가장 크고, 굵은 활자로 처리한다.

– 위치: 소비자에게 가장 먼저 읽힐만한, 눈에 뜨일만한 장소에 배치해야 한다.

– 양, 길이: 양과 길이에 일반화된 원칙은 없다. 짧은 헤드라인은 기억에 효과적이다. 즉, 길어야 한다거나 짧아야 바람직하다거나 하는 일반화된 원칙은 없다. 다만 소비자에게 카피를 기억시키는 데는 아무래도 긴 헤드라인보다는 짧은 헤드라인이 더 효과적으로 작용한다.

헤드라인 작성시 유의사항은 다음과 같다.

첫째, 비주얼(visual)과 조화를 이루어야 한다.

둘째, 핵심 소비자 수준에 맞는 어휘나 쉬운 말로 창작해야 한다. 다시 말해 비주얼과 시너지 효과를 일으킬 수 있는 헤드라인을 창작해야 하며, 핵심 소비자 수준에 맞는 어휘, 구어체, 대화하는 것과 같은 쉬운 말과 이미지가 그려질 수 있는 인상적인 표현을 강구해야 한다.

## 2. 서브헤드(subhead)

### 1) 정의

서브헤드는 서브헤드라인(subheadline)의 줄임말이다. 헤드라인과 바디카피 사이에 위치하여, 헤드라인의 주의, 주목, 흥미를 유지하면서 바디카피로 연결시켜 주는 가교(架橋)의 역할을 하는 카피이다. 헤드라인보다 작은 글자이며, 1~3 문장으로 구성된다.

서브헤드 중 위치상으로 헤드라인 위에 배치되어 헤드라인을 유도하는 카피를 오버헤드(overhead), 또는 오버헤드라인(overheadline)이라 한다.

### 2) 기능

서브헤드는 헤드라인을 보완하고 강화하는 역할을 한다. 그러나 헤드라인으로 핵심 메시지를 전달할 수 있으면 헤드라인만을 사용하는 것이 바람직하다.

## 3. 바디카피(bodycopy)

### 1) 정의

헤드라인을 읽고 난 소비자에게 제품, 브랜드 등에 대한 구체적인 정보를 제공한다. 광고 메시지의 몸체에 해당하는 카피이다.

### 2) 기능과 요건

첫째, 제품, 브랜드 등에 대한 차별적 특징, 장점, 소비자 혜택, 편익 등을 자세하게 설명해준다.

둘째, 기업, 제품, 브랜드 등에 대한 보다 구체적인 정보를 제공하고, 소비자가 광고 메시지를 확신하도록 한다.

셋째, 소비자 needs, wants를 충족시켜 줄 수 있음을 설득. 신뢰감을 줄 수 있어야 한다.

넷째, 흥미성, 통일성, 명료성, 강조성, 설득성의 요소를 갖춰야 한다.

## 4. 리드카피(leadcopy)

### 1) 정의

바디카피를 적당한 군락으로 묶어서 내용을 구분하여, 읽기 쉽고, 이해하기 편하게 만들어 주는 카피를 말한다. 바디카피의 양이 많아서 한 호흡에 읽기 힘들 때, 바디카피의 군락들이 관련이 없는 다른 내용일 때, 바디카피를 적당 분량으로 나눈 뒤 리드카피 붙인다.

크기는 일반적으로 헤드라인이나 서브헤드 보다는 작고 바디카피보다 크다.

### 2) 기능

바디카피 내용 구분하고 광고 메시지 이해를 용이하게 한다.

## 5. 캡션(caption)

### 1) 정의

바디카피와는 별도로, 광고 비주얼(일러스트레이션, 사진, 쿠폰 등) 주위에 작은 활자로 쓰여 있는 짧은 카피이다. 작은 활자로 그림 옆에 배치된다.

### 2) 기능

광고에 제시된 visual을 설명하거나, 서술, 객관적으로 묘사하는 글이다. 비주얼만으로 설명해 낼 수 없는 부분을 보완, 완성하는 기능을 한다. 또한 광고주가 의도한 대로 소비자가 해석하도록 유도하고, 소비자의 자의적인 비주얼 해석을 방지한다.

## 6. 아이캐처(eye-catcher)

### 1) 정의

아이캐처란 말 그대로 소비자의 눈길을 잡아끌기 위해서 사용하는 카피이다. 디자이너가 손으로 직접 쓴 글씨체(calligraphy, lettering) 또는 그런 느낌의 서체로 표현하는 경우가 많다. 주로 문장이 짧고, 감탄사, 의성어 등을 사용하는 경우도 많다.

### 2) 기능

주의를 집중시키고 감정을 전달하거나 뉴스, 화제성을 유발하기에 유리하다.

## 7. 벌룬(balloon)

### 1) 정의

만화에 나오는 말풍선 안에 광고 모델의 말이나 생각을 넣은 카피이다. 마치 광고 모델이 이야기하거나 생각하는 느낌을 준다.

### 2) 기능

활자를 크게 한 후 가장 눈에 띄는 곳에 위치시킨 것으로, 헤드라인으로 사용하기도 하고, 본문용으로 사용하기도 한다. 주의, 흥미를 유발하는 역할을 한다.

## 8. 박스

### 1) 정의

박스는 쿠폰 제공 정보, 소비자 이벤트 규정, 경품 제공 조건 등 바디카피 외에 특별히 상세한 설명이나 내용 등을 기재해야 할 경우, '사각형의 테두리, 괘선(罫線), 띠' 안에 넣어서 표현한 카피이다.

### 2) 기능

box는 형식상 광고의 다른 요소와 구별을 짓고, 소비자의 주의, 주목을 유발한다.

## 9. 로고타입(logotype)

### 1) 정의

로고타입은 로고(logo), 트레이드마크(trademark)라고도 한다. 기업명, 브랜드 네임 등에서 타 회사와 차별화를 꾀하고, 이미지나 제품 특성 등을 나타내기 위해 특별히 디자인된 문자 또는 문자, 그림의 결합체를 말한다. 등록되어 있어 다른 회사의 모방에서 법적 보호를 받는다.

로고타입은 주로 광고 좌, 우 하단 모서리 부분에 위치한다.

## 10. 슬로건(slogan)

### 1) 정의

슬로건은 기업의 철학, 주장, 제품의 특성, 혜택 등을 짧고, 기억하기 쉬운 문구로 표현하여 장기간 반복적으로 사용하는 카피이다. 슬로건(slogan)의 어원은 스코틀랜드 지방의 고원 민족, 변경 민족이 위급한 상황이 닥칠 때 다급하게 외쳤던 함성에 비롯되었다. 갤릭어로 '함성', '군인의 복창 소리'의 의미를 갖는 Slaughgaimm에서 유래되었다. 같은 맥락에서 슬로건은 짧은 어휘로 상황을 단번에 전달하는 강한 메시지라고 할 수 있다.

### 2) 기능

첫째, 해당 브랜드, 기업, 제품 등에 대한 긍정적인 이미지, 인상을 형성하고, 누적, 발전하게 한다. 둘째, 제품이나 브랜드의 특성, 장점, 혜택, 기업의 철학 등 전달한다.

### 3) 유형

#### (1) 기업 슬로건(corporate slogan)

기업 철학, 비전, 나아갈 방향 등 기업의 주장, 생각을 제시하는 슬로건

**(2) 캠페인 슬로건(campaign slogan)**

일정 기간 캠페인 집행 시 각 시리즈 광고에 일관성 부여하고, 캠페인 주제를 제시하는 슬로건

**(3) 브랜드 슬로건(brand slogan)**

브랜드의 특성, 장점, 편리함, 품질, 혜택 등을 제시하는 슬로건

#### 4) 발상

슬로건은 가급적 짧아야 하고, 듣기 쉬워야 하며, 기억되기 쉬워야 한다. 한번 쓰고 끝나는 1회용으로 쓰이는 것이 아니라 비교적 오랜 기간 사용되면서, 브랜드 자산을 구축하는 데 기여해야 의미가 있다.

## 11. 자막(title)

#### 1) 정의

텔레비전 광고 등에서 영상을 보완하거나, 독자적인 기능을 발휘할 목적으로, 화면에 문자 형태로 처리한 문구이다.

#### 2) 기능

자막을 잘 활용하면 주목률을 높이고, 광고 영상을 보완하며, 소비자의 광고에 대한 이해도를 높일 수 있다.

## 12. 나레이션(narration)

#### 1) 정의

서술, 이야기, 해설이라는 의미로, 성우의 말을 통해서 표현된다.

#### 2) 기능

광고 영상을 보완하거나 제시된 상황의 의미를 명료하게 설명한다. 영상의 감정적 효과를 배가시키기도 한다.

### 13. 씨엠송(CM song)

#### 1) 정의

Commercial Message song. TV, 라디오 광고 등에 삽입되는 노래, 음악

#### 2) 기능

가사에 회사명, 제품명, 제품의 특징 등을 담아 리듬에 혼합하여, 소비자의 주의, 주목을 유발하고 기억, 재인을 용이하게 한다.

## Ⅴ. 현대 카피 전략의 변화

### 1. 카피의 변화 양상

#### 변화1 : 카피 요소의 간결화

– 읽고 이해하는 매체에서 보고 느끼는 매체로 변함에 따라 카피의 시적 간결성이 증가되었다.

**(1) 동일 헤드라인의 반복 사용**

주로 캠페인에 사용된다. 또한 메시지의 반복성과 일관성이 중요하다.

사례1. 대상클로렐라

✓ 헤드) 꼬박꼬박, 클로렐라

서브) 요즘 황사도 지독한데, 삼겹살...? 그리고 또 뭐 없을까?

✓ 헤드) 꼬박꼬박, 클로렐라

서브) 하루동안 쌓인 스트레스에도 아침이 상쾌한 이유는?

**(2) 캠페인슬로건 중심 운용–엔드라인**

공통 슬로건을 헤드라인처럼 사용하는 경우이다. 기능은 첫째, 단일 카피를 통해 메시지 집중도를 높이고, 둘째, 브랜딩 요소로 기능하는 점이다. 브랜딩 요소란 브랜드슬로건이 브랜드 가치를 높이는 데 기여하는 것을 말한다.

사례: 사람을 향합니다(SK텔레콤 시리즈), 미국, 어디까지 가봤니(대한항공2008)

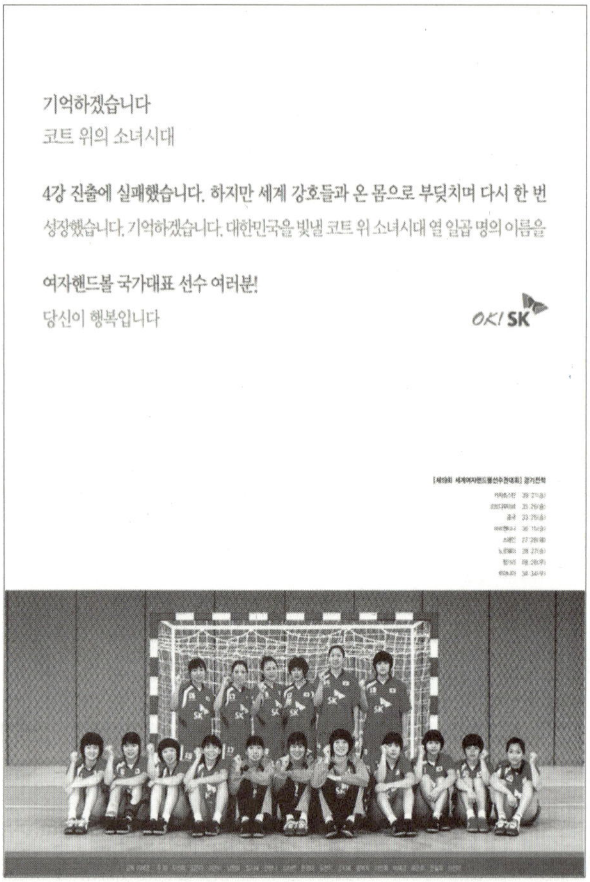


**그림 7-1** 無헤드라인 예(SK텔레콤, 2009)

### (3) 無헤드라인

헤드라인이 없는 경우이다. 바디카피가 간결하게 되거나 바디카피가 헤드라인화하는 형태로 나타난다.

### (4) 바디카피의 축소 또는 생략

이미지광고 중심으로 운용되는 경우이다. 바디카피가 없이 헤드라인만 존재하거나 바디카피를 헤드라인처럼 강조된다.

표 7-1 카피요소의 간결화에 따른 헤드라인전략의 변화

| | 기존 헤드라인 | 현대 헤드라인 |
|---|---|---|
| 크리에이티브와의 관계 | 종속 | 독립 |
| 사용 빈도 | 일회 | 다회 |
| 카피요소와의 관계 | 다양한 요소와 상호보완 | 단독적 기능 |
| 위상 | 항상적, 독보적 | 가변적, 캠페인슬로건 대비 하위 |

### 변화2: 카피의 시각화

#### (1) 내용의 시각화: 시각적 내용이 담긴 카피쓰기

가. 의태어, 의성어

의태어는 모양과 움직임을 흉내낸 것이며 의성어는 소리를 흉내낸 것이다. 카피가 비주얼 아이디어를 연상하게 하는 역할을 한다. 즉 심상어(word picture: 시각적 내용을 갖는 단어) 역할을 한다.

나. 시각기호: 비주얼 요소로써 카피 쓰기.

숫자나 기호 등의 상징이나 도식, 그래프로 구성될 경우를 말한다. 구체어(구체적 표현이 담긴 말) 사용도 중요하다.

#### (2) 형식의 시각화: 카피를 시각적으로 처리하기

카피의 낱글자나 덩이글 등을 외형적으로 변형하여 조형미를 높이거나 의미를 강조하는 경우를 말한다. 이때 카피는 하나의 '비주얼' 메시지 역할을 한다.

## 2. 카피 전략의 변화

현대광고에서는 시각적(visual, 아트) 요소가 강조되고 있다. 또한 헤드라인만 읽고 넘기는 독자, 이른바 '헤드라인 리더(reader)'들이 증가함에 따라 광고의 포스터(poster)화, 카피의 간결화 추세에 있다.

첫째, 카피 운용의 효율성이 더욱 중시되고 있다. 짧고 강력한 단어를 선호하는 경우가 이에 해당한다.

둘째, 슬로건 의존도가 높다. 상대적으로 바디카피나 하위 카피요소들의 비중이 낮아졌다.

셋째, 카피의 시각화 경향이 증가하고 있다. 카피가 전반적으로 줄어들거나 시각적 요소로 편집되는 경우가 많다.

넷째, 스토리텔링에서 카피의 역할이 줄어들고 있다. 시각적 이미지에 의해 커뮤니케이션이 일어나는 경우가 많다. 비주얼 스토리텔링이 중요시되는데 같은 맥락이다.

다섯째, 소구전략이 양극화하고 있다. 세일지향의 직접소구 대(vs.) 이미지업을 위한 간접소구 두 가지 경향이 있다. 특히 세일 지향의 직접소구, 또는 하드셀링(hard-selling) 카피가 증가하고 있다.

### <참고문헌>

조병량 외 (2010) 「광고카피의 이론과 실제」 나남.

Altstiel, T., & Grow, J. (2006). Advertising strategy: creative tactics from the outside/in. Sage

# 08 매체별 카피라이팅

학습목차



## I. 인쇄광고 카피라이팅

전파는 보고 듣는 매체이지만 인쇄는 읽는 매체이다. 소비자들은 말 그대로 '독자'가 된다. 소비자는 글과 그림이라는 기호의 의미를 해독(解讀)해야 한다. 광고제작자는 한 장의 평면적 공간을 통해 소리와 움직임 없이 제품을 소개하고 설득해야 한다. 그런 점에서, 슈거맨(Joseph Sugarman, 2007)이 말했듯이 인쇄광고는 가장 어려운 마케팅 수단이다. 인쇄매체의 특징과 그것이 카피라이팅에 시사하는 바는 다음과 같다.

① 글과 그림이라는 정지된 요소로 구성된다.

→ 인쇄매체는 상상과 호기심을 자극한다. 보여지는 것 이상의 암시적 메시지를 전달할 수 있다.

② 독자의 정보 탐색 욕구가 강하다. 이해가 어려울 때 다시 읽을 수 있다.

③ 영상매체에 비해 이해에 더 많은 주의(attention)가 필요하다.

→반면 어려운 내용이나 간접적, 우회적인 표현도 이해하기 쉽다. 중의적 표현이나 Pun과 같은 글의 묘미를 전달하기에 유리하다. 시간을 두고 음미하고 싶은 광고 카피를 보여주기에 적합하다.

④ 넓은 지면에 한 번에 자세한 정보를 제공할 수 있다.

⑤ 시간이 지남에 따라 사라지거나 시간적인 제약을 받지 않는다.

→ 따라서, 긴 광고 카피를 통해 자세한 정보를 제시할 수 있다. 이성적 소구에 적합하다.

⑥ 신문의 경우 뉴스를 전달하는 공신력 있는 매체이다.

⑦ 제작시간이 짧다.

→ '뉴스'가 주는 주의집중, 새로움을 전달할 수 있다. 시의성 있는 소재를 다루기에 유리하다.

⑧ 잡지의 경우 정확한 타깃, 오랜 보존성, 광고제작의 용이 등이 있다.

→ 정보량이 많아도 advertorial(애드버토리얼) 등을 통해 소화할 수 있으며 가독성을 높일 수 있다. 비용대비 효율적인 캠페인 전개가 가능하다.

실제 카피라이팅시 카피라이터들은 이러한 매체 특성을 고려한다. 인쇄광고에서는 TV광고에서 소화하지 못한 구체적이고 세부적인 상품 정보, 또는 광고 자체의 스토리를 제시하고자 한다. 가장 일반적인 경우는 인쇄 카피를 축소하여 TV 카피로 사용하는 경우이다. 시간과 공간의 제약 때문이다.

일반적으로 인쇄광고 카피는 정보 중심, TV광고 카피는 이미지 중심이라는 큰 틀에서 제작되는 경우가 많다. 인쇄광고에서는 카피량을 늘려 구체적인 정보를 제시하고 있는 반면, TV광고에서는 카피를 줄이는 대신 일러스트 등 시각적 표현 요소를 활용함으로써 제품 정보보다는 친근한 이미지를 제시하는 데 주력하고 있다.

## II. TV광고 카피라이팅

### 1. TV광고 카피 요소

① **Na(narr)**: Narration(나레이션)을 줄인 말로, 메시지를 언어로 전달하는 경우를 말한다. 두 가지 유형이 있다. 하나는 뉴스 고지형 또는 해설용이며, 다른 하나는 드라마형식의 다이알로그 형식, 즉 대사형이다. 대사로 전달하는 경우라도 콘티에 표기는 Na로 한다.

② **자막**: 글자로 표현된 부분을 말한다.

③ **Song**: 음악 부분을 말한다. 음악은 CM 전체 메시지가 음악으로 처리된 경우(Full song), 단순히 배경음악으로만 처리된 경우(BGM), 기타 일부분만 차용된 경우(징글) 등이 있다.

**TV광고 카피 요소 예) 현대카드 프리비아 20”**

자막: 투명카드
절반크기 미니카드
옆 면까지 생각한 컬러코어
NA: 그 동안 현대카드는 카드에 관한 모든 것을 바꿔왔다
자막: 연회비 100만원 VIP카드
THE BLACK 다양한 라이프스타일 알파벳 카드
PRIVIA 현대카드 전 가맹점 2-3개월 무이자 할부
NA: 그렇다면 프리비아는 무엇을 바꾸기 위해 만들었을까?
자막: 생각해봐...
남: 바로 당신~
자막: 바로 당신의 라이프 스타일 여행 쇼핑 교육 레저
여: 아~ 현대카드
자막: HYUNDAICARD 간편 전화신청 1577-6000

④ **S.E.:** Sound Effect, 즉 음향효과를 말한다. TV광고에서 메시지를 강조하거나 분위기를 전달하기 위해 사용하는 언어 이외의 소리를 일컫는다.

## 2. TV광고의 특성과 카피

### 1) 시각적 매체

TV광고는 키 비주얼 하나로 기억된다. 말하려 하기보다 화면이 이야기하게 해야 한다. 비주얼(영상 요소)이 핵심 표현 요소가 되어야 하며, 광고카피는 비주얼을 보완하거나 기억에 용이하도록 키워드(key-word) 중심으로 처리하는 것이 좋다.

**그림 8-1** TV광고 카피 예) 현대카드 프리비아 20”. 시각과 청각적 매체 특성상 자막을 적절히 활용하면 많은 양의 카피를 담을 수도 있다.

### 2) 청각 매체

TV매체는 주목을 끌고 메시지를 남기기에 용이하다. 따라서, 어투(생활어투+한자어)를 적절히 사용해야 한다. 그러나 오히려 구어가 범람하는 상황을 고려하여 한자어나 고어를 사용하는 것도 주목을 끄는 방법이다.

### 3) 시한적 매체

15초 또는 20초에 알려야 한다. 명심해야 할 두 가지는 다음과 같다: 1) 처음부터 바로 시작해야 한다. 2) 한 가지에 전념해야 한다.

## 3. TV광고 카피라이팅의 요건

TV광고 카피라이팅의 요건으로는 1) 귀에 걸리게 쓰라, 2) 쓰지 말고 말하라, 3) 말하지 말고 보여줘라 등을 들 수 있다.

### 1) 귀에 걸리게 쓰라

① 한자어 쓰기, 비문법

- 청정원의 이름을 허락합니다(청정원)
- 여자의 피부는 권력이다(다나한)
- 당신을 감탄합니다(오피러스)

② 대구와 반복

남자) 더 먹어
여자) 안 먹어
남자) 더 먹어
여자) 안 먹어
남자) 야! 어떻게 오토매틱이 수동보다 안먹냐?
여자) 요건 마티즈 CVT거든!
Ment) 수동보다 기름 덜 먹는 오토매틱
마티즈 CVT 탄생
남자) 마술이다, 마술!
여자) 기술이지!
Ment: 마티즈 CVT

③ 음운, 소리, 음악 활용

- Sing a 쏘울
- 없는 게 없는 디지털백화점!(이중부정이면서 반복을 통한 운율 효과) (신도

**그림 8-2** 메시지가 많을수록 핵심어는 앞으로: "왜 꼭 액츠냐구요?"

림테크노마트)

- 하이마트로 가요

④ 상투어에서 벗어나라

- 매운 맛이 사무칠 때
- 요리를 깨운다-손수

⑤ 핵심메시지를 던지고 시작하라(R-CM과 동일)

| | |
|---|---|
| 김정은: | 왜 꼭 액츠냐구요? |
| | 자몽, 유자, 유칼립투스까지 식물성분이 |
| | 들어있으니까 액츠! |
| | 세제찌꺼기가 남지 않으니까 |
| | 아~ 피부까지 생각한다면 |
| JINGLE: | 액츠! |
| | NA: 파워젤 |
| 김정은: | 피부에 직접 닿는 건데~ |

**〈맥심 ½칼로리 커피믹스〉**

| | |
|---|---|
| 이나영) | 이상하다, ½이면 뭔가를 뺐는데 왜 이렇게 맛있지 |
| | Na) 감쪽같이 칼로리만 쏙 |
| 이나영) | 커피맛은 그대로 칼로리는 반으로- |
| | 맛있다! |
| (자막) | 맛과 향이 더 새로워진 |
| | Na) 맥심 ½칼로리 커피믹스 |

그림 8-3 키워드를 먼저 던져라-"비듬에 자신있다던 그녀"

〈LG큐레어〉

Na) 비듬에 자신있다던 그녀,

동양의 정갈함에 머리를 숙이다

⑥ 하나의 메시지를 남겨라(R-CM과 동일)

- 광고 슬로건 = 캠페인슬로건 사용하기

- 키카피(= 키워드 = 인쇄광고의 헤드라인) 사용하기

### 2) 쓰지 말고 말하라

"좋은 카피의 공통점은 박물관이 아니라 시장에 존재하는 언어"라 한다. 많이 써서 줄이는 방향이 좋다. 아울러, 구어체, 많은 애드립을 활용하는 것이 좋다. CM을 활기차게 하고 실재감을 높이기 때문이다.

"빵빵한 보일러" (롯데보일러)

"내일 뭐 입지?" (TNGT)

"아무거나 OB처럼 마시지 마십시오." (OB라거)

"장사 하루 이틀 할 것도 아닌데" (해표식용유)

"피로를 달고 사시는군요?" (TV, 자막/na)

"웬만하면 한번 다녀오세요. 백점짜리 아빠 어렵지 않습니다." (설악워터피아, R-CM)

"우리가 뭐라고", "맥주가 뭐라고" (하이트)

쓰지 말고 말하라 예: 솔루니

**솔루니 TVCM**

| | |
|---|---|
| 엄마) | 자기 생각을 쓰라잖아 니 생각을 써야지 |
| 아이) | 엄마가 해 봐 |
| 엄마) | 줘봐. |
| | 엄마가 왜 해~ |
| 아이) | 엄마는 화가 나면 감성적이다 |
| Na) | 초등학습을 제대로 |
| song) | 솔루니 |
| 아빠) | 2곱하기3이 6이 되는 이유를 쓰시오 |
| | 문제 참 특이하네 |
| | 너 왜 꼭 아빠 쉬는 날에 이렇게 거실에서 공부해! 얼른 들어가 |
| 아이) | 아빠는 당황하면 논리가 없어진다 |
| 아빠) | 2 × 2는 4, 2 × 3은 6 짝짝짝 |
| Na) | 초등학습을 제대로 |
| song) | 솔루니 |

### 3) 말하지 말고 보여줘라.

카피를 절제하고 비주얼과 협력하여야 한다. 일반적으로 영상 카피라이팅 발상을 돕는 TV광고 형식은 다음과 같다:

(1) 장점 보여주기(Demonstration): 사용법, 사용전과 후 비교하기, 옆에 놓고 비교하기
(2) 이미지 소구
(3) 비네트(Vignette): 여러 간단한 에피소드를 반복해서 하나의 중심 주제를 전달
(4) slice of life(인생의 한 단면) 보여주기
(5) 프리젠터(Presenter) 활용
(6) 사용자 추천(Testimonials): 화자를 통한 추천
(7) 스토리텔링(Storytelling)

주요 사례로는, 패션(리바이스진), 시즐광고(순창고추장-매운맛이 사무칠 때 편), 기업광고(현대), 그 외 이미지소구의 TV광고들이 있다.

### 4) 맥락을 활용하라

이른바 'T.P.O.'를 고려할 필요가 있다. 즉 제품 사용과 관련한 Time(시간),

Place(장소), Occasion(상황)에 맞춰 스토리텔링을 전개하는 것이 효과적일 수 있다. 투싼 IX 시리즈 광고가 좋은 예이다.

예) 투싼IX 캠페인: 요일/ 시간대/ 프로그/ 시즌/ 매체 별로 총 14편의 제작

평일저녁 17시-22시
당신이 TV앞에 앉아 낮에 본 그녀를 생각하는 지금
IX는 당신이 봤던 그녀와 함께 멋진 밤을 시작하고 있다
이것이 인생이다-Sexy Utility Vehicle, TUCSON IX

평일 아침 04시-10시
당신이 TV 앞에 앉아 잠에서 깨어나고 있는 지금
IX는 이미 그녀의 웃음소리와 함께 굿모닝!
이것이 인생이다-Sexy Utility Vehicle, TUCSON IX

평일 낮
10시-17시
당신이 멍하니 TV앞에 앉아 헤어진 여자친구나 생각하는 지금
IX는 새로운 여자친구의 웃음소리와 함께 고속도로에 들어서고 있다
이것이 인생이다-Sexy Utility Vehicle, TUCSON IX

주말아침낮
04시-22시
무료하고 심심한 휴일 당신이 채널이나 돌리는 지금
IX는 콧대 높은 그녀의 마음을 돌리고 있다
이것이 인생이다-Sexy Utility Vehicle, TUCSON IX

평일/주말 심야
04시-10시
당신이 이제 막 잠자리에 들려는 지금
IX는 그녀와의 멋진 밤을 준비하고 있다
이것이 인생이다-Sexy Utility Vehicle, TUCSON IX

CATV Day

24시간

당신이 미드와 함께 24시간을 보내는 지금

IX는 그녀와 함게 24시간을 보내고 있다

이것이 인생이다–Sexy Utility Vehicle, TUCSON IX

드라마 전CM

당신이 멍하니 드라마를 기다리는 지금

IX는 드라마틱하게 그녀의 입술을 훔치고 있다

이것이 인생이다–Sexy Utility Vehicle, TUCSON IX

드라마 후CM

당신이 아직도 TV 앞에 있는 지금

IX는 그녀와 함께 마침내, 클라이막스를 달리고 있다

이것이 인생이다–Sexy Utility Vehicle, TUCSON IX

극장

입술은 팝콘이나 먹으라고 있는 것이 아니다

입술은 그녀의 입술을 훔치라고 있는 것이다

IX는 그녀를 집까지 에스코트 하라고 존재하는 것이 아니다

IX는 그녀의 귀가 시간을 늦추기 위해 존재하는 것이다

이것이 인생이다–Sexy Utility Vehicle, TUCSON IX

DMB

기본안

당신이 TV앞에서 혼자만의 시간을 보내는 지금

IX는 그녀와 함께 둘만의 공간을 향해 달리고 있다

이것이 인생이다–Sexy Utility Vehicle, TUCSON IX

프로축구 K–리그 챔피언 십 결승전

그녀가 묻는다 "축구가 그렇게 좋아!"

IX 는 말한다 "축구는 너만큼 날 뜨겁게 한다고"

이것이 인생이다–Sexy Utility Vehicle, TUCSON IX

### 5) 시간을 요리하라: 시간 줄이기 훈련

TV광고는 시간제한매체로서, 제한된 시간을 유효하게 활용하는 문제는 아이디어의 기초라 할 수 있다. 물론 이는 카피라이팅에서도 마찬가지이다.

TV광고 카피감각을 훈련하기 위한 또하나의 좋은 방법으로 길이를 줄이는 것이다. 30초 TV광고를 골라 20초(15초)로 바꾸고, 실제 온에어된 것과 비교해보자.

**예) 동부화재 프로미라이프 30"**
아이) 아빠 또 술먹었지? 술먹지 말라고 했잖아
그러다가 병원갈려고 그래
어휴 내가 못살어
엄마) 내가 아빠 혼내줬다
(자막) 만일... 내가 아프고 아내가 모든 걸 감당해야 한다면...
여Na/자막) 인생의 무게가 느껴질 때
나와 가족의 생활을 지키는 보험
동부화재 프로미라이프

**예) 동부화재 프로미라이프 20"**
아이) 아빠 또 술먹었지?
그러다가 병원갈려고 그래
어휴 내가 못살어
자막) 만일... 내가 아프면 어떡하지...
여Na/자막) 인생의 무게가 느껴질 때
나와 가족의 생활을 지키는 보험
동부화재 프로미라이프

## III. 라디오 광고 카피라이팅

### 1. 라디오 매체의 특성

- 라디오는 마음의 극장이다. 머릿속에서 영상을 만들어내도록 요구하는 매체이다.
- 라디오는 1:1 매체이다. 오직 자기 자신에게 말을 거는 매체이다.
- 라디오는 병행적 매체이다. 다른 일을 병행하며 듣기 때문에 주의를 끌 수 있어야 한다.

### 1) 장점

① 라디오 외에는 닿지 않는 청중들이 있다.

② 인쇄광고와 TV의 좋은 보충매체이다.

③ 여전히 훌륭한 낮시간 매체이다.

### 2) 단점

① 집중해서 듣지 않는다. 따라서 특히 주의를 끌 수 있어야 한다.

② 채널이 지나치게 많아 타깃에게 다가가기 어렵다.

## 2. 라디오CM의 형식적 분류

① 나레이션(Na) 형

② 다이알로그(Dialogue) 형

③ Song 형 (Full Song)

④ 복합형(Na + 대화)

**Song형 (Full Song)**

song) 차라면 나만큼 잘 아는 사람 있나
나는 잘나가는 카레이서
우리끼리만 알던 좋은 기름 s-oil
이젠 동내방내 소문 다 났네
나는 s-oil s-oil 좋은 기름이니까
로고송) s-oil

**복합형**

여Na) 처음엔 부끄러웠지만, 어쩔 줄 몰랐지만,
처음엔 야한 것 같았지만
입어보니 정말 행복하고 뿌듯해졌습니다
남) 입어봤어?
여) 입고 왔지
여Na) 선물이상의 선물 보디가드. 좋은 사람들

## 3. 라디오 CM의 핵심요소

라디오 광고는 축소된 청각의 세계이다. 말, 사운드, 음악을 중심 요소로 한다. 때로는 말(소리)없음도 중요한 요소이자 표현 전략이다. 즉 라디오CM의 네 가지 핵심요소는 말, 사운드, 음악, 묵음이다.

### 1) 말

① 그림이 그려지게 써라. 머릿속에 이미지를 건설할 수 있어야 한다.

② 쉬운 언어 사용하고 단순하게 써라. 일반적으로 초당 2단어를 추천한다.

③ 바로 옆에서 말하듯이 써라.

④ 처음을 잡아라.

⑤ 반복하라.

⑥ 그리고, 재미있고/상상적이며/설득적이며/기억할만하게 하게 써라.

**그림이 그려지도록: 던킨도너츠 R-CM**

| | |
|---|---|
| | (S.E 악기:콘트라베이스, 피아노) |
| 남NA) | 커피가 콘트라베이스라면, |
| | 도넛은 재즈피아노다 |
| | (S.E 목넘김, 하~) |
| 남Na) | 커피가 인생이라면 |
| | 도넛은 가장 달콤한 순간이다 |
| | (S.E 박수소리) |
| Na) | 커피앤도넛 던킨도넛 |

### 2) 사운드

- 듣는 것은 인간의 첫 번째 감각이다. 태아는 엄마 배 밖의 소리도 듣는다.

- 소리와 감정은 본능적이다. 신경을 날카롭게 하는 소리/마음을 편안하게 하는 소리 등을 의식하며 카피를 쓴다.

- 실제 소리를 떠올려보라. 한때 모 개그 프로그램에 '리얼사운드'란 코너가 있었다. 예를 들면, 요리 소리를 표현하기 위해 상투적으로 사용하는 "지글지글"을 대신해, "츄츄츄츄스스스스화아럭(불소리)텅아랄라(요리가 끝났음을 알리는 중국인 말투)", 튀김요리를 "캐롤캐롤캐롤캐캐캐캐캐로롤착착턱으흐으흐흐으으(랩싸는 소리)특어(포장해서 내놓는 소리)"등으로, 실제 소리를 포함시켜 표현하는 식이다. 라디오CM에서는 의미 전달을 빠르고 명확하게 하기 위해 주로 정형화된 소리를 사용하지만, 실제 소리를 찾아 전달하는 것도 좋은 방법이 될 수 있다.

① 시각적으로 만들어라

- 예를 들어, 파도가 그려지는 철썩철썩 소리/ 눈밟는 소리/ 빗물 떨어지는 소리 등을 들려주면 관련된 시각적 이미지를 부여할 수 있다.

② 침묵을 활용하라(인쇄광고의 여백처럼 – 대조효과)

③ 장소와 분위기, 상황을 느껴지도록 하라. 관련된 언어를 대화나 나레이션에 적절히 끼워 넣는다.

**예) S.E에 흔히 쓰이는 소리-**

차 소리(부릉~, 빵빵)

매장 소음

물 끓는 소리

먹는 소리(쩝쩝)

우리 소리(악기, 여봐라~ 등)

휴대폰음/ 진동

그 외 저작권 문제가 없거나 풀린 노래: 동요, 가요, 구전가요, 명곡의 멜로디 등

### 3) 음악

라디오CM의 음악적 요소는 BGM, Full Song, 로고송, 징글(Jingle) 등의 형태로 나타난다.

① BGM

② Full Song

③ 로고송

④ 징글

징글이란 브랜드이미지를 각인시키는 효과음 또는 음악을 말한다. 예를 들어 인텔사가 모든 펜티엄 프로세서 광고에 사용 중인 '인텔 인사이드' 징글(딩동딩동), 종근당의 '종소리' 등이 대표적인 예이다. 인텔은 이 징글에 대해 저작권까지 등록해두고 있다.

전체적으로, 음악은 곧 '그 브랜드의 이미지'이다. 거의 모든 라디오광고에 음악적 요소를 넣는 것이 좋다. 특히 로고송을 잘 활용하여야 한다. 이외에, 자기만의 음악 소스를 늘 모아 파일링(filing)하는 것이 좋다.

### 4) 묵음

카피의 중요한 부분이나 질문 부분에 소리를 없애 'Pause'를 둬보자. TV광고에서 CM내용과 관련이 없는 인서트컷을 넣는 것도 비슷한 맥락이다.

### <참고문헌>

Sugarman, J. (2007). The Adweek Copywriting Handbook. John Wiley & Sons Ltd.

# 09 광고 수사학

학습목차

1. 광고 수사학의 개념
2. 광고 수사법의 분류 및 종류

## I. 광고 수사학의 개념

### 1. 수사학의 어원 및 유래

#### 1) 어원

수사는 설득을 위해 개발된 생각의 도구이다. 수사학(rhetoric, 레토릭)이라는 말은 그리스어 레토리케(rhetorike), 즉 연설가의 기술에서 유래되었다. 초기 수사학은 웅변술, 변론술을 의미한다. 설득을 위해 웅변의 힘이 중시되었다.

#### 2) 유래

고대 그리스 재판정에서 200~5000명의 배심원들을 설득하기 위한 말솜씨에서부터 수사학이 시작되고 발전되었다. 즉, 수사학의 역사는 고대 그리스의 민주주의 제도로 거슬러 올라간다. 당시 재판정에서는 판사의 판결에 배심원들의 의견이 중시되었다. 타인을 설득하기 위해서 말을 잘하는 기술이 필요했던 것이다.

- 서양 수사학: 특정 대상을 설득하는 '말 잘하기 기술'. '웅변술'
- 동양 수사학: '작문(作文), 작시(作詩)의 기술, 방법'으로써 시작되었다. 수사라는 단어는 중국의 한편 서양의 수사학이 웅변을 중시했다면 동양의 수사학은 글쓰기에 초점을 두었다. 이는 주역(周易)의 건괘문언전(乾卦文言傳)에서

나타나는데 '말과 글을 닦거나 꾸미는 행위'를 의미한다. 우리나라의 경우 18세기 안석경의 삽교예학록(霅橋藝學錄), 삽교지문(霅橋識文)에 나타나며, 수사를 '자(字)와 구(句)를 표현하는 방법'의 의미로 사용한 바 있다.

이를 근거로 할 때, 광고 창작은 '말, 그림의 꾸밈'과 관련이 있다. 이는 동양 수사학의 작시, 작문 기법과 유사하다. 또한 광고학은 상업적 목적을 바탕으로 제품 등에 대한 정보를 제공함으로써 소비자를 '설득'하는 활동이다. 이 부분은 서양 수사학의 웅변술 또는 변론술과 유사하다.

## 2. 광고 수사학의 정의

광고수사학이란 소비자를 설득하기 위해 표현 형태를 기교적으로 변형시킨 것(McQuarrie, & Mick, 1996)을 말한다. 이때 표현 형태란 설득적 메시지를 제시하는 스타일을 의미하며 시각적, 언어적 요소를 포함한다.

현대적 관점에서 말하면, 수사학은 목표고객 설득을 위해 말과 글을 보다 임팩트있게 만들어 주목과 관심을 높이는 언어 테크닉으로(김동규) 주로 언어적 요소를 다듬어 비약, 도약시킨 개념으로 이해된다.

## 3. 효과[1]

첫째, 제품 특성 및 소비자 혜택, 일반적 주장, 브랜드, 광고 상황을 부각시킨다.

광고 수사학을 잘 활용하면 좀 더 쉽고 명쾌하고 강력하게 제품의 특성, 혜택, 브랜드 등을 부각시키고, 효과적으로 전달할 수 있으며, 기억시킬 수 있다. 또한 기업이 전달하고자 하는 일반적 메시지도 효과적으로 부각시키고, 제품을 둘러싼 상황, 배경 등을 부각할 수 있다.

둘째, 주목도를 제고한다. 수사법을 잘 활용하면 소비자의 시선, 주목을 끌 수 있다.

셋째, 광고 표현에 세련됨을 부여하고 단조로움을 감소시킨다. 수사적 기법 또는 수사적 일탈을 통하여 표현의 단조로움이나 지루함을 막을 수 있다.

## 4. 광고 수사학에서의 표현의 원칙

### 1) 적합성

광고 표현은 주장하고자 하는 바를 반영해야 하며 상황에 적합해야 한다. 구체적으

---

1 박영준, 김정우, 안병성, 송민규 (2006). 광고 언어론: 언어학의 눈으로 본 광고. 서울: 커뮤니케이션북스.

로 광고 표현은 제품, 광고 concept, 소비자 needs, wants, 시장 상황 등과 적절히 일치해야 한다.

### 2) 명확성

광고 내용은 광고주가 의도한 하나의 의미로 해석 가능하게 해야 한다. 소비자들마다 다양하게 다의적으로 해석해서는 안 된다. 따라서 가급적 명확하게 표현되어야 한다. 그러나 매체에 노출된 다음부터는 광고주, 광고 창작자가 해석을 통제할 수는 없다. 명확성은 소비자의 반응에 따라 결정되는 가변적, 맥락 의존적인 개념으로 제품 유형이나 가격, 소비자 관여도 등 상황에 따라 차이가 있다.

### 3) 장식성

수사적 기법을 통해 광고 표현에 멋을 부여하는 경우를 말한다. 수사적 일탈을 통하여 표현의 단조로움, 지루함, 무미건조함 등을 줄일 수 있다.

### 4) 정확성

광고 표현은 해당 시대의 문법 체계와 일치해야 한다. 동시대의 트랜드와 일치하는 문법 체계를 반영할 수 있어야 한다.

# Ⅱ. 광고 수사법의 분류 및 종류[2]

## 1. 비유의 수사법

비유법이란 다양한 비유기법을 활용하여 어휘의 의미를 전이시키는 수사법을 말한다. 강하고, 좋고, 긍정적인 보조관념의 의미 및 이미지를 원관념으로 전이시킨 것을 말한다. 세부적으로 직유법, 은유법, 풍유법, 의인법, 활유법, 환유법, 제유법, 의태법, 중의법, 돈호법 등이 있다.

직유와 은유가 '원관념'과 '보조관념'이라는 서로 다른 두 개의 사물의 유사성을 바탕으로 만들어지는 비유라면, 환유와 제유는 두 사물 사이에 있는 관련성 또는 인접성을 바탕으로 만들어진 비유이다.

---

2 김동규 (2003). 카피라이팅론. 나남출판; 김병희 (2007). 광고 카피 창작론-기본원리편. 나남출판; 양웅, 김충현 (2005). 광고 표현의 수사적 특징 변화 연구. 광고연구. 66, 239-265. 등의 글을 참조함.

## 1) 직유법

### (1) 정의

'~처럼', '~같이', '~같은', '~양', '~듯'같은 연결어를 사용하여, 표현하려는 원관념을 보조관념에 직접적으로 비유하는 것을 말한다. 모든 비유법 가운데 가장 역사가 오래된 기법이다. 비유법 중 가장 간단하고 명쾌한 형식으로는 2개의 사물을 직접적으로 비교하여(명시적으로 비유) 표현하는 방법이 있다.

### (2) 장점

원관념, 보조관념이 표면적으로 드러나기 때문에 의미가 분명해진다. 정확성, 논리적, 설명적인 특성을 갖는다. 겉으로 드러나는 비유이므로 묘사가 정확하고 설명적이다.

### (3) 유형 및 사례

① 축어적 직유법: 서로 다른 대상이나 관념을 정확하고 엄격하게 비교하는 기기법이다. 다른 해석의 여지가 없다. 논리적이어야 하는 바디카피에 사용한다.

② 비유적 직유법: 정보 전달보다 정서 표현, 다양한 의미에 무게를 싣는 비교 기법이다. 폭넓은 비유가 가능하다. 헤드라인, 슬로건 창작 시 활용된다. 반면 하나의 광고 안에서 지나치게 자주 활용하면 알맹이가 없는 공허한 메시지로 비춰지기 쉽다.

대표적인 사례로 산소 같은 여자(태평양, 아모레 마몽드), 하이패스는 나무 한 그루를 심는 것과 같습니다(한국도로공사 하이패스), 보험처럼 마셔라(헛개차) 등을 들 수 있다.

## 2) 은유법[3]

### (1) 정의

'A = B'라는 문장 구조를 통하여 보조관념의 의미를 원관념에 전이시켜, 원관념의 의미를 새롭게 규정하는 표현기법을 말한다. 경우에 따라서는 '자연을 담는 큰 그릇'과 같이 A = B에서 원관념 A가 제시되지 않는 경우도 있다.

두 단어 사이의 개념적 차별성, 유사성에 기초하며, 원관념과 보조관념의 의미

---

3 메타포(metaphor) 어원 : 그리스어 '메타 meta(~넘어서: over)'+ '포라 phora(나르다: carrying)'의 합성어. 한 단어의 의미를 다른 의미로 옮기는 것

가 유사하면서도 차별적일 때 좋은 은유라 할 수 있다. 즉 사용되는 두 개념이 완전히 똑같아도 안 되며 터무니없이 상관 없어도 안 된다.

– 차별성: 표면적으로 두 단어, 관념이 상관없어 보이는 성질. 이질성을 말한다.

– 유사성: 두 단어, 관념이 내적으로 서로 비슷하다.

**(2) 유형 및 사례**

카피 창작 시 비유되는 두 단어(원관념, 보조관념)가 너무 유사해서는 안 되지만, 동시에 너무 동떨어져서도 안 된다.

사례로는 내 마음은 호수요(김동명, 내 마음은 호수요), 양말도 옷이다(싹스탑). 건설은 패션이다. 건설은 연예다(금호건설), 우유는 키스다(서울우유) 등이 있다.

### 3) 풍유법

**(1) 정의 및 장점**

원관념을 숨긴 상태에서 전하고자 하는 메시지를 직접 드러내지 않고, 속담, 격언을 차용하여 간접적으로 암시하는 수사법을 말한다. 이를 통해 원관념을 유추하게 하는 수사법(본뜻은 숨기고, 비유하는 말만으로 숨겨진 뜻을 암시하는 수사법)이다. 주요 장점은 교훈적인 메시지 처리에 유용하며, 소비자 주목을 유도하는 점, 소비자에게 즐거움과 재미를 준다는 점 등이다.

**(2) 유형 및 사례**

① 속담을 그대로 헤드라인으로 적용시킨 유형: 등잔 밑이 어둡다(에덴주택), 소 잃고 외양간 고친다 (현대해상보험)

② 속담의 의미를 의도적으로 조작, 변형시킨 유형: 형만한 아우도 있다(한국야쿠르트), 뛰는 노트북 위에 나는 ThinkPad(LG IBM, 씽크패드)

③ 고사성어를 이용하여 한자로 표현한 유형: 유비무암(有備無癌)(삼성생명)

④ 속담의 언어적 의미를 글과 그림으로 함께 표현하는 유형

**(3) 창작시 유의점**

카피 창작시 속담이나 격언을 단순히 차용하는 수준을 넘어 크리에이티브로 승화해야 한다. 원래 속담에 단어, 문장을 추가로 덧붙여 의도적으로 조작함으로써 익살, 재치, 풍자를 부여하여야 한다. 사례로는 밑 빠진 독에 칼슘 붓기?(유유산업, 본키), 길고 짧은 것은 써봐야 안다 (듀라셀) 등이 있다.

## 4) 의인법

### (1) 정의

의인법은 무생물, 동물, 식물, 추상적 개념 등을 마치 '사람'인 것처럼 비유하는 수사법이다. 사람이 아닌 것을 사람에 비유해서(비겨) 사람이 행동하는 것처럼 표현하는 것을 말한다. 이솝우화, 죽부인전 등 문학 작품의 대표적인 수사법 중 하나이다.

광고의 경우 모델(실제인물 및 상징물(허구적 브랜드캐릭터 등), 기타 광고표현 속의 비유물을 사용하는 것으로, 제품에 인격을 부여하는 수단으로 자주 활용된다.

### (2) 장점

① 제품 등에 대한 친근감을 부여하며, ②(제품의 상업적 메시지가 아닌) 소비자의 언어로 이해하여 심리적 거리감을 감소시키며(편하고 가까운 존재로 인식), ③ 소비자 혜택, 편익 가치 등을 쉽게 전달할 수 있다.

### (3) 유형 및 사례

① 제품 또는 제품과 관련된 사물을 사람으로 표현하기

- 카메라, 긴장하다 (500만화소 카메라폰 애니콜 포토제닉)
- 철은 자연과 함께 사는 법을 알고 있습니다(포스코)
- 컬러에 빠진 햅틱(애니콜 햅틱)
- 자동차가 말이 통하는 친구가 될 때까지... (현대기아자동차그룹)
- DSLR이 스스로 상상하기 시작했다 (올림푸스 E-30)
- 몸이 칭찬하는 빵 (파리바케트)
- 사람을 사랑하게 된 에어컨 (LG 휘센)
- 뉴욕 증시에서도 은행이 활짝 웃었습니다(주택은행).
- 우리 회사 최우수 직원!(삼성라제트).
- 창이 시를 읊으면, 마루가 꿈을 꾼다(이건창호 이건마루).
- 지금 들리세요? 당신 차의 행복한 웃음소리가…(현대모비스)

② 사물이 스스로 말하게 하기

- 헐~ 엄마 없으면 라면도 못 끓여먹는 네가 오겠다고? (코오롱 스포츠)
- 날씬한 여자들은 왜 참치만 찾는 거야? 나도 참치가 되고 싶어~(동원 참치)
- 쌀겨 세안 해본 분이라면 이 느낌 아실 거예요(애경폰즈, 그림 9-1)

### 5) 활유법

#### (1) 정의

무생물, 추상적 개념 등 생명체가 아닌 사물을 생명이 있는 것처럼 표현하는 수사법을 말한다. 원관념을 동물이나 식물과 같이 단순히 살아있는 생명체로 취급하여

**그림 9-1** 안전벨트의 소중함을 알리기 위해 사람을 사물(안전벨트)로 형상화하였다.

그림 9-2 사물이 직접 말하게 한 애경 폰즈 광고. 이처럼 제품이 직접 말하는 경우도 있지만 반대로 직접 말하지 않고 단순히 시각적으로만 제품을 의인화하여 표현하기도 한다.

표현한다.[4] 문장을 낯설게 하여 임팩트(새로움)를 부여하는 일종의 '무생물 주어 효과'가 있다. 가장 흔히 사용되는 수사법 중 하나이다.

### (2) 장점

사물, 제품에 생동감 또는 역동성을 부여하며, 친근감을 준다.

### (3) 사례

주요 사례로는 당신이 잠들 때 에이스는 깨어납니다(에이스침대). 은행이 활짝 피었습니다(주택은행) 등이 있다.

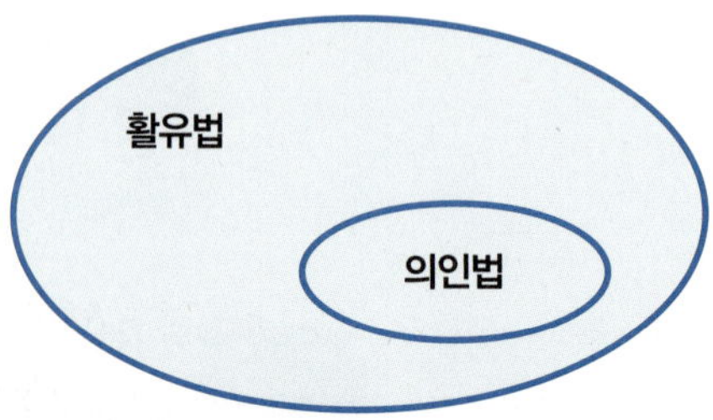


그림 9-3 의인법과 활유법 관계. 의인법은 더 큰 의미의 활유법의 하나이다.

4 무생물 등에 인격적 요소를 부여하여 마치 사람처럼 표현하는 것이 의인법이라면, 활유법은 원관념을 사람처럼 표현하지 않고 단순히 살아있는 생명체로 표현하는 기법

### 6) 환유법

#### (1) 정의

어떤 사물을, 그것의 속성과 밀접한 관계가 있는 다른 단어를 빌려서 표현하는 수사법. 단어가 갖는 일반적인 상징성, 대표성을 통해 원관념을 표현한다. 우리 민족을 흰옷으로 표현하는 것이 이에 해당한다.

#### (2) 사례

대표적인 예로 "울어라! 암탉아(숙명여자대학교)"를 들 수 있다.

### 7) 제유법

#### (1)정의

사물의 일부분, 특정 부분을 통해서 그것이 속한 전체를 비유하는 것을 말한다. 환유와 제유의 차이는 본 관념과 보조 관념이 연계되는 관계의 차이이다. 환유의 경우 원관념과 보조관념이 상대적으로 독립적이면서 인접한 것이라면, 제유의 경우 본 관념과 보조관념이 부분과 전체로 종속된 관계에 있는 경우이다. 환유와 제유는 명확하게 구분되기 어려우며 제유를 환유에 포함시켜 이해하기도 한다. '빵이 아니면 죽음을 달라'에서 '빵'은 식량의 한 종류로서 '식량' 전체를 의미한다.

#### (2) 사례

큰 코 다칠라(대우 자동차)의 경우, 사람의 일부분으로 전체 의미를 전달하였다.

### 8) 의태법

#### (1) 정의

특정 대상의 기능, 특성 등을 사람, 생물의 동작이나 모양에 빗대어 표현하는 수사법을 말한다. 의태법은 시각(모양) 이미지에 빗대어 표현하는 기법으로 '의태어'[5]를 사용하여 표현한다. 장점으로는 제품에 생생한 느낌, 역동성 부여할 수 있다.

#### (2) 사례

파닥 파닥(딤채), 찰랑 찰랑(꽃을 든 남자, 케라틴 헤어팩)

---

5 의태어: 사람, 사물의 모양이나 움직임을 흉내 낸 말. '아장아장', '엉금엉금', '번쩍번쩍', '찰랑찰랑'

#### (3) 창작시 유의점

카피 창작시 시각적 효과를 통해 소비자의 구매욕을 자극하는 제품군에 적합하다. 모양, 동작의 느낌을 생생하게 살려내는 것이 관건이다.

### 9) 중의법

#### (1) 정의

하나의 단어, 구, 절에 두 가지 이상의 의미로 해석될 수 있는 메시지를 담아서 의미의 확장을 시도하는 수사법을 말한다. 한 마디로 두 가지 이상을 전달하는 기법으로 언어의 '경제성', 언어의 '개방성'을 추구한다. 한 단어에 두 가지 이상의 뜻을 곁들어 표현함으로써 언어의 단조로움으로부터 벗어나고, 여러 의미를 나타낼 수 있다(경제성). 또한 소비자에게 광고에 참여해서 의미를 해석하도록 요구(개방성)하는 효과가 있다. 즉 주목 효과와 기억도 제고 효과가 있다.

#### (2) 사례

그녀가 잘 사는 이유(쿠팡), 말이 잘 들립니다(00700)

#### (3) 창작시 유의점

첫째, 순간적으로 바로 이해되게 창작해야 한다. 중의적인 표현이 이해하기 어렵거나 한참 생각하게 하는 표현이라면, 소비자는 그 광고를 외면하기 때문이다. 둘째, 제품과 관련성이 있도록 표현해야 한다. 셋째, 소비자들이 자발적으로 메시지 해석에 참여하도록 유도해야 한다.

### 10) 돈호법

#### (1) 정의

특정 대상을 지칭하여 이름을 호명함으로써, 주위를 환기시키는 수사법을 말한다. 호명의 대상은 생물, 무생물이건 관계없이 이름을 부를 수 있는 것은 모두 해당된다. 마치 사람을 부르는 듯한 어투로 부르는 형태를 취한다. 주의 환기와 주목도를 높이는 효과가 있다.

#### (2) 사례

명수야 모하니(모하니), 미안해! 파리(국립현대미술관)

## 2. 변화의 수사법

변화법은 단어, 구, 절 등 문장 구성요소의 순서, 위치에 변화를 주거나, 평서문을 의문형, 명령형 등으로 어형을 변화시키는 수사법을 일컫는다. 단조롭거나 평범한 문장에 변화를 일으키려는 목적으로 사용. 주의 주목을 끌 수 있다.

### 1) 도치법

**(1) 정의**

정상적인 언어 배열 위치를 의도적으로 바꾸고, 문법적 순서를 뒤바꾸어 강한 인상을 주려는 수사법을 말한다. 논리적으로나 문법적으로나 합리적인 문장의 서술 순서를 바꾸어 변화를 주는 방법으로 많이 사용되는 기법이다.

**(2) 장점**

특정 key word를 강조하는 효과가 있다. 카피에 신선함과 참신함을 부여하며, 서술어를 빼는 대신 핵심 키워드를 강조함으로써 기억에 도움을 준다. 소비자의 행동을 직접적으로 촉구한다. 따라서 캐치프레이즈성 슬로건에 자주 활용된다.

**(3) 사례**

높다! 라비타(현대자동차, Lavita), 떠나라! 열심히 일한 당신(현대카드)

### 2) 인용법

**(1) 정의 및 장점**

타인의 말이나 글을 인용하여 광고 카피로 활용하는 수사법이다. 남의 말이나 글을 자신의 말, 글 속에 넣어 쓴다. 장점으로는 카피의 신뢰도를 높다. 광고 내용을 충실히 하고 정확성을 꾀할 수 있다는 점이다.

**(2) 유형**

① 직접인용법: 남이 한 말을 그대로 옮겨 놓는 방법. 보통 따옴표 사용

② 간접인용법: 남의 말을 고쳐서 옮겨 놓는 방법

**(3) 창작시 유의점**

인용하는 말이나 글이 제품의 특성, 혜택을 극대화하는 맥락에서 인용해야 한다. 가급적 많은 사람들이 알고 있는 말이나 글을 인용할수록 광고효과가 높아진다.

### 3) 의문법

#### (1) 정의 및 장점

평서문을 의문문으로 바꿔서 표현하는 수사법. 의문부호 '?'를 사용하기도 한다. 장점으로는 독자의 호기심, 궁금증을 유도한다. 소비자를 질문에 참여하도록 유도하여 상호작용 유발한다.

#### (2) 유형 및 사례

① 설의법: 질문에 대한 긍정적인 동의를 유도하는 기법. 껍데기만 바꾼다고 신차입니까?(GM대우, 라세티)

② 문답법: 질문과 함께 해답을 동시에 제시하는 문장 기법
주요 사례로 지금 필요한 것은 뭐? 속도(LG파워콤, 엑스피드), 광복 했소?(프로스펙스) 등이 있다.

#### (3) 창작시 유의점

너무 오랫동안 답을 생각해야 하는 질문은 금물이다. 어려운 질문은 소비자가 외면할 수 있으니 피해야 한다. 소비자들의 참여를 더 많이 유도할 수 있는 질문을 창작하는 데 주안점을 두어야 한다.

### 4) 반어법

#### (1) 정의

실제 의도와는 정반대로 표현함으로써 오히려 메시지의 호소력을 배가시키고 문장의 의미 변화를 모색하는 수사법을 말한다.

#### (2) 사례

어머, 너무 고와지면 안 되는데(마프러스). 아들아! 아무것도 필요 없다(KTF Show)

#### (3) 창작시 유의점

소비자가 공감할 수 있는 범위 안에서 표현할 필요가 있다. 범위를 넘어설 정도로 지나치면 역효과이다.

### 5) 역설법

#### (1) 정의

한 문장 안에서 반대, '모순'되는 의미를 가진 단어, 구 등을 동시에 사용함으로써 메시지의 내용을 부각시키는 수사법을 말한다. 표면상으로는 앞뒤가 안 맞는 단어가 공존하여, 모순되고 잘못된 것으로 보이나, 자세히 생각하면 공감할 수 있는 진실이 담겨있다. 소비자의 관심을 집중시키는 장점이 있다. 찬란한 슬픔의 봄을(김영랑, 모란이 피기까지는). 소리 없는 아우성(유치환, 깃발) 등의 표현이 이에 해당한다.

#### (2) 사례

쓸수록 버는 카드(LG하이카드), 눈으로 마시는 맥주(카프리)

#### (3) 창작시 유의점

단순히 역설적 내용의 헤드라인만을 제시하는 데 그쳐서는 안 된다. 바디카피에서 구체적으로 부연 설명하여 소비자들이 이해할 수 있도록 해야 한다.

### 6) 명령법

#### (1) 정의 및 장성

무엇을 시키거나 특정 행동을 요구, 지시 하는 수사법을 말한다. 문장 끝에 명령형 어미를 붙여 소비자의 태도 변화를 유도하고 구매행동을 촉구한다. 반면 심리적 거부감, 반발심 유발 등의 우려도 예상할 수 있다. 장점으로는 강력한 표현력을 가질 수 있으며, 내용을 강조하여 주의를 유도할 수 있다는 점이다.

#### (2) 유형

주요 사례로는 소년들아 마라핫 먹고 울지마라(BBQ). 흔들어라! 더 부드러워진다(처음처럼) 등이 있다.

#### (3) 창작시 유의점

강압적으로 명령하듯이 쓰는 것을 자제해야 한다. 소비자들이 광고에서 제시하는 행동을 할 경우 혜택을 얻을 수 있다는 느낌을 주는 명령법이 바람직하다.

## 7) 대구법

### (1) 정의

유사한 형태의 문장 구조들을 나란히 두어 반복하는 방식(문장 구조가 평행, 대칭을 유지하거나 문장구조의 반복)을 말한다. 대구는 반복의 일종으로 볼 수 있다.

### (2) 장점

첫째, 카피의 형식적인 묘미를 통해 운율적 조화를 이룬다. 둘째, '반복'을 통해 주의와 관심 집중, 기억을 돕는다. 셋째, 경쟁사 대비 주장의 강조 또는 이해도를 높인다.

### (3) 창작시 유의점

첫째, 먼저(반드시), 표현하고자 하는 내용을 먼저 정한다. 둘째, 운율감각을 살려 카피에 리듬감을 준다. 크게 역접(대조)과 순접(강조) 방법을 활용한다.

### (3) 유형 및 사례

① 의미의 대조 (But, Or) = 대조법

- 운전은 한다. 차는 모른다 (스피드메이트)
- 무리로 잊혀지느냐, 전설로 기억되느냐(푸르덴셜생명)
- 아이스크림은 차가운 것이 아니라 사랑처럼 따뜻한 것입니다(빙그레)
- 당신의 얼굴은 잠깐 찡그려지지만 누군가의 얼굴은 평생 활짝 피어납니다(공익광고협의회, 헌혈)
- 그들이 아끼면 그들의 역사이고 우리가 아끼면 우리의 역사입니다(대조 및 강조)

② 의미의 강조 (And, Because)

- 봄 탄다 KTX 탄다
- 고마워요 김대리, 함께해요 모닝케어
- 습기가 차면 돈이 날아갑니다(물먹는하마)
- 깐깐한 물 깐깐한 서비스(웅진 코웨이 정수기)
- 한강을 산다, 한강에 산다(e-편한세상)
- 자연에게 사랑 받는 기술이 고객을 사랑하는 기술입니다(LG)

### 8) 생략법

#### (1) 정의

특정 단어, 구, 절 등을 생략함으로써 여운을 남기는 수사법을 말한다. 보통 문장 말미에 '말줄임표…'를 붙인다.

#### (2) 장점

흥미를 불러일으키며 소비자가 광고에 참여하여 생략된 문장을 완성하도록 유도한다. 소비자 스스로 미완의 문장을 완성하려는 경향이 있기 때문이다.[6] 기억과 주의 집중에 긍정적인 효과를 줄 수 있다.[7]

#### (3) 창작시 유의점

지나치게 문장을 생략해서는 안 되며, 소비자가 알 수 있을 정도로 암시를 하는 선에서 생략해야 한다. 지나치게 문장을 생략하면 전달하려는 의미가 모호해질 수 있으므로, 소비자가 알 수 있는 선에서 생략하는 것이 바람직하다.

사례: 오래 오래 입고 싶어서…(트롬), 우리가 뭐라고, 맥주가 뭐라고(하이트)

---

6 게스탈트심리학 완결성의 원리: 자극물이 불완전할 때 불완전한 부분을 완전하게 바꿔서, 가급적 완전한 전체로서 지각하려는 경향

7 자이가닉 효과: 사람들은 이미 충족된 것보다는 미충족된 것을 더 잘 기억함. 완성된 것보다 아슬아슬하게 끝을 맺지못하는 것을 더욱 갈망한다는 인간심리. 자이가닉(Zaigarnik)이라는 학자가 이런 현상을 풀기 위해 실험을 했는데, 총 32명의 성인 피험자들에게 수수께끼나 암산문제를 풀게 했다. 그 중 절반의 피험자들에게는 모든 문제를 풀 수 있는 충분한 시간을 주었다. 그러나 나머지 피험자들에게는 열심히 문제를 풀고 있을 때 중도에서 그만두게 하고 다음문제를 풀게 하는 것을 반복했다. 몇 시간이 지난 후 각자에게 제시된 문제를 기억하도록 해본 결과 문제를 다 풀었던 피험자들은, 중도에서 방해를 받았던 피험자들에 비해 더 많은 시간을 썼음에도 불구하고 문제에 대한 회상 비율이 현저하게 낮았다. 이처럼 미완성 과제에 대한 기억이 완성 과제에 대한 기억보다 더 잘 기억되는 현상을 '자이가닉 효과'라고 했다. 미처 끝내지 못한 일은 사람들로 하여금 긴장감을 불러일으키는데 이 긴장감 때문에 그 생각이 머리에서 떠나지 않고 반복해서 떠오른 것이다. 학생들은 시험에서 맞았던 문제보다 틀린 문제를 더 오래 기억하고, 받지 못한 돈들을 더 잘 기억하듯이, 인간관계에서도 아쉬웠던 점, 충분히 충족되지 못한 것이 더 생생하게 기억나는 것은 자이가닉 효과로 볼 수 있다. 따라서 상대편에게 강한 기억을 오래 남기고 싶다면 즐거운 기억을 조금 아쉽게 하고 마무리 하는 것도 좋다.

## 3. 강조의 수사법

표현하려는 내용을 뚜렷하게 나타내어, 광고를 보고, 읽는 이에게 강력한 인상이 느껴지게 하는 표현법을 말한다.

과장, 반복, 대조 등의 기법을 활용하여 제품의 특장점, 소비자 혜택, 브랜드 네임 등을 강조한다.

### 1) 과장법

#### (1) 정의

특정 대상을 실제보다 부풀려서 표현하는 수사법. 실제보다 크게 확대하는 것, 파격적으로 축소하는 것 모두 과장법에 속한다.

#### (2) 사례

이것은 마치 고삼이 되자마자 대학생이 되는 그런 속도(삼성 갤럭시)

#### (3) 창작시 유의점

한눈에 과장되었음을 알 수 있도록 비약적으로 과장하여 제시해야 한다. 과장법을 잘못 사용하면 설득력, 신뢰도가 떨어진다.

### 2) 반복법

#### (1) 정의 및 장점

똑같은 단어, 구, 절을 반복함으로써, 전달하는 내용을 강조하는 방법을 말한다. 장점으로는 동일한 내용을 반복하면 기억률을 높이고, 강조하는 효과를 거둘 수 있다.

#### (2) 유형 및 사례

수구반복과 결구반복이 있다.

① 수구반복: 문장의 첫 단어, 구절을 반복하는 경우

② 결구반복: 문장의 마지막 단어, 구절 등을 반복하는 경우

주요 사례로는 인간에게 와서 인간으로 돌아갑니다(장에는 GG). 잘생겼다, 잘생겼다(SK텔레콤) 등이 있다.

### 3) 영탄법

#### (1) 정의 및 장점

감탄법을 일컫는다. 감탄사('오', '아아', '아이구'등)나 느낌표 '!'를 사용하여 평상시보다 강하고, 깊고, 짙은 감정을 표현하는 수사법이다. 광고의 내용을 고조, 압축할 수 있다. 장점으로는 주의 유발. 광고 메시지에 대해 공감하는 분위기를 확산할 수 있다.

#### (2) 사례

어머! 얼굴이 반쪽이네(에바스 보시앙). 어허! 세상의 존경을 받는다는 위스키께서…(스카치블루)

#### (3) 창작시 유의점

영탄법을 너무 남발할 경우 메시지 전달력과 설득력이 약화된다. 소비자들이 느낌을 공유하고 공감할 수 있게 작업해야 한다.

### 4) 열거법

#### (1) 정의

내용적으로 연결되거나 비슷한 단어나 구, 또는 절을 여러 개 늘어놓아, 전체의 내용을 강조하는 수사법이다. 똑같은 말을 반복하는 것이 아니라, 유사한 어구를 중첩, 길게 나열하는 것이 특징이다. 제품 기능, 특징을 자세히 설명하거나, 문장 나열을 통해서 운율을 살리려 할 때 사용한다.

#### (2) 사례

훈훈함을 더합니다. 치우침이 없습니다. 믿음이 배가됩니다. 항상 독자와 함께 합니다(경향신문)

#### (3) 창작시 유의점

지나치게 나열하면 지루해지고 긴장감이나 집중도가 떨어진다. 연결되는 단어, 구, 절 등은 서로 논리적 연계성을 지니도록 쓴다.

### 5) 점층법

#### (1) 정의

카피의 표현 강도를 약한 것에서 강한 것으로 점점 높여나가는 수사법(문장의 뜻을 점점 강하고, 크고, 높게 하여 마침내 절정에 이르도록 하는 수사법)을 말한다. 사물, 감정, 의미를 상승시켜, 메시지를 단계적으로 강조하고 소비자의 마음을 움직이며 설득하는 방법이다.

**(2) 사례**

날 마다, 달 마다, 해 마다(도깨이 은행)

**(3) 창작시 유의점**

자칫하면 문장 자체만 길어지고 형식적인 말장난으로 끝날 수 있다. 너무 남용해서는 안 된다.

### 6) 점강법

**(1) 정의**

카피의 표현 강도를 강한 것에서 약한 것으로 점점 낮춰나가는 수사법이다. 의미가 지속적으로 축소되거나 하강하는 느낌을 줌으로써 단계적으로 광고 메시지에 대한 소비자 관심을 유발하고 설득하는 경우를 말한다.

**(2) 사례**

마음은 월척, 몸은 피라미(유유산업, 비나폴로F)

**(3) 창작시 유의점**

점강법의 경우 메시지 약화, 하강을 브랜드 특성과 절묘하게 연결시키면 뜻밖의 기대효과를 얻을 수 있다.

### 7) 대조법

**(1) 정의**

정반대의 의미를 지닌 단어, 구, 절 등을 나란히 내세워 양자의 대조적인 상태를 강조하는 방식을 말한다. '인생은 짧고, 예술은 길다'와 같은 경우이다.

**(2) 장점**

상반되는 개념을 통해 인상을 선명하게 한다. 또한 제품 특성 전달이나 소비자 혜택을 강조하기 용이하다. 기억을 높이는 효과가 있다. 대구의 형태로 나타난다.

#### (3) 사례

사랑이라 부르면 너무 무겁고, 좋아한다 말하면 너무 가볍다(하이트 맥주)

### 8) 파격어법

#### (1) 정의

의도적으로 한자, 영어 등을 조합하고, 철자, 문법을 파괴하여 표현하는 수사법이다. 논리적으로나 문법적으로나 올바른 철자법, 문법 등의 격식, 룰, 기준을 깨뜨리는 경우를 말한다.

#### (2) 장점

가장 주된 장점이자 기대효과로는 소비자들의 주목을 불러일으킨다는 점이다. 카피 창작에서 의도적으로 문법을 파괴하는 이유는 보다 주목받는 말과 글을 만들기 위해서이다.

#### (3) 유형 및 사례

① 문법 파괴형: 의도적으로 문법을 오기하는 유형
어찌 하우리까(하우리). 노래? 내가 좀 돼지(돼지바). 결혼해듀오(듀오)

② 영어 및 한자를 통한 의미 조작형: 한글에 한자, 영어를 섞어서 의미를 조작
그 입술 무슨 水를 쓴 거지(에뛰드 아쿠아톡스), 피부나이를 지키는 필水품(ORBIS)

③ 비표준어 사용형: 은어, 속어 등 비표준어를 광고언어로 사용하는 유형
one하면 다 된다(LG전자, 옵티머스원)

## 4. 소리의 수사법

소리를 활용하는 수사법으로, 문장 내 특정 음운을 반복하여 운율 변화, 리듬감을 강화시킨다. 소리, 운율감, 리듬감을 살려서 청각을 자극. 주위 환기한다. 반복법의 단순 하위 기법으로 분류하는 연구도 있다.

### 1) 두운법

#### (1) 정의와 장점

문장 첫 머리에서 같은 자음, 같은 어구를 반복하는 수사법을 말한다. 음운 반복을

통해 소비자 주위를 환기시키며, 브랜드, 제품 특징, 혜택 등의 기억을 용이하게 한다. 브랜드네임, 슬로건 작업에 효과적이다.

#### (2) 사례

속마음은, 속옷으로 전하세요(레노마). 걸면 걸리는 걸리버(걸리버)

#### (3) 창작시 유의점

기계적으로 무의미하게 자음을 반복하기보다 소비자 혜택, 브랜드 네임 등으로 연결시키며 반복하는 것이 효과적이다.

### 2) 모음법

#### (1) 정의

두 단어 이상, 구, 절 등에서 반복되는 소리가 모음(아, 에, 이, 오, 우…)인 경우의 수사법을 말한다. 자음에 비해 발음이 잘 드러나지 않고, 눈치 채기가 비교적 쉽지 않으며, 발견하기가 어렵다. 장점으로는 부드러운 어감을 전달하며 카피의 운율을 살릴 수 있다. 장기간에 걸쳐 소비자 기억을 활성화에 용이하다.

#### (2) 사례

아내는 여자보다 아름답다(동서식품, 프리마)

### 3) 각운법

#### (1) 정의 및 장점

두 단어 이상, 구, 절 등에서 마지막 부분이 반복되며, 청각을 자극하는 수사법. 마지막 음절 및 단어가 유사 발음으로 끝나면 반복 효과가 배가된다. 기억도를 높이고 여운, 반향을 남기는 등의 장점이 있다.

#### (2) 사례

싸니까, 믿으니까, 인터파크니까(인터파크). 유쾌, 상쾌, 통쾌(메가패스). 펜잘큐 땡큐(종근당, 펜잘큐)

#### (3) 창작시 유의점

기계적이고 단순 무의미한 반복은 지양해야 한다. 반복을 통해 음절, 단어의 의미가 확장되도록 카피를 구성해야 한다. 각운에 사용된 요소들끼리 조화를 창출하도록 발상한다.

### 4) 의성법[8]

#### (1) 정의 및 장점

사람, 동물 등이 내는 소리를 활용하여 표현하는 수사법. '의성어[9]'를 이용하는 경우이다. 소리를 활용하여 표현하면 제품에 생동감 및 역동성을 불어넣을 수 있다는 점이 장점이다. 식품, 음식의 경우 씨즐(sizzle)[10]을 더욱 강조할 필요가 있다.

#### (2) 사례

사각 사각(롯데칠성음료, 사각 사각), 뽀드득(부광 브렌닥스)

#### (3) 창작시 유의점

인쇄광고에서 의성법을 이용할 경우, 마치 소리가 들리듯이 표현해야 한다.

### 5) 동음이의어법

#### (1) 정의 및 장점

발음은 같지만, 의미가 다른 단어, 어구를 조합하여, 재치 있고 익살(pun)스럽게 표현하는 수사법을 말한다. '동음이의어[11]'를 이용한다. 즉 발음, 소리의 유사성을 이용하는 수사법이다. 주요 장점으로는 유사성을 통한 주목 유발과 재치, 유머를 주는 점이다.

#### (2) 사례

- e맛에 간다(eHYUNDAI.com), '우정'은 변하지 않습니다

---

8 양웅, 김충현(2005)은 의성법을 비유법으로 분류

9 의성어: 사물의 소리를 흉내 낸 말. '멍멍', '야옹 야옹'

10 씨즐(Sizzle): 씨즐은 고기를 구울 때 나는 소리인 지글지글의 서양식 표현. 또는 '지글지글 하는 소리를 내다'라는 뜻. 씨즐이란 원래 음식을 후라이팬에서 구울 때 지글지글하는 소리를 말하는 의성어. 한편 씨즐광고는 소리 등을 통해 소비자의 감각을 자극하여, 구매욕구을 일으키게 하는 광고. 식품 광고에서 많이 사용

11 동음이의어: 소리는 같지만 뜻이 다른 낱말. 두 개 이상의 낱말이 우연히 소리만 같을 뿐 전혀 다른 뜻으로 사용되는 경우에 이 낱말들을 동음이의어라고 함. 예를 들어, '발'은 '가늘고 긴 대줄을 엮어 무엇을 가리는 용도로 사용하는 발'과 '신체의 일부인 발(足)'이 있음

표 9-1 광고 수사학의 분류

| 비유의 수사법 | 변화의 수사법 | 강조의 수사법 | 소리의 수사법 |
|---|---|---|---|
| 직유법 | 도치법 | 과장법 | 두운법 |
| 은유법 | 인용법 | 반복법 | 모운법 |
| 풍유법 | 의문법 | 영탄법 | 각운법 |
| 의인법/활유법 | 반어법/역설법 | 열거법 | 의성법 |
| 환유법/제유법 | 명령법 | 점층법/점강법 | 동음이의어법 |
| 의태법 | 대구법 | 대조법 | |
| 중의법 | 생략법 | 파격어법 | |
| 돈호법 | | | |

(* 출처: 김병희 (2007). 광고 카피 창작론-기본 원리편. 파주: 나남출판.)

- '우정'이 변했습니다 (우체국), 난 네게 반했어(00700),
- 자녀의 신학기는 身학기입니다(정관장)
- 안(眼) 좋으세요?(토비콤)
- 쉬~원하게 합시다(LG생명과학, 카리토)
- 결혼, 잔소리는 말아듀오 I do!(듀오)
- 한 장이면 大(케토톱)
- 기타 다의적 표현(얼굴 펴고 사세요-아이오페, 소문 한번 맵네(해찬들 태양초 고추장), 머리를 씁니다(아쿠아후레쉬칫솔)

### (3) 창작시 유의점

두 가지 이상의 의미로 해석될 수 있는 적합한 단어의 사용이 중요하다.

### <참고문헌>

김동규 (2003). 카피라이팅론. 나남출판

김병희 (2007). 광고 카피 창작론-기본 원리편. 파주: 나남출판.

박영준, 김정우, 안병성, 송민규 (2006). 광고 언어론: 언어학의 눈으로 본 광고. 서울: 커뮤니케이션북스.

양웅, 김충현 (2005). 광고 표현의 수사적 특징 변화 연구. 광고연구. 66, 239-265.

McQuarrie, E. F., & Mick, D. G. (1996). Figures of rhetoric in advertising language. Journal of consumer research, 22(4), 424-438.

# 10 방송매체와 크리에이티브

학습목차



## Ⅰ. 광고 매체의 개념

### 1. 광고 매체(advertising media)의 정의

매체란 라틴어로 'midius'란 단어에서 파생되었으며 중간(middle), 또는 중간에 있는 것을 의미한다. 물론 단순히 메시지를 담아 전달하는 중간자적인 역할에 그치지 않고 매체 자체가 메시지의 의미나 질을 판단하는 데 영향을 준다. '미디어는 메시지다'라는 마셜 맥루한(Marshall McLuhan)의 말처럼, 메시지를 담고 있는 매체에 의해 메시지의 의미가 제대로 파악된다.

커뮤니케이션에서 매체란 정보원과 수용자 사이의 시공간적 간격을 넘어 메시지를 전달할 수 있는 수단을 말한다. 크리에이티브 관점에서 매체는 광고가 표현되는 장으로서 광고를 소비자에게 전달하고 소비자의 의견을 광고주가 듣는 중개자, 또는 커뮤니케이션 플랫폼 역할을 한다.

### 2. 주요 광고매체

#### 1) 인쇄매체(printed media)

인쇄매체란 정보원의 메시지를 여러 사람들이 접하고 이용할 수 있도록 종이 등에 인쇄된 것을 말한다. 구체적으로 출판 행위를 통해서 만들어진 결과물들을 종이나 기타의 수단을 통해 독자에게 전달하는 것으로, 신문, 잡지 등이 있다.

### 2) 방송매체(broadcasting media)

방송매체는 전파매체라고도 하며, 정보원의 메시지를 공중파나 위성 신호와 같은 전파를 이용하여 수용자에게 전달하는 매체를 말한다. 대표적으로 TV, 라디오가 있다. 초기의 광고에서는 인쇄매체를 주로 이용하였으나, 제2차 세계대전 이후 라디오와 TV의 보급이 확대되면서 방송매체가 광고주의 광고 메시지를 전달하는 매우 중요한 광고 수단이 되었다.

한편 인쇄매체가 시각적 메시지만 전달 가능했다면, 방송매체는 시각적 메시지뿐만이 아니라 청각적 메시지, 동적인 영상까지 전달 가능하여 강력하고 효과적인 광고매체로 인식되었다.

### 3) 뉴미디어(new media)

1990년대 말 이후 대중화된 인터넷 매체는 방송매체의 단점을 보완하고, 상호작용, 저비용, 세분화 등의 장점을 바탕으로 급속도로 발전하고 있다. 모바일, DMB, IPTV, 페이스북이나 인스타그램과 같은 SNS 확산으로 광고매체가 급속도로 다양화되고 있다.

## 3. 크리에이티브와 광고 매체

매체에 따라 광고 및 카피의 표현, 제작 등이 달라져야 한다. 각 매체마다 다른 매체로는 해낼 수 없는 고유의 기능이나 특성이 있기 때문에 매체가 무엇이냐에 따라 광고 표현이 달라진다.

즉 동일한 메시지일지라도 어떤 유형의 매체를 선택하느냐에 따라 수용자에게 전달되는 의미와 효과가 다르게 나타날 수 있다. 따라서 광고 크리에이티브를 떠올리기에 앞서, 사용할 수 있는 매체를 고려해야 한다. 매체를 통해 다양한 메시지를 더 효과적으로 전달하기 위해 매체 특성에 대한 이해가 필수적이다.

# II. TV매체와 크리에이티브

TV 매체는 소비자 매체 접촉률 및 이용시간, 광고효과(광고 주목도, 호감도, 구매 후 만족도 등) 면에서 상위의 매체이다. 최근 TV 매체의 우위가 서서히 감소되는 반면 뉴미디어는 비약적으로 성장하고 있다. 이는 수용자 매체 소비 행태의 변화와 그에 따른 기업의 광고비 집행 패턴 변화 때문이다. TV 매체는 아직 사회적, 경제적, 정치적으로 중요한 지위와 역할을 담당하고 있으나, 모바일 등 디지털 미디어 발달에 따라 이용행태에서 큰 변화가 예상된다.

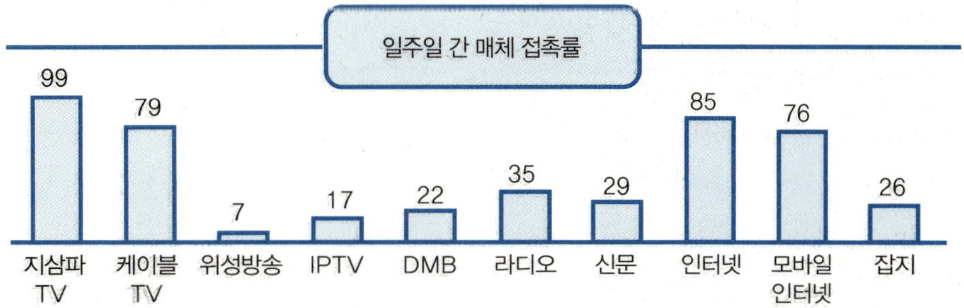


| | 지상파 TV | 케이블 TV | 위성방송 | IPTV | DMB | 라디오 | 신문 | 인터넷 | 모바일 인터넷 | 잡지 |
|---|---|---|---|---|---|---|---|---|---|---|
| 하루평균 이용시간 | 139분 | 60분 | 4분 | 8분 | 8분 | 22분 | 9분 | 68분 | 54분 | - |

(* 출처: KOBACO (2013.12). 2013년 소비자행태조사(MCR).)

## 1. TV 매체의 특성

### 1) 장점

(1) **영향력:** 시청각 매체로서 임팩트(Impact, 강렬성)가 강하다. 세부적으로 영향력이 큰 이유는 다음과 같다.

첫째, 소비자의 시각, 청각을 동시에 자극하며, 다각적인 커뮤니케이션이 가능하다. 둘째, 움직이는 영상, 高低(고저)가 있는 음성을 바탕으로 메시지를 생동감 있게 전달할 수 있다. 이로 인해 주의, 주목도를 높일 수 있다. 셋째, 높은 전달력으로 다양한 내용들을 이해하기 쉽게 설명하고 전달하며, 기억률을 높이고 소구력이 뛰어나다.

(2) **친밀성:** 현실을 반영하고 재현, 복제함으로써 소비자에게 친근감, 친밀성, 호감을 부여한다.

(3) **비용효율성:** 긴 접촉 시간과 보급률 등으로 거의 모든 사회 계층과 연령층, 지역 등에 도달하며, 광범위한 도달 범위로 인해 비용 대비 효율성이 높다.

(4) **통일성:** 전국적인 네트워크를 통해 TV 광고를 동시에, 대량으로 집행함으로써, 소비자에게 동일한 정보를 제공하고, 통일된 이미지 및 일관된 인상을 형성한다.

### 2) 단점

(1) **고비용:** 다른 매체에 비해 광고제작비, 광고단가(매체비) 등이 고가이다. 비용효율성이 좋은 매체지만, 광고를 제작하는 비용이나 개별 광고의 요금이 높기 때문에 광고 집행에 드는 절대 금액 면에서는 한꺼번에 큰 비용이 필요하다. 특히 TV는 일반적으로 저관여 매체이기 때문에 많은 노출이 필요하며, 이로

인해 비용이 많이 든다.

(2) **낮은 융통성:** 제작, running 등에 융통성이 없다. 제작 및 운용에 완벽을 기해야 하며, 지정한 날짜, 시간에 광고를 집행해야 한다. 원하는 프로그램과 시간에 광고를 하기 위해서는 미리 광고 시간을 구매해야 하는 등 상대적으로 복잡한 과정을 거쳐야 한다.

(3) **수용자 세분화 어려움:** 전국적으로 모든 연령층을 대상으로 하기 때문에 소비자 세분화가 상대적으로 어렵다.

(4) **clutter:** 독립적으로 하나의 광고만 제시되는 것이 아니라 각종 텔레비전 프로그램, 경쟁 광고 등에 둘러싸여 있으므로 clutter 현상이 심하다. 이에 소비자의 주의를 끌기 위한 방법이 필요하다.

(5) **자세한 정보 제공 불가능:** 전달 시간이 매우 짧다. 제품, 브랜드 등에 대한 자세한 정보 제공이 불가능하며, 충분한 정보에 근거한 이성적 설득이 어렵다.

(6) **엄격한 규제:** TV 매체의 영향력 때문에 다른 매체에 비해 규제가 심한 편이다. 제품 성격, 표현 방식 등에 따라 광고 노출에 제한이 있다.

## 2. TV 광고 심의

광고가 TV에 집행이 되기 위해서는 사전에 한국방송협회를 통해 해당 광고에 대한 심의와 심의필증을 받아야 한다. 즉 TV 광고는 대중에게 끼치는 영향력이 크기 때문에 대부분의 국가에서 엄격하게 규제하며, 광고물에 대한 사전심의 과정을 거쳐야만 광고를 집행할 수 있다. 2008년까지 방송통신위원회의 위탁을 받은 한국광고자율심의기구에서 법적 사전 심의를 실시했으나 현재는 한국방송협회에서 '사전 자율심의'를 거친다. 제품에 따라서 TV 집행이 불가능한 품목이 있고, 세부 제한규정이 있다.

## 3. 광고 영상의 5I[1]

### 1) 아이디어(idea)

광고 영상에는 창의적인 아이디어가 있어야 한다. 주목하고, 보고 싶게 만드는 남다른 idea를 창출해야 한다. 특히 갈수록 광고 혼잡도 현상이 심화되고 있고, 소비자들은 광고를 회피, 주의하지 않는다. 주목을 끌 수 있는 창의적인 아이디어가 필요하다. 이때, 신선하고 새롭고 상식을 뛰어넘는 아이디어가 있을 때 설득력이 배가된다.

---

1 * 출처: 오명환 (1998). 텔레비전 영상론. 서울: 나남출판.

**표 10-1** 방송광고심의에 관한 규정

| 구분 | 내용 |
|---|---|
| **주류광고 (방송광고심의 에 관한 규정 제33조)** | – 알콜성분 17도 이상의 주류광고 금지(제43조, 방송광고의 금지)<br>– 주류 방송광고에 어린이, 청소년, 임산부를 등장시키거나, 어린이, 청소년의 목소리 묘사도 금지(제33조)<br>– 방송광고가 허용된 주류의 경우에도 다음 시간에는 방송광고를 할 수 없음<br>1. 텔레비전 방송광고: 07:00 – 22:00<br>2. 라디오 방송광고: 17:00 – 익일 08:00 다만, 08:00-17:00의 시간대라도 어린이 · 청소년을 대상으로 하는 방송프로그램 전후에는 방송광고를 할 수 없음(제43조의 2, 방송광고 시간의 제한) |
| **어린이, 청소년광고 (제23조)** | – 어린이, 청소년의 품성, 정서, 가치관을 해치는 표현, 어린이 신체가 과도하게 노출되는 복장, 선정적인 장면을 연출해서는 안 됨<br>– 어린이 보호를 위해서, 어린이가 상품과 관련된 상업문, 광고노래, 제품의 특징을 전달하는 표현, 상품의 소유로 어린이의 능력, 행동이 변할 것이라는 표현, 상품을 소유하지 못하면 열등감을 갖거나 조롱의 대상이 된다는 표현, 상품을 구입하도록 어린이를 충동하거나 부모 등에게 상품 구매를 요구하도록 자극하는 표현, 어린이의 사행심을 조장하는 표현, 어린이를 위험한 장소에 있게 하거나 위험한 행동을 취하게 하는 표현, 어린이의 건전한 식생활, 건강을 저해하는 표현 금지(제23조)<br>– 어린이 방송프로그램의 진행자, 인물 · 애니메이션 주인공을 이용한 방송광고는 해당 프로그램의 광고시간 또는 전후 토막광고시간에 편성 · 방송됨으로써, 어린이가 이를 방송프로그램과 혼동하게 해서는 안 됨(제6조, 방송프로그램과의 구별) |
| **의약품광고 (제27조)** | – 효능, 성능을 과장하거나 약품의 오용, 남용 조장 금지<br>– 성병, 성기, 부인과 질환에 관한 의약품과 기구, 그리고 식품의약품안전청장이 지정하는 광고금지대상 의약품의 광고 금지<br>– 의사 · 치과의사 · 한의사 · 약사 · 간호사 및 보조인 또는 기타 이와 유사한 자(모델의 분장 포함)의 광고 모델 금지. 이들의 지정 · 공인 · 추천 · 지도 · 사용하고 있다는 표현도 금지 |
| **비교광고 (제16조)** | – 비교대상 및 비교기준이 명확하여야 하며, 비교내용 및 비교방법이 적정해야 함<br>– 내용이 사실이라 할지라도 상대방을 비방 또는 중상해서는 안 됨 |
| **방송광고의 금지 (제43조)** | – 다음 각 호의 상품, 용역에 대해서는 방송광고를 할 수 없음<br>1. 「식품위생법 시행령」에 따른 단란주점영업 및 유흥주점영업<br>2. 사설비밀조사업 및 사설탐정<br>3. 혼인매개, 이성교제 소개업. 다만, 「결혼중개업의 관리에 관한 법률」에 따라 신고한 국내결혼중개업은 제외<br>4. 점술, 심령술, 사주, 관상 등의 감정 및 미신과 관련된 내용<br>5. 무기, 폭약류 및 이와 식별이 어려운 모조품<br>6. 도박 및 이와 유사한 사행행위<br>7. 담배 및 흡연과 관련된 광고<br>8. 조제분유, 조제우유, 젖병, 젖꼭지제품<br>9. 음란한 내용의 간행물, 영상제작물, 공연물, 전기통신을 통한 음성정보 · 영상정보 및 문자정보<br>10. 금융관련법령에 의해 인 · 허가받지 않거나 등록하지 않은 금융업<br>11. 안마시술소<br>12. 알콜성분 17도 이상의 주류 |

(출처: 방송통신심의위원회. http://www.kocsc.or.kr)

### 2) 임팩트(impact)

임팩트란 다른 말로 강력성 또는 충격성을 의미한다. 광고매체는 소비자의 눈길을 붙잡고, 마음을 사로잡는 강렬함이 있어야 한다. 특히 텔레비전 광고는 독자적으로 제시되지 않고 다양한 TV 프로그램이나 여러 가지 광고들과 함께 제시되므로 클러터(clutter, 광고 혼잡도) 현상으로 스쳐지나가기 쉽다. 따라서 잽핑(zapping) 등을 피하기 위해 충격적인 요소를 투입하고 강렬한 느낌을 부여해야 한다.

요약하면 광고 영상은 임팩트가 있어야 소비자의 주의를 집중시킬 수 있고 소비자의 무관심을 뚫을 수 있다.

### 3) 흥미성(interest)

광고 영상에는 관심을 끌만한 흥밋거리가 있어야 한다. 즉 소비자가 광고를 처음부터 끝까지 지속적으로 보게 하려면, 광고 내용이 흥미를 끌어야 한다. 참고로, 임팩트는 일시적이지만 흥미성은 지속적인 개념이다.

### 4) 정보성(information)

광고 영상에는 소비자에게 도움이 되는 정보(소비자에게 맞는 정보, 소비자의 입장에서 꼭 필요한 이익 및 혜택(benefit) 등)가 있어야 한다.

소비자의 시선을 붙잡기 위해서 도움이 되는 정보를 제시해야 한다. TV광고는 흘러가고 지나가며, 소비자들은 애써 텔레비전 광고를 보지 않으며 자기에게 도움이 되는 내용만 주목하려 한다.

### 5) 충동성(impulsion)

광고 영상은 광고주가 의도한 행동, 행위, 충동을 유발해야 한다. 또한 광고된 제품에 매력을 느끼고, 그 제품을 사고 싶은 마음이 들도록 자극해야 한다.

특히 현대 광고상황에서 구체적인 행동이 일어나도록 유도해야 한다. 예를 들어, 홈페이지로 접속, 회원 가입, 상담전화를 하게 하고, 가게로 발걸음을 해서 물건을 구매하게 해야 한다.

또한 소비자가 바로 행동을 취하도록 해야 한다. 소비자를 광고 상품, 브랜드 구입 행위로 끌어들이기 위해 '행동 촉구형'카피, 또는 아이디어를 사용하도록 한다.

## 4. TV 광고의 종류

| 종류 | 정의 및 허용량* |
|---|---|
| **프로그램 광고** | – 프로그램의 스폰서로 참여하여 본방송 전후에 방송되는 광고<br>– TV 광고의 대부분은 프로그램 광고가 차지. 총 광고시간의 80% 이상<br>– 프로그램 전에 하는 광고를 전CM, 프로그램이 끝난 다음에 하는 광고를 후CM<br>– 기본 길이는 15초이나 다양한 길이의 광고가 시도될 수 있음 |
| **토막광고 (spot)** | – 프로그램과 프로그램 사이 광고 |
| **자막광고 (ID, 곧이어)** | – 방송프로그램과 관계없이 문자 또는 그림으로 나타내는 광고<br>– 방송국 명칭고지(ID), 방송순서고지(곧이어) 시 화면하단에 노출 |
| **시보광고** | – 현재시간 고지 시 함께 방송되는 광고<br>– 과거에는 시계 화면을 보여주며, 광고주를 거명하는 단순한 형태. 점차 획일화된 방식에서 탈피, 일반 TV 광고처럼 제작하거나, 제품과 시간 정보를 연계하고 제품의 특징을 전달하는 창의적인 포맷으로 발전 |
| **간접광고 (PPL: Product PLacement)** | – 방송프로그램 안에서 상품을 소품으로 활용하여 그 상품을 노출시키는 형태의 광고<br>– 2009년까지 법적으로 사용이 금지되었으나, 2010년 미디어법(방송법 시행령) 개정을 통해 간접광고 허용 |
| **가상광고** | – 방송프로그램에 컴퓨터 그래픽을 이용하여 만든 가상의 이미지를 삽입하는 형태의 광고 |
| **중간광고** | – 1개의 동일한 방송프로그램이 시작한 후부터 종료되기 전까지 사이에 그 방송프로그램을 중단하고 편성되는 광고<br>– 45~60분 프로그램 1회, 60~90분 프로그램 2회(최대 6회, 1회당 1분 이내) |

*2021년 방송법 시행령 개정에 따라 지상파 TV의 광고총량이 방송 프로그램 길이당 최대 20%, 일평균 17%로 변경됨.
출처: 한국방송광고진흥공사.

이외에도 스포츠 광고(비정기적으로 편성되는 특집 스포츠 중계 시 집행되는 광고), 특집 광고(비정규 프로그램으로 편성된 특집 프로그램에 붙는 광고), 협찬 광고(광고 종료 부분에 협찬주만 밝히는 광고) 등이 있다.

## 5. TV 광고 발상의 기초[2]

### 1) 제품명을 분명하게 제시하라

일반적으로, 광고는 기억하면서 제품명은 기억하지 못하는 경우가 없도록 clutter(혼잡도) 현상 때문에 브랜드를 확실하게 제시해야 한다. 광고 발상에서 가장 필요하고도 중요한 원칙이다.

특히 TV는 복잡한 영상 때문에 제품, 브랜드, 기업의 이름 등이 묻히기 쉽다. 광고 자체는 기억하지만, 제품 등은 기억하지 못하는 경우도 많다.

따라서 광고의 주인공은 바로 제품이다. 광고 자체에 대한 주목보다는 제품 등에 포커스가 맞추어져야 하며, 제품, 브랜드, 기업의 이름을 분명하게 알려야 한다.

### 2) 제품 패키지를 제대로 제시하라

제품 겉모양은 중요하다. 실제로 제품을 살 때 패키지를 보고 인식, 구매하기 때문이다. 따라서 클로즈업(close-up)을 통해서 소유 욕구를 자극하여야 한다. 소비자의 관심이 고조된 순간에 제품 패키지를 보여주는 것이 효과적이다.

### 3) 식품을 표현할 때는 움직임을 주라.

식품 광고에서는 먹음직스럽게 보이는 것이 관건이다. 이를 위해 식품 자체에 움직임을 주는 것이 효과적이다. 정지되어 있는 것보다 움직이는 장면이 식욕을 자극하고 입맛을 불러일으킨다.

### 4) 음향효과를 충분히 활용하라

음향효과(sound effect)란 광고의 극적 효과가 높아지는 음을 말한다. 예: 물소리, 개 짖는 소리, 문 닫는 소리, 인위적인 소리 등이 있다. 광고 내용을 뒷받침하고 강화시키는 장치이며 구매와 직접적으로 연결되기도 한다.

### 5) 자막을 활용하라

자막은 언어적 요소인 동시에 시각적 요소이다. 자막은 주목률을 높이고, 광고 내용을 보완, 강화하며, 소비자의 광고에 대한 이해도를 높일 수 있다. 또한 화면의 레이아웃을 새롭게 보이게 하는 효과도 있다.

---

2 Ogilvy (1983)의 내용을 토대로 함

### 6) 색다른 화면을 구성하라

새로운 것만이 소비자의 주목을 끌 수 있다. 특히 획기적으로 구성한 화면은 새로운 자극으로 작용하여 브랜드 이미지, 브랜드 자산 등에 긍정적인 영향을 준다.

### 7) 무슨 광고인지 분명히 하라

전체적으로, 무슨 제품 광고인지 이해가 안 되는 광고가 많다. 광고 메시지, 제품, 브랜드 등을 정확하게 알 수 있게 제작해야 한다. 초등학교 이상의 학력을 가진 사람이라면 누구라도 알아볼 수 있도록 쉽게 표현해야 한다. 아울러 특별한 의도가 아니면 내용면에서 복잡하고 모호하게 말하지 않아야 한다. 간단명료하게 창작해야 하며 표현 면에서는 추상적인 단어, 형용사, 부사, 최상급표현은 자제하는 것이 바람직하다.

이 외에도, 너무 많은 화면 구성은 배제해야 한다. 짧은 시간 속에 너무 많은 장면을 집어넣으면 소비자는 혼란스러워진다.

## 6. TV 광고 제작론

### 1) 주요 개념

#### (1) 콘티

콘티란 콘티뉴어티(Continuity)의 줄임말로, 장면의 전환을 위해 필요한 모든 사항을 기록한 것을 말한다. 대본. 글(말)과 그림(이미지)으로 구성된다. 광고에서 그림과 글이 포함된 스토리보드 형태나 글 중심의 스크립트 형태로 제시된다. 이를 단순화하면 콘티 중 그림콘티는 스토리보드이며 문장 콘티는 스크립트라 할 수 있다.

한편 스크립트 이전 단계로서, 시놉시스란 대략적인 이야기 흐름을 말한다. 영화의 경우 시놉시스는 커트, 신 등의 요소가 포함된 시나리오 과정을 거쳐 구체적인 연출 실행까지를 포함하는 스크립트로 완성된다.

**– 콘티의 주요 요소는 다음과 같다.**

① visual(video)

② audio

③ story

④ title

#### (2) 스토리보드

스토리보드(storyboard)란 장면의 전개를 설명하기 위해서 간단한 스케치를 그려 패널(panel)화 한 것을 말한다. 기본적으로 그림을 통해 전달된다는 점에서 '그림으로 된 콘티'라 할 수 있다.

#### (3) 스크립트

글로 그리는 스토리보드라 할 수 있다 광고 현장에서, 그림으로 표현하는 능력이 부족한 경우, 글로써 스토리보드를 만드는데 이를 스크립트라 부르기도 한다. 스크립트를 작성하기 위해서는 다음의 작업 과정이 필요하다.

첫째, Video(#), Audio(카피 포함)으로 나눈다.

둘째, 핵심 아이디어를 적어본다.

셋째, 그 아이디어를 남에게 전달하는 데 초점을 두어 작성한다.

넷째, 핵심 커트(winning shot)를 찾아 집중 묘사한다.

다섯째, 연출, 카메라 기법을 적는다.

여섯째, 커트를 설명하는 내용은 모두 아이디어 설명과 제안에 도움이 되도록 구체적이고 자세하게 하여야 한다.

일곱째, 직접 연기를 해본다. 이를 통해 아이디어의 전달성과 표현성, 시간 등 현실적인 실행 가능성을 가늠해볼 수 있다.

### 2) 아이데이션 가이드라인

#### (1) TV광고의 구성요소를 생각하라.

오디오의 경우, 카피에는 Na, 자막, ment, slogan 등이 있다. 사운드(Sound)에는 S.E, Song(BGM), 징글(jingle), 그리고 비주얼에는 모델, 제품, 자막처리, 레이아웃 요소 등이 있다.

#### (2) 구성요소들 간 계급을 정하라

CM의 여러 요소별 계급을 정해본다. 중요도에 따라 ① 크기, ② 위치, ③ 비율 등을 결정한다. 카피(자막) 중심으로 할지 비주얼 중심으로 할지를 생각해보는 것도 좋다.

#### (3) 한 장의 핵심 컷을 정한 후, 그 컷 중심으로 강조하라.

기본 구성 조건들을 점검하고 완성도를 높이는 것이 중요하다. 예컨대 다음의 요건들을 충족하는지 점검해보아야 한다.

첫째, 한 장의 인쇄광고로 만들 수 있는가? 이는 핵심 컷(위닝샷)이 무엇인지를 이해하는 데서 시작된다. 한 장의 핵심 컷을 가장 정확하고 임팩트 있게 전달하는 것에 목적을 두어야 한다.

둘째, 최대한 구체적으로 생각하여야 한다. 이를 위해 형용사로 생각하지 말고 동사로 생각해야 한다. 예를 들어, 여자가 문 앞에 쓸쓸하게 서있다라는 표현 대신, 어떤 여자가?/ 어떤 자세로 서있는가?/ 카메라 각도는?/ 인물의 크기는?/ 포커스는 어디에?/ 바디랭귀지는? /시선은?/ 표정은?/ 주변은 중요한가? 등이 고려되어야 한다.

셋째, 기본요소를 차별화하여야 한다. 기본요소란 ① 서체(타이포(서체,자막)의 유or무), ② 컬러(모노톤 또는 컬러), ③ 영상(동작 또는 비동작(정지), 카메라 각도 등) ④ 화면 레이아웃(화면분할 여부 등) 등을 말한다.

#### (4) 볼 수 있다면 말하지 말라.

이는 오디오와 비디오를 역할 분담하여 중복 없게 만드는 것을 말한다. 가급적 이야기는 줄이고 움직임은 늘리는 것이 바람직하다.

### 3) TV광고 촬영

#### (1) 촬영

영상을 볼 수 있는 방식은 필름과 비디오이며, 오늘날은 대부분 비디오 카메라로 촬영된다. 방송에서 영상은 주로 ENG(Electronic News Gathering) 카메라로 촬영된다. ENG 카메라는 아날로그에서 HD 디지털로 발전하였다. HD(High Definition) 디지털 ENG카메라란 고화질, 입체 음향, 와이드 화면의 HD TV 프로그램 제작용으로 개발된 것을 말한다. 이후 가벼워서 쉽게 들고 다니면서 촬영이 가능한 비디오 카메라가 등장하였다. 최근에는 디지털 영상 촬영 편집이 가능한 디지털 6 mm 카메라를 비롯하여, 고화질 동영상 촬영 및 다양한 상황에 맞춰 사용이 가능한 초고화질(풀HD) 디지털 비디오 카메라가 주로 사용되고 있다. 한편 fps는 카메라의 초당 프레임수로, fps가 적은(낮은) 경우 빠른 화면, 많은(높은) 경우 느린 화면이 된다.

**낮은 fps일 경우(저속촬영): 빠른 화면**
**높은 fps일 경우(고속촬영): 슬로우모션**

예컨대 24 fps는 정속촬영으로 정상 움직임이 나오지만 8 fps의 저속촬영일 경우 빠른 움직임(fast motion)이 나온다. 72 fps의 고속촬영일 경우 느린 움직임

(slow motion)으로 폭파씬 등에 사용된다. 극장 상영용 영화의 경우 24 fps이며, 방송 프로그램의 경우 30 fps이다.

### (2) 씬, 컷, 프레임, 샷의 차이

씬(scene)은 장소적인 변화나 장면의 전환을 요할 때, 상황에서의 전체적인 장면을 일컫는다. 한 씬은 개념적으로 여러 개의 컷으로 구성된다. 컷(cut)은 하나의 영상에서 다른 영상으로 순간적으로 바뀌는 것을 말한다. 컷은 편집의 기본단위로서, Frame과 유사한 의미이다. 한편 샷(shot)은 카메라 앵글상의 용어로 주로 사용된다. 풀샷(Full shot), 미들샷(middle shot), 클로즈업샷(close-up shot, 클로즈업) 등 다양한 앵글이 있으며, 각각 표현하는 속성에 차이가 있다.

다음의 예는 혼다(Honda)의 공익광고 스토리보드는 여덟 개의 컷으로 구성되어 있으며, 이는 크게 세 개의 씬으로 나누어진다. 세 개의 씬은 첫째, 진공청소기로 카펫을 청소하는 씬, 둘째, 문자를 하며 소파를 청소하는 씬, 셋째, 문자를 하며 창문을 청소하는 씬이다. 주제는 휴대폰 문자를 하며 청소를 하면 소중한 것(다이아몬드 반지)을 잃듯 청소를 잘 제대로 할 수 없듯이, 휴대폰 문자를 하며 운전을 하는 것도 제대로 하기 어렵다는 내용이다.

#### #1. 진공청소기로 카펫청소를 하는 씬

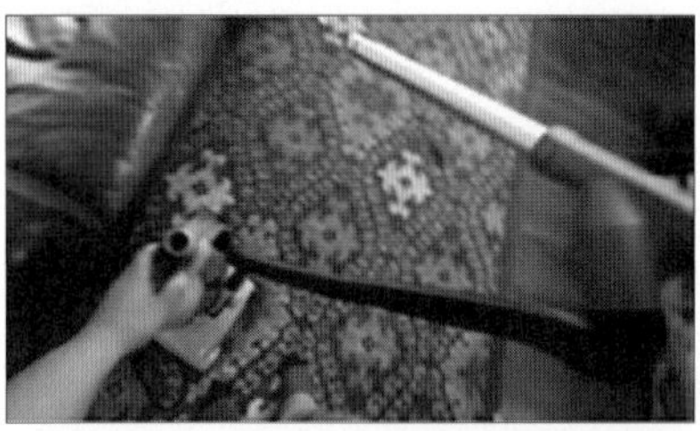

① 진공청소기를 흡입구를 카펫에 대고 청소하는 컷

② 카펫에 떨어진 것들이 진공청소기에 빨려가는 컷

### #2 진공청소기로 소파를 청소하는 씬

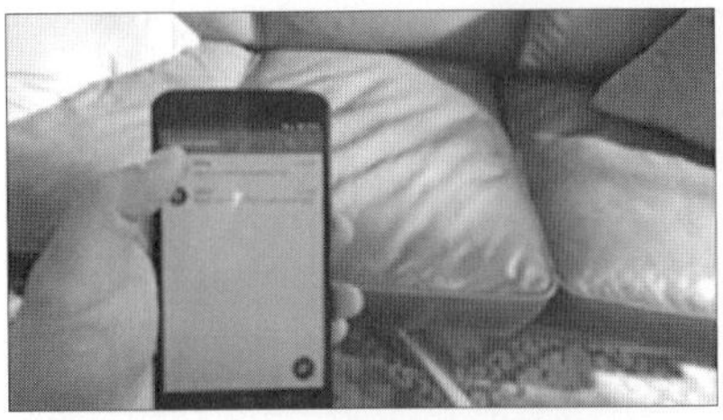

③ 청소를 하면서 문자를 하는 컷

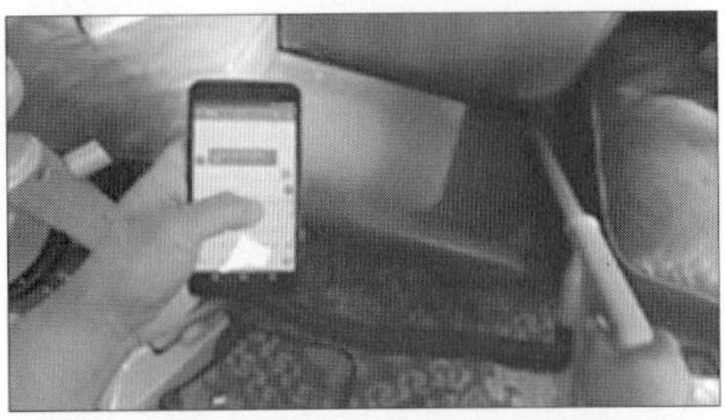

④ 소파를 들춰 곳곳을 청소하는 컷

⑤ 진공청소기가 소파 밑에 떨어져 있던 다이어몬드 반지를 빨아들이는 컷

### #3 문자를 하며 창문 청소하는 씬

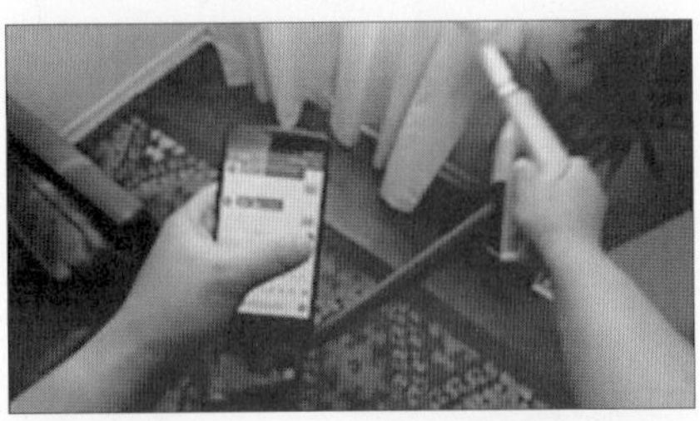

⑥ 문자를 하며 진공청소기를 커튼에 대는 컷

⑦ 커튼이 흡입구에 빨려들어 바닥에 떨어지는 컷

⑧ 커튼이 없는 창을 배경으로 키 카피가 자막으로 처리된 컷
Honda 공익광고(2016) (출처: tvcf.co.kr)

### (3) 카메라 주요 앵글

**익스트림 롱샷**

대단히 넓은 지역 멀리서 보이게 하는 파노라마 형태이다. 시청자에게 장소나 시간에 대한 개괄적인 정보를 제공하기 위한 목적으로 배경 위주의 장면 등 설정 샷으로 주로 사용된다. 렌즈를 무한대에 가까운 거리에 맞춰 촬영하는 것이 보통이다.

**롱샷**

배경과 피사체가 동시에 나오는 것이다. 화면에 나타나는 물체의 배치를 짜임새 있게 하여 전체적인 구도에 신경을 쓰는 경우이다. 풀샷은 주로 롱샷으로 처리되며, 피사체에 더 많은 관심이 있다.

**Knee shot**

인물의 무릎부분에서 머리까지를 촬영한 것으로, 다리가 잘리므로 상체의 움직임을 보여줄 때 주로 사용한다.

**Waist shot**

허리위 상반신을 담은 것. 두사람을 촬영하거나(예: 두사람 대화할 때), 한 사람의 경우 안내멘트를 할 때 주로 사용한다.

**그림 10-1** 익스트림롱샷 예. 여행사 '여행앤라이프'TV광고 전반부

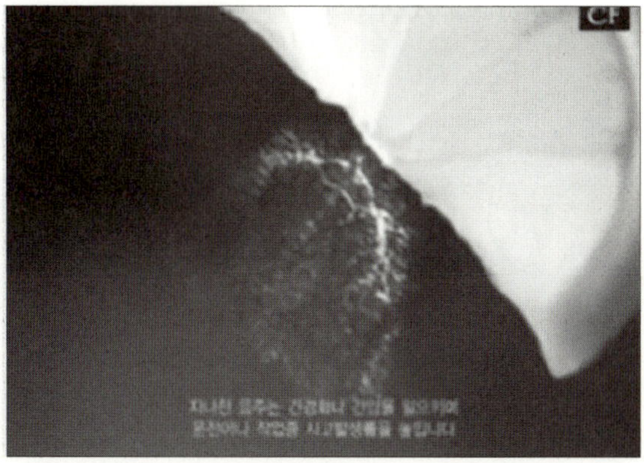

그림 10-2 close-up 청하 "안주"편. 오렌지즙이 뿜어나오는 장면을 클로즈업하여 식감을 높이고 있다

**Bust shot. 바스트샷**

가슴 윗부분에 해당한다. 인물을 보여줄 때 화면을 충분히 사용하는 게 좋은데, 머리 쪽에 여백을 너무 주지 않도록 한다. 인물의 눈의 위치가 화면 상단 1/3 지점 바로 아래에 오도록 한다. 시선 쪽에 여백을 주어야 안정감이 있다.

**Close Up Shot(CU)**

- 클로즈업은 전체 화면 중 극히 일부분을 확대하여 화면 가득하게 보여주는 것을 말한다. 주로 포인트가 되는 부분이나 표정, 동작 등을 극적으로 강조할 때, 시즐(Sizzle)감 표현, 감정전달 등에 사용한다.
- 눈의 위치를 화면의 아이존(eyezone)에 오게 해야 한다.
- 인물의 경우, 턱선을 포함시키고 머리를 배제시키고 특히 피사계 심도가 낮은 경우에는 초점을 눈에 맞춰야 한다.

### (4) 특수촬영

① 스테디캠

스테디캠이란 캠코더의 움직임을 사람의 팔 역할을 하는 장비를 통해 물리적으로 캠코더의 흔들림을 최소화시킨 카메라이다.

② 크레인 샷

크레인 샷은 공중에서의 달리 샷(쇼트)에 해당한다. 부감촬영에 사용된다. 카메라가 공중으로 솟구치는 등 시각적 청량감을 주기 때문에 중심되는 피사체와 함께 넓은 범위의 경관을 보여주는 설정 샷/마무리 장면에 많이 사용된다.

그림 10-3 스테디캠 장착장면. Vest를 먼저 착용한 후 Arm을 고정한다.

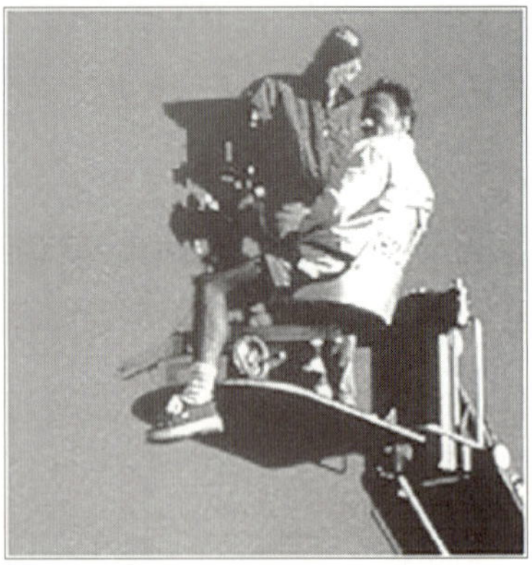

그림 10-4 크레인 샷. 넓은 범위의 경관을 촬영할 때 유리하다.

③ 지미집

크레인 등의 구조 끝에 설치된 무인카메라를 말한다. 크레인과 같은 용도로 사용된다. 그러나, 크레인은 주로 기사가 있어야 하지만 지미집은 카메라맨이 모니터를 보면서 리모컨으로 촬영 조정된다. 영화의 끝 장면에서 위에서 내려다보며 시점이 점점 높아지는 등의 씬에 활용된다.

④ 달리

근접촬영이나 작은 움직임의 촬영, 안정감 있는 이동촬영에 주로 사용된다. 트랙에 올려놓을 수도 있지만, 바퀴가 달려있어서 일반 평지에도 이동이 자유롭다.

⑤ 모션캡쳐

뮤직댄스나 강의에서의 레슨 캐릭터, 영화 아바타 등에 사용되었다. 실제 캐릭터(사람이나 동물 등)의 특정부위에 센서를 부착한 후, 캐릭터의 움직임을 센서를 통

그림 10-5 지미집을 이용한 방송프로그램 촬영

그림 10-6 Videomaker사가 제작한 달리 설명 장면 (출처: https://www.youtube.com/watch?v=45e1XuA-oLY)

해 데이터화 한 후 컴퓨터로 보내어 동작을 샘플링한다.

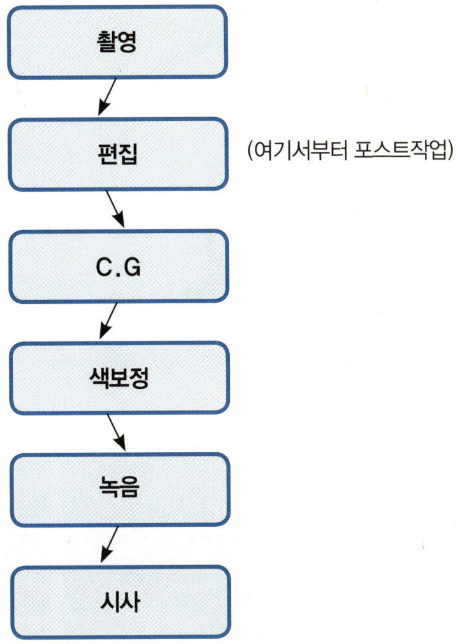


### 4) 편집

편집 시 기본 화면전환 용어는 ① 컷 전환, ② 페이드, ③ 와이프, ④ 디졸브, ⑤ 몽타쥬 기법 등이 있다.

#### (1) 컷 전환

컷 전환 방법은 기본적인 컷(편집) 이외에 점프 컷(Jump cut, 피사체가 갑자기 나타나거나 사라지는 것), 인터컷(Inter cut, 컷이 중간에 삽입되는 것) 등이 있다. 주요 특징으로는 강한 임팩트 전달, 몽타쥬적인 전개, 장소와 시간의 초월, 속도감 전달 등이 있다. 몽타쥬적인 전개는 따로 촬영된 컷을 연결하여 새로운 의미를 창조하거나 속도감을 주는 효과를 말한다.

#### (2) 페이드(fade)

페이드(fade)는 화면이 서서히 밝아지거나(페이드 인) 어두워지는(페이드 아웃) 점진적인 전환 기법을 말한다. 피사체의 행위를 조용하게 도입시킬 수 있다.

#### (3) 와이프(wipe)

와이프란 창문 가리개를 내리듯 수평 혹은 수직으로 화면이 밀려 변화하는 것이다. 뒤에 이어지는 샷이 앞의 샷을 밀어내듯 등장한다.

그림 10-7 모션캡처 이미지 (출처: Snappers Mocaps사 제공, 유튜브 화면캡처).

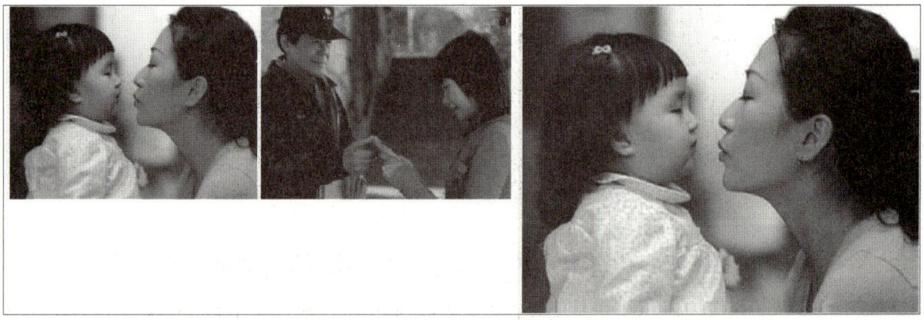

그림 10-8 컷 편집의 예(SK텔레콤 광고). 각각의 컷들이 이야기 순서대로 전개된다.

### (4) 디졸브

디졸브(dissolve)란 한 샷에서 다른 샷으로 화면이 점진적으로 전환되는 것을 말

그림 10-9 페이드(아웃) 장면. SK텔레콤 '100년의 편지'캠페인 중

그림 10-10 와이프 장면. 영화 'Catch Me if You Can'오프닝타이틀 중

한다. 오버랩(Overlap)과 같은 의미이다. 시간의 흐름을 표현한 경우에 주로 사용된다.

#### (5) 몽타쥬

몽타쥬(Montage)는 각 컷과 장면을 결합하여 더 크고 새로운 전체를 만드는 것으로, 디졸브를 쓰지 않고 컷과 컷 연결하는 경우를 말한다. 따로 촬영된 필름 조각의 창조적 결합 성격을 갖는다. 주요 효과는 다음과 같다.

(1) 새로운 의미 창조: 주제나 중요한 개념을 떠올리게 한다.

(2) 사건의 분석: 사건의 단면이나 분리된 순간을 보여준다.

(3) 속도감 전달: 리듬감을 전달하고 극적분위기를 강조한다.

### 3) CG

C.G (Computer Graphics)란 컴퓨터를 이용하여 수집된 신호나 성분을 영상으로 만들어 내는 기술을 말한다. 다양한 영상 이미지 합성에 사용된다. 영상효과 기술

그림 10-11 디졸브 장면. 아디다스 Impossible is Nothing 캠페인 중.

LG V10 광고. V글자로 시작하는 다양한 단어 이미지를 빠르게 구성하여 속도감을 느끼게 하고 휴대폰과 관련된 장면을 장면에서 휴대폰의 의미니 이미지를 전달하는 효과를 준다.

은 크게 슈퍼와 크로마키가 있다.

**(1) 수퍼(superimposition)**

이중노출의 한 방법으로, 하나의 화상이 전자적으로 다른 화상에 겹쳐 나타나는 것을 말한다. 자막처리에 주로 사용된다.

**(2) (크로마)키(key)**

텔레비전 화상의 일부분을 전자장치를 이용해 절단하고 다른 이미지로 채우는 것을 말한다. 에디트 박스(edit box)와 헨리(henry)를 이용하여 연필로 그리듯 제품과 배경을 분리한다. 최근에는 아비드 프로그램 등의 편집 툴을 이용하여 작업한다.

### 4) 색보정

색보정이란 촬영된 영상의 색감과 색조를 원하는 방향으로 조정하는 것을 말한다. 촬영에서는 색 보정 필터를 사용하는 작업이며 후반 작업에서는 전반적인 색조정 작업이다. 광고에서 색 보정은 주로 편집 단계에서 색의 명도를 변화시키거나 색질을 통제하는 것을 말한다.

### 5) 녹음

녹음을 위한 준비사항은 편집된 영상물의 완성본, 미리 제작된 배경음악 또는 선곡된 음악, 음향효과로 쓰일 사운드 이펙트, 성우, 카피 등이다. 녹음시 주의사항은 다음과 같다.

첫째, 영상에 맞춰(31, 21, 16초) 녹음하지 말고 녹음시간에 맞춰 녹음하여야 한다.

둘째, 최종 소리는 믹싱과정에서 볼륨을 낮춰서 들어보아야 한다.

셋째, 각각의 소스(BGM, 사운드이펙트, 내레이션)은 만약을 위해 보관해야 한다.

넷째, 믹싱 믹싱후 더빙작업시까지 영상과 오디오가 잘 맞는지 확인하여야 한다.

색보정 전 색보정 후

## Ⅲ. 라디오 매체(radio media)

1950년대 초까지는 라디오 매체의 전성기였다. 뉴스 주요 공급원이었고 광고매체, 가정용 오락매체, 정치 선전도구 등으로 다양하게 활용되었다. 이후 1956년 본격적인 TV 방송이 시작되면서 광고주와 소비자를 빼앗겼고, 광고수입 감소에 따라 이윤이 크게 하락하였다. 그러나 여전히 라디오 매체의 차별성이 있는 DJ 프로그램이나 음악방송으로 특화, 전문화가 이루어져 왔으며 최근에는 인터넷라디오 방송을 통해 세분화된 청취자 층을 대상으로 인기를 끌고 있다. 개인적인 매체의 효시이자 여전히 영향력이 큰 매체라 할 수 있다.

### 1. 라디오 매체의 특성

#### 1) 장점

**(1) 병행성, 수용도**

다른 일을 하면서도 청취를 병행할 수 있다. 즉, 집안 일, 자동차 운전, 업무, 공부 등을 하면서도 광고 청취가 가능하다. 본업을 위해 보조하는 매체라는 의미에서, 배경적 매체(background media)라고도 부른다. 즉 업무를 방해 받지 않으며 청취할 수 있기 때문에 광고에 대한 거부감이나 저항이 낮고, 수용도가 높은 편이다.

**(2) 개인성, 친밀성**

라디오는 개인적 매체이다. 혼자 개인적으로 듣는 경우가 많다. 청취 행태로 인해 청취자 한 명 한 명에게 직접 말을 걸듯이 접근하며, 개인 청취를 지향하여 프로그램이 제작된다. 사적인 사연이 중심이 되며, '당신', '그대'등 2인칭 용어가 자주 사용된다. 청취자와 1:1로 만나는 듯한 내용이 유효하며 이로 인해 친밀성을 높일 수 있다.

### (3) 수용자 세분화

소비자 선별성, 선택성이 높은 매체이다. 프로그램, 시간대 등에 따라 청취자가 정확하게 구분된다. 소비자 세분화가 가능하므로 자사 제품의 target에게 맞는 특성화 및 전문화된 광고 제작 및 집행이 용이하다. 광고를 노출시키고자 하는 표적 청중(target audience)에게 도달하기 쉽다(표적 청중 도달률 높음).

### (4) 융통성

신속성, 유연성이 높은 매체로서 사태 변화에 순발력 있게 대처할 수 있다. 광고 제작 절차와 시스템이 비교적 간단하기 때문에 짧은 시간에 신속하게 제작할 수 있다. TV 광고에 비해 상대적으로 광고 제작물의 수정이 빠르며 새 광고로의 교체가 용이하다. 위기 상황이나 사건 발생 시 즉각적으로 대처할 수 있는 장점도 있다. 또한 적시에 이벤트성 판촉행사 광고가 가능하다.

### (5) 상대적 저비용

저렴한 광고 제작비가 장점이다. 영상을 제작해야하는 TV광고보다 제작비가 적게 든다. 녹음비, 프로덕션 사용료, 성우료, 음악 사용료 등 몇 백만 원 정도면 충분한 경우도 있다.

또한 매체비(광고단가)도 저렴하여 전국광고 및 지역광고 집행이 용이하다. 저렴한 비용으로 많은 양의 광고 시간을 구매하여 광고를 반복적으로 노출시킬 수 있다(높은 빈도 확보 유리). 반복 노출을 위한 '보조 매체(secondary media, supporting media)'로 활용성이 높다.

### (6) 상상력 자극

라디오는 청각에 의존하는 매체이다. 소리를 통해서 소비자의 상상력 자극한다. 소비자는 라디오를 듣고 상상을 통해 머릿속에 그림이나 영상을 펼치게 된다. 이를 두고 오스굿은 라디오를 '마음의 극장'(theater of the mind)이라 말했다. 능동적 참여를 통해 강한 인상을 주고 기억률을 높일 수 있다.

### 2) 단점

#### (1) 시각적 요소(visual) 결여

청각에만 의지하므로 정보가 명확하게 전달되지 않으며, 광고 메시지의 이해도, 설득력, 기억률이 낮다. 듣는 것은 보는 것만큼 정보가 빨리 전달되지 못하고, 또 많이 수용되지도 못한다. 또한, 크리에이티브에도 제약이 따른다. 오로지 청각에만 호소하고, 비주얼이 없으므로 시각적 메시지 전달이 필요한 광고에 사용할 수 없다. 증명, 실연(demonstration) 등의 광고를 할 수 없다.

#### (2) 낮은 주목도

라디오는 배경적 매체이다. 자기 업무를 보면서 반의식적 상태에서 청취하는 경우가 많아 광고나 프로그램에 대한 주의력이 낮다. 또한 청각에만 의존하기 때문에 청취자의 기억에 오래 남지 못하고 지나쳐버리기 쉽다. 반복이 필요하다.

#### (3) clutter(광고 혼잡)

많은 경쟁 광고와 프로그램 등이 함께 노출되기 때문에 광고 혼잡상태가 심하다.

#### (4) 일회성

인쇄광고와는 달리 소비자가 원할 때 다시 반복해서 접하기 어렵다.

#### (5) 낮은 도달률

라디오는 다른 매체들에 비해 도달률이 낮은 매체이다. 라디오를 듣는 소비자의 수가 적다(광고가 노출되는 소비자의 숫자가 적음).

#### (6) 자세한 정보 제공 불가능

광고 전달 시간이 10초, 20초로 매우 짧다. 제품, 브랜드에 대한 자세한 정보를 제공하기 힘들다.

## 2. 라디오 광고의 종류

| 종류 | 정의 |
|---|---|
| **방송 프로그램 광고** | - 프로그램의 스폰서로 참여하여 본방송 전후에 방송되는 광고 |
| **토막광고(spot)** | - 프로그램과 프로그램 사이의 광고 |
| **시보광고** | - 현재시간 고지 시 함께 방송되는 광고 |

(*출처: 한국방송광고진흥공사. http://www.kobaco.co.kr)

## 3. 라디오 광고의 표현 유형[3]

### 1) 일방고지형(straight)

단도직입형으로, 성우, 광고 모델 등이 직접적, 일방적으로 판매 메시지(제품의 특징, 장점, 혜택 등)를 전달한다. 극적인 재미, 감동이 떨어지며, 지루하게 느껴질 수 있다. 많이 사용하는 방식이나 차별화되기 힘든 기법이다.

### 2) 대화형(dialogue)

두 사람 이상이 광고에 등장하여 말을 주고받는 유형을 말한다. 일상의 대화를 옮긴 것처럼 자연스러워야 하며, 대화 안에 판매 메시지를 자연스럽게 담아, 광고에 공감하게 해야 한다.

### 3) 드라마형(drama)

마치 드라마의 한 장면처럼 광고를 만드는 유형이다. 단순히 제품의 기능과 장점을 설명하는 것이 아니라, 한 편의 이야기(story)처럼 구성한 것이다. 메시지, 갈등(극적인 요소), 등장인물, 플롯[4] 등을 담는다. 사람들이 살아가는 내용을 담고, sales point로 전개한다.

소비자의 주의, 관심, 흥미를 유발할 수 있다. 광고에 대한 몰입을 유도하고, 재미를 줄 수 있다.

### 4) 노래형(CM song)

Commercial Message song으로 '노래'형식의 광고를 말한다. 가사에 회사명, 브랜드, 제품의 특징 등 메시지를 담는다. 또는 대중가요, 클래식 음악 등의 곡조에 맞춰 카피를 바꾸거나, 새롭게 CM song을 작곡하여 전달한다.

주요 특징으로는 소비자의 주의, 주목 유발, 친근감 형성, 소비자 장기 기억 유

---

3 출처: 강승구, 김병희 (2011). 현대 광고와 성공 카피 전략. 서울: 에피스테메.

4 (1) 메시지는 드라마의 주제. 드라마 전반에 걸친 중심 테마이며, 분명하게 정의된 핵심 소구 내용. (2) 갈등(극적인 요소)은 조화를 깨트리는 역동적 변화로서 드라마에 대한 흥미를 유발함. 이야기에 갈등이 없으면 지루해질 수 있음. (3) 등장인물은 드라마의 스토리를 만드는 주체자로, 스토리 전개를 위한 행동을 만들어 나감. (4) 플롯은 스토리의 전개 과정이자, 사건의 배열을 말함. 보통 발단, 전개, 절정, 하강, 대단원으로 구성됨(Fog, Budtz, Yakaboylu, 2004)

도에 유리하다. 말로 메시지를 전달하는 것에 비해 오래도록 기억되며, 밝고 친근감을 준다. 어린이에서 노인에 이르기까지 폭넓게 수용된다.

### 5) 증언형(testimonial)

광고에 등장한 모델이 자신의 제품 사용 경험, 제품에 대한 장점, 특성 등을 이야기하는 유형이다. 실제 인물이 자신의 직접적인 경험을 말함으로써 신뢰감, 믿음을 줄 수 있음. 소비자의 주의를 쉽게 끌 수 있고, 설득력이 강하다.

## 4. 효과적인 라디오 광고 창작

### 1) 도입부에서 소비자의 주의를 유도하라

배경적 매체. 라디오 광고는 반의식적인 상태에서 듣기 때문에 스쳐 지나가기 쉽다. 광고 도입부에서 귀를 잡아끄는 것(ear holding)이 핵심이다. 즉, 처음 3초 이내에 소비자의 귀를 잡아 끌지 못하면 대부분의 광고는 스쳐지나가 버림. 도입부에서 주목을 끌지 못하면, 그 이후에도 주목을 유발할 수 없다.

따라서, 도입부에 주의, 주목을 유발할만한 뜻밖의 소재, 깜짝 놀라게 하거나 호기심을 불러일으킬 만한 내용, 독특한 효과음 및 배경음악, 호소력 있는 내용 등을 넣어, 시작부터 소비자의 귀를 잡아끌어야 한다.

### 2) 소비자의 상상력을 자극하라

라디오는 상상의 매체로서 머릿속에 영상을 그릴 수 있게 창작해야 한다. 라디오 광고는 오직 소리뿐이다. 귀로 듣지만 눈에 보이는 것처럼 영상이 선명하게 펼쳐지도록 광고를 창작해야 한다. 또한 TV광고의 sound를 그대로 이용하는 경우도 많다. 하지만 이럴 경우 광고 메시지의 오인, 오해나 영상 이미지 창출에 실패하기 쉽다.

### 3) 1:1 커뮤니케이션을 하라

개인적인 매체. 라디오는 혼자 개인적으로 듣는 경우가 많다. 소비자와 1:1로 말하듯이 광고를 제작해야 한다. 가급적 '소비자 여러분'등의 집단적 호칭은 피하고 '하나뿐인 당신', '너'등의 2인칭 용어를 사용함으로써 친근감 유발할 필요가 있다.

### 4) 단순 명료하게 창작하라

라디오 청취자들은 광고를 흘려듣기 때문에 메시지를 확실하게 전달하기 어렵다. 청각만 통해서는 너무 많은 정보를 수용할 수 없다. 라디오 광고의 표준은 20초이다.

주요 특성으로는 여러 가지 메시지를 이야기하기보다는 하나의 메시지를 선정해서 단순 명료하게 전달한다는 점이다. 다만 소리로만 전달되는 특성 상 자칫하면 소비자들이 잘못 해석하기 쉽다. 단번에 이해하기 쉽게 광고를 창작해야 한다. 문어체보다 구어체, 대화체 사용. 주어와 술어 위주의 단문으로 표현하는 것이 바람직하다.

### 5) 효과음, 음악, 리듬을 활용하라

소리의 매체. 라디오 광고는 오직 소리로만 전달된다. 이러한 특성을 활용하여 적절한 음악(CM song, background music)이나 음향효과, 리듬을 활용하여 광고 전체 분위기를 제고하고, 주의를 끌며, 광고 메시지의 의미를 강화하고, 기억률을 향상할 수 있도록 해야 한다. 때로는 음악, 효과음, 리듬이 멘트, 나레이션보다 효과적이다.

### <참고문헌>

강승구, 김병희 (2011). 현대 광고와 성공 카피 전략. 서울: 에피스테메.

오명환. (1998). 텔레비전 영상론. 서울: 나남출판.

Fog, K., Budtz, C., & Yakaboylu, B. (2004). Storytelling: Branding in Practice. Springer.

Ogilvy, D. (1983). Ogilvy on Advertising. Crown Publishers.

방송통신심의위원회. http://www.kocsc.or.kr.

한국방송광고진흥공사. http://www.kobaco.co.kr

https://www.youtube.com/watch?v=45e1XuA-oLY)

# 11 인쇄매체와 크리에이티브

학습목차

1. 신문 매체(newspaper media)
2. 잡지매체(magazine media)

## Ⅰ. 신문 매체(newspaper media)

신문매체는 오랫동안 사회의 중심적인 언론매체 역할을 해왔다. 2000년까지 총광고비 1위를 차지했던 대표적인 광고매체 중 하나이다. 최근 새로운 매체의 등장 등으로 독자 수 및 정기구독률, 매체 이용률이 감소되었고 특히 젊은 층이 격감한 상태이다. 이로 인한 광고 수익의 감소 등으로 어려움에 처해 있다. 그럼에도 신문매체는 영향력 면에서 여전히 뉴스 콘텐츠 생산 및 심층적인 보도 면에서 중요한 조직으로 저력을 유지하고 있다. 최근 신문의 section화, 독자의 feedback 체제 강화, 변형광고, 인터넷과 모바일 등의 타 매체 연계 등의 방법으로 부진을 극복하고 새로운 활로를 모색 중이다.

### 1. 신문 매체의 특성

#### 1) 장점

**(1) 정보성**

신문은 타매체에 비해 오랫동안 정보매체로 인식되어 왔다. 제품, 브랜드 등에 대한 자세하고 심층적인 정보를 제공하고 각종 자료 근거를 통해 이성적이고 논리적으로 설득하는 역할을 해왔다. 신문은 자세한 정보를 제공할 수 있다는 것이 방송매체와 큰 차이점이다. 신문 광고는 텔레비전, 라디오 광고와 다르게 시간의 제한

이 없다. 소비자가 원할 때까지 계속 볼 수 있기 때문에 자세한 정보를 싣는 것이 가능하다. 이러한 특성으로 인해 고관여, 이성적 제품의 광고매체로 적합하다.

**(2) 신뢰성**

신문은 신뢰도 높은 매체이다. 전통적으로 신문은 시사, 교양, 보도 기능 등을 담당하며, 따라서 방송보다 권위나 신뢰성이 더 부여되는 경향이 있다. 신문에 대한 이러한 신뢰도가 광고로 전이되어 광고의 신뢰성을 높게 평가하고 있다.

**(3) 안전성**

가장 계획적이며 안정적인 매체이다. 신문 독자의 대다수가 정기 구독자이다. 또한 배포 지역 및 지역별 배달부수 등이 비교적 명확하다. 지역에 따라 안전하고 계획적으로 광고계획 수립, 집행이 가능하다.

**(4) 기록성, 보존성**

신문은 상세한 정보를 제공하는 동시에 기록, 보존이 가능하다. 종이에 인쇄된다는 매체의 특성 상 한번 보고 사라지지 않는다. TV 등의 전파매체는 순간적으로 스쳐 지나가거나 흘러가며 다시 보기가 불편하지만, 신문은 자연스럽게 광고나 정보를 남기는 것이 가능하여, 소비자의 마음대로 원할 때까지 계속 광고를 볼 수 있다. 신문을 보관하면 반복해서 광고를 볼 수 있고 필요한 제품 정보는 스크랩하여 보존 가능하다.

**(5) 시의성**

시점성 또는 즉시성을 의미한다. 신문은 일정 간격을 두고 정기적으로 발행되는 매체(정기성)로서 정기적인 발행 간격이 가장 짧다. 보통 매일 발행되기 때문에 특정일, 사건, 이벤트 등에 맞는 정확한 시점광고가 가능하다. 따라서 속보성을 살린 표현이 가능하며 시즌에 맞춘 sales 광고나 특정 일에 맞춘 판촉행사 광고, 사과광고, 의견광고 등에 유용하다.

**(6) 다양성**

신문의 정치, 경제, 사회 등 다양한 지면에 알맞게 다양한 내용의 광고를 배치한다. 기사와 연관된 광고를 게재해서 광고효과, 시너지효과를 증대한다. 따라서, 변형광고가 가능하며 광고목적에 맞게 광고의 물리적 크기, 형태, 색상 등을 변형하여 다양한 형식의 광고 집행이 가능하다.

#### (7) 융통성, 편리성

유연성 또는 편의성을 의미한다. 광고목표에 따라 광고 게재면, 횟수, 집행 날짜 등을 유연하게 조정 가능하며, 예산에 따른 광고효과를 높일 수 있다. 또한 TV에 비해 광고제작비가 저렴하고, 빠른 시간 안에 광고 제작을 완료할 수 있으며(제작 상 융통성이 있음), 돌발적인 상황, 사건 발생에도 신속하게 대처 가능하다.

#### (8) 넓은 노출범위

전국적으로 다양한 독자층에게 도달(대량의 도달범위)가능하며 광고를 노출할 수 있는 범위가 넓다.

### 2) 단점

#### (1) 짧은 수명

신문광고 수명은 하루에 불과하다. 하루가 지나고 나면 광고가 읽혀질 가능성이 떨어지는 것이다. 따라서 소비자가 광고를 따로 스크랩하여 보관하지 않으면 광고효과가 사라진다. 잡지매체에 비해 상대적으로 회독률이 낮은 점도 단점이다.

#### (2) 낮은 품질

신문용지의 품질과 인쇄 품질, 선명도가 상대적으로 나쁜 편이라 정밀하고 생생하고 아름다운 색상을 구현하기 어렵다. 이러한 이유로 잡지광고에 비해 표현의 완성도가 떨어진다. 광고 원본 파일 상태의 색감이나 선명도로 소비자에게 제시되기 어렵다.

#### (3) 수용자 세분화의 어려움

잡지광고에 비해 소비자 세분화가 어렵다. 자사 제품의 주 타깃(main target)뿐만이 아니라 다른 소비자들에게도 광고가 함께 전달되어 광고비용이 낭비될 수 있다. 즉 특정 소비자에게만 메시지를 전달하는 선별적 능력 면에서 약하다.

#### (4) 광고 혼잡

신문기사 뿐만이 아니라 광고가 너무 많이 실려 있어 광고 혼잡(clutter) 현상이 심화될 수 있다.

#### (5) 일부 집단에는 노출될 가능성 낮음

신문을 잘 읽지 않는 젊은층이나(구독자 연령층 고령화) 글을 읽지 못하는 문맹자 등에게는 광고가 제대로 도달하지 않는다.

**(6) 시각적 요소만 이용 가능**

청각적 메시지나 역동적인 영상을 제시할 수 없으므로 광고 표현방법에 한계가 있고 주목도가 떨어져 광고효과가 저하된다.

## 2. 신문광고의 종류[1]

### 1) 디스플레이 광고

가장 기본적인 광고 형태이며, 신문기사 아래쪽에 위치하는 기사 아래 광고를 비롯하여 섹션 광고, 면별 광고 등으로 구성된다. 일반적으로 15단 × 37 cm 크기이며(1단은 3,4 cm), 광고 밑면이 하단 가장자리에 닿아있다. 신문의 거의 모든 면에 게재되는데, 최하 4단, 5단, 7단, 8단, 9단, 10단, 15단 전면광고가 포함된다. 가로 37 cm를 모두 사용하는 광고를 통광고라 한다. 제품광고, 기업PR광고, 서적광고 등

경향신문

울산서 5.0 지진… 시민들 '화들짝'

야 "KBS 보도간섭" 총리 "협조 요청"

SKT·CJ헬로비전 합병 무산

이장석 넥센 구단주 출국금지



**그림 11-1** 경향신문 1면 광고. 기사 아래 4단통광고와 제호 좌우에 제호광고가 게재되어 있다. (출처: 경향신문 2016.7.6.일자)

1 *출처: 박현수 (2013). 광고매체기획론. 서울: 한경사; 박원기, 오완근, 이시훈, 이승연 (2010). 광고매체론, 서울: 커뮤니케이션북스.

일반적으로 접하는 광고를 일컫는다.

### 2) 분류광고

짧은 문구로 구성된 형태의 광고로 안내광고를 일컫는다. 주로 구인, 구직 정보, 부동산 및 중고용품 매매 등 개인, 소규모 상인들이 이용한다.

### 3) 간지광고

사전에 제작된 광고물을 신문지 사이에 끼워서 배달하는 형태의 광고이다. 전단지가 대표적이다. 간지광고는 전단, 소책자, 카탈로그, 엽서 등 다양한 형태로 제작 가능하며, 우편이나 집 앞까지 직접 배달하는 것보다 광고비용이 적게 든다는 장점이 있다.

### 4) 돌출광고

주위가 본문, 여백 등으로 완전히 둘러싸인 광고를 말한다. 기본적인 광고 사이즈에 비해 작은 반면, 돌출되어 있기 때문에 주목률과 광고효과가 높다. 광고단가가 일반 광고에 비해 높다. 돌출광고는 제호 돌출광고, 기사 중 돌출광고가 있다. 제호 돌출광고는 제호광고라고도 하며, 신문 제호 옆에 게재되는 광고를 말한다. 크기, 위치가 고정되어 있는 소형 광고이다. 독자들이 1면을 가장 주목해서 보기 때문에 광고효과가 우수한 반면 광고단가가 높다. 일정기간 동안 계약하여 장기간 게재한다. 기사 중 돌출광고는 신문기사 중간에 들어가는 광고로, 신문사마다 조금씩 다르지만 대략 2단 × 6 cm 정도 크기로 돌출되어 게재된다.

### 5) 변형광고

기사 아래 부분에 배치되는 일반적 관례를 깨고, 광고의 위치, 형태, 크기 등에서 전형적인 광고 형태를 탈피한 광고를 말한다. 독자들의 주의, 흥미 유발에 효과적이다. 반면 광고료가 일반광고에 비해 1.3~1.7배 높다. 억지스러운 변형광고는 신문의 질을 떨어트리며 주의해야 하며 독자들의 기사 읽기를 방해하여 역효과를 불러일으킬 수 있다.

### 6) 멀티 광고(multi advertisement)

같은 날 같은 신문매체 내에 동일 제품 또는 브랜드 등을 2페이지 이상 연속하여 게재한 광고를 말한다.

#### 7) 기사형 광고(advertorial)

기사 형식의 광고로서 기사식 광고라고도 한다. 'advertisement(광고) + editorial(편집기사, 사설, 논설)'의 합성어이다. 광고를 마치 신문의 기사 형태와 유사하게 게재함으로써 소비자의 광고에 대한 거부감과 불신감을 없애고 신문의 신뢰감에 편승한 광고이다. 독자들에게 혼동을 줄 수 있으므로, 기사와 구분하기 위해 신문 상단에 '전면광고' 또는 'advertorial' 등을 표기한다.[2]

## II. 잡지 매체(magazine media)

잡지 매체는 1987년 언론 자유화의 바람을 타고 활발한 창간 붐을 이루면서 활성화되었다. 이후 1997년 외환위기 이후 독자 수 감소, 제작비 상승 등으로 광고수입이 급감하였다가 2000년대 들어 회복세에 있다. 현대 잡지 매체의 특징은 세분화 및 전문화에 있다. 과거에는 대중 교양지(종합지)적인 성격이었으나 갈수록 사회와 독자의 관심 등이 세분화됨에 따라 특정 연령, 성별, 취미 등이 공통된 소수 집단을 상대로 전문화되었다. 예를 들어, 과거 주부지, 미혼지로만 단순 분류되던 여성지가 현재는 패션지, 육아, 요리, 럭셔리, 리빙, 뷰티 등으로 세분화, 전문화되었다.

### 1. 잡지 매체의 특성

#### 1) 장점

##### (1) 수용자 세분화

잡지 매체는 소비자 선택성 및 선별성이 높은 매체이다. 대부분의 잡지가 세분화된 특정 독자층을 가지고 있다. 즉 잡지는 공통의 life style을 띤 세분화된 계층을 독자로 확보하고, 그 특정 독자층에 배포한다. 신문에 비해 도달범위가 협소하지만 구매력이나 구매 가능성이 높은 독자에게 배포한다는 장점도 있다. 인구통계학적(demographic), 심리통계학적(psychographics) 세분화가 되어 있기 때문에 자사

2 '신문 등의 자유와 기능 보장에 관한 법률(신문법)' 제11조 2항에서 정기간행물의 편집인에게 독자가 기사와 광고를 혼동하지 않도록 명확하게 구분해 편집해야 한다는 의무를 지우고, 이를 위반할 경우 2천만원 이하의 과태료를 부과하도록 함(제43조, 과태료)

제품의 타깃에게 맞는 광고를 집행할 수 있다. 비용면에서도 경제적이다. 잡지매체는 특정 계층에 광고를 노출시켜야 할 때 매우 유용한 매체이다.

**(2) 신뢰성**

잡지는 대체로 신뢰성, 권위를 갖고 있으며, 이는 광고로 전이된다. 특정 잡지를 정기 구독하는 사람들은 이미 그 잡지 자체를 신뢰하고 믿는 경향이 크다.

**(3) 표현성**

다색 인쇄가 가능하며 인쇄 품질과 종이 질이 다른 매체에 비해 뛰어나다. 따라서 실제 제품 그대로의 느낌이나 질감을 그대로 살릴 수 있으며, 분위기와 이미지를 생생하게 전달할 수 있다. 선명한 컬러를 제시해야 하는 광고(화장품, 의상, 보석, 음식)나 무드(mood) 광고에 적합하다.

**(4) 긴 생명력**

매체 생명력이 길다. 주간, 월간, 계간 등 신문에 비해 발행 간격이 길어 다음 호가 나올 때까지 매체 생명력을 유지하며, 소비자는 비교적 오랫동안 반복적으로 광고를 볼 수 있다. 이는 보존성과 회독률 측면으로 설명 가능하다.

(1) 보존성: 보관 가능하며 반영구적이다. 소비자는 필요할 때 원할 때 반복해서 광고를 접할 수 있다(재독 가능).

(2) 회독률: 혼자 보고 버리는 것이 아니라 같은 기호, 취향의 독자가 돌려보는 특징이 있다(회독 가능). 즉 잡지는 여러 사람들이 돌려보며 읽을 수 있기 때문에 원래 발행부수보다 더 많은 사람들에게 노출될 가능성이 높다.

**(5) 다양성**

다양한 길이, 여러 색채, 독창적인 기법 등 폭넓은 광고 아이디어 구현이 가능하다. 예를 들어 향기를 가미하는 기법이라든가 화장품, 벽지 등을 얇게 처리하여 광고에 부착하는 등의 샘플 배포 등 다양한 형식의 광고가 가능하기 때문에 매력적이고 설득력 있는 크리에이티브를 만들 수 있다.

**(6) 통합성**

잡지사들이 운영하는 웹사이트나 오프라인 이벤트(off-line event) 등과 잡지광고를 연계하여 프로모션을 전개할 수 있다. 광고주에게 경제적 가치, 광고 확산 등의 이점을 제공한다.

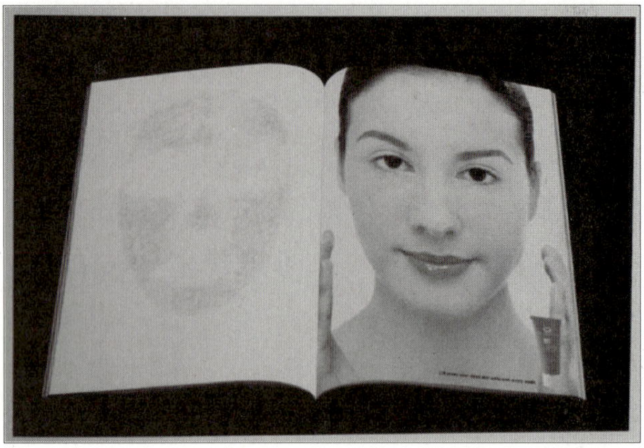

그림 11-2 잡지광고는 다양한 형식으로 표현할 수 있는 장점이 있다. 피지를 깨끗이 씻어낸다는 피부세정제 광고로 잡지의 한쪽 면을 기름종이처럼 만들고 피지가 묻은 것으로 표현하였다.

## 2) 단점

### (1) 광고혼잡

잡지는 page 수가 많으며 광고 지면이 한 두 섹션에 집중적으로 몰려있다. 광고가 연속적으로 게재되는데다 광고량이 많아 독자들이 광고를 못 보고 지나치기 때문에 광고효과가 약화될 수 있다. 일부 여성지의 경우 광고 지면 비율이 전체의 50% 이상 이르는 경우도 있다. 또한 잡지 구독자의 성향이 유사하기 때문에 이들을 겨냥한 유사업종 및 경쟁 브랜드 등의 광고가 함께 집중적으로 노출될 우려가 있다.

### (2) 낮은 융통성

시의성, 신속성이 떨어지는 측면을 말한다. 발행주기가 길고 집행시스템이 미리 짜여져 있어 광고 집행을 융통성 있게 하기 어렵다.

(1) 긴 발행주기: 발행주기가 길기 때문에 신속한 광고 게재가 어렵고, 광고 노출이 지체되며, 잘못되었을 때 수정이 어렵다.

(2) 광고 집행 시스템: 미리 광고 지면을 구매, 광고물을 미리 제작, 제출한다. 따라서 긴급한 광고 집행(할인 판매 광고, 성명광고 등)에 한계가 있다. 광고물에 대한 소비자 반응도 느리다.

### (3) 낮은 도달률

전체적인 잡지광고 도달률이 낮다. 특정 잡지의 독자가 신문이나 텔레비전처럼 많지 않다.

#### (4) 고비용

발행주기가 길고 도달률이 낮음에도 불구하고 상대적으로 광고비가 고가이다. 인기 있는 대중잡지의 경우 특히 광고단가가 높다.

## 2. 잡지광고의 종류

### 1) 면의 위치

#### (1) 표지광고

잡지의 '표지' 부분에 게재되는 광고이다. 잡지광고에서 가장 주목도가 높기 때문에 광고주가 선호하는 지면이다. 표1면, 표2면, 표3면, 표4면 등으로 구분되며, 잡지마다 상이한 광고단가가 책정된다.

#### (2) 내지광고

표지광고를 제외한 잡지 내의 광고 지면을 의미한다. 잡지는 별도로 편집된 광고 지면을 가지고 있으며, 많은 광고가 한꺼번에 게재된다.

### 2) 형태

#### (1) 블리드(bleed)

광고의 배경 이미지가 페이지의 가장자리까지 확대되는 광고이다. 광고 아이디어 표현에 유연성을 제공하며 일반 페이지보다 좀 더 극적인 효과를 낼 수 있다.

**표 11-1** 표지광고 유형

| 유형 | 내용 |
|---|---|
| 표1면 광고 | 잡지의 맨 앞. 즉, 겉표지(앞표지)에 실리는 광고. 통상 제호, 표지인물이 게재되므로, 광고물은 잘 실리지 않음 |
| 표2면 광고 | 앞표지 다음 면 광고. 표지를 넘겼을 때 안쪽면 광고. 표3면보다 효과적. 게재료도 비쌈 |
| (표2대면 광고) | (표2면과 마주보는 면의 광고. 내지 중에서 가장 먼저 보이는, 내지 1페이지 광고) |
| 표3면 광고 | 맨 뒷표지의 앞면에 실리는 광고 |
| 표4면 광고 | 잡지의 맨 뒷표지에 하는 광고. 앞표지의 색도와 동일한 색도를 사용. 가장 광고효과가 크고, 게재료도 비쌈 |

### (2) 삽입광고(insert)

광고를 별지에 인쇄하여 잡지 사이에 따로 끼워 넣는 방식의 광고이다. 삽지광고라고도 한다. 극적 효과를 낼 수 있고, 광고 메시지에 무게를 더할 수 있으며, 삽입부분이 쉽게 펼쳐지도록 하는 효과가 있으며, 주의, 주목을 끌 수 있다. 할증 요금을 지불해야 한다.

### (3) 접지광고(folder)

잡지 페이지에 맞춰서 접혀있는 광고(일종의 삽입 광고임)이다. 폴더 광고라고도 한다. 접었다 펼쳤다하는 과정에서 광고 노출이 증대된다. 2쪽 접힘, 4쪽 접힘 등 여러 유형이 있다.

### (4) 기사 내 광고

일반적으로 한 페이지의 반쪽에는 기사를, 나머지 반쪽에는 광고를 게재하는 방식을 말한다. 한 페이지의 전체 면을 다 사용하지는 않았지만 한 페이지를 모두 사용한 것과 비슷하므로 같은 크기의 광고보다 비싼 광고료 지불한다.

### (5) 기사형 광고(advertorial)

기사(논설, 사설) 형식의 광고로 기사식 광고라고도 한다. 잡지기사의 형식과 논조를 띠고 있으며, 제품에 대한 구체적인 내용을 담고 있다. 잡지기사처럼 보이기 때

**폴더광고 예**

**그림 11-3** 광고 겉면(폴더)을 호기심을 끄는 내용으로 표현한 뒤, 겉면을 열면 제품에 관한 내용을 추가적으로 소개한다. 폴더광고는 광고에 주의를 끌거나 상세한 제품 정보를 읽게 하는 데 유용한 크리에이티브 방법이다.

문에 소비자들은 광고가 아니라고 생각하므로 광고에 대한 불신감과 거부감을 감소시킬 수 있다.

#### (6) 돌출광고

잡지의 표지, 별책 부록, 잡지 기사 밑 부분 등에 위치한 소형 광고로 기사와 관련 있는 내용인 경우가 많다. 크기가 작아서 많은 내용을 담기 어렵다.

## 3. 효과적인 인쇄(신문, 잡지)광고 창작

### 1) impact있게 창작하라

정적인 인쇄광고의 특성 상 주목하지 않고 그냥 지나쳐버리는 경향이 크다. 모든 인쇄광고는 소비자들의 눈길을 멈추게 하는 것이 최우선 과제이다. 따라서 극적이고, 흥미롭게 광고를 제작하여 주의, 주목을 유발해야 한다.

### 2) 소비자의 상상력을 자극하는 공감각적 표현을 해보라

인쇄매체는 오로지 시각을 통해서만 정보가 전달되는 시각 매체이다. 시청각을 동시에 자극하는 TV 매체에 비해 효과가 떨어진다. 따라서 공감각적(synesthetic) 표현이 유효할 때가 있다. 공감각적 표현이란 두 가지 이상의 감각이 동시에 자극되는 표현을 말한다. 한 감각이 다른 감각으로 전이되어야 한다. 예를 들어 '나는 향기로운 님의 말소리에 귀먹고'는 청각을 후각화한 것이다.

### 3) 소비자를 광고에 참여시켜라

소비자를 광고에 참여, 개입시키고, 광고 메시지를 스스로 구성하고 생각하게 하면 광고효과, 영향력 등이 증가한다. 이를 위해 의문형 광고가 효과적이다. 사람은 심리적으로 질문에 반응하려는 성향이 있어서, 광고에 직접 참여하게 되기 때문이다.

### 4) 단순 명료하게 창작하라

사람들은 대부분 신문, 잡지를 읽다가 마주치는 수많은 광고에 대해 주의하지 않고 회피하려 한다. 따라서 제품의 특징, 장점, 소비자 혜택 등을 복잡하지 않고, 간단하며 명쾌하게 전달해야 한다. 무조건 짧게 쓰라는 의미가 아니라 제품이 줄 수 있는 소비자 혜택 등을 쉽고 명확하게 제시해야 한다는 뜻이다. 예를 들어, 수식어나 꾸미는 말인 형용사, 부사의 남발은 자제해야 한다. 초등학생도 이해할 수 있는 쉬운 표현이 좋다. 광고 카피의 경우 복문보다는 단문을, 추상적인 단어보다는 구체적인 단어를 활용하는 것이 바람직하다.

### 5) visual과 copy를 조화시켜라

독창적인 idea를 바탕으로 copy와 visual이 절묘하게 결합하도록 해야 한다. 비주얼이 전달하지 못하는 것을 카피가 보완하고, 카피에서 표현하지 못하는 내용을 비주얼이 보완하고 조화를 이루어 시너지 효과를 일으켜야 한다.

### 6) 구체적인 사실을 전달하라

객관적인 자료를 제시하라. 구체적인 물증 없이 장점만 쭉 늘어놓으면 소비자는 공감하지 않는다. 구체적이고 객관적인 사실을 바탕으로 광고 카피를 쓰는 것이 정석이다.

### 7) 구매행동을 유발하라

광고는 결국 구매행동을 유발해야 한다. TV 광고에서 시간 상 등의 이유로 제시하지 못한 다양한 정보들이나 제품을 구매해야 하는 구체적 이유 등을 제시해서 제품 구입을 유도해야 한다. 특히 인쇄광고는 정적인 특성이 있으므로 특정 행동을 촉구하는 카피가 더욱 필요하다.

### <참고문헌>

박현수. (2013). 광고매체기획론. 서울: 한경사.
박원기, 오완근, 이시훈, 이승연. (2010). 광고매체론, 서울: 커뮤니케이션북스.
경향신문 2016.7.6.일자

# 12 디지털미디어와 크리에이티브

학습목차

1. 인터넷
2. 옥외매체(OOH: Out Of Home media, outdoor media)
3. 기타 매체

## Ⅰ. 인터넷

1991년부터 시작된 인터넷 매체는 90년대 말 초고속 인터넷망을 기반으로 대중화되기 시작한 후, 상호작용성, 세분화, 저비용, 효율성, 융통성 등의 장점을 바탕으로 매년 큰 폭의 성장하고 있다. 2015년 인터넷 이용자 수는 4,194만 명이며 인터넷 이용률은 85.1% 수준이다. 특히, 젊은 층의 경우에는 TV보다 높은 이용 비율을 보인다. 최근에는 쇼핑, 예약 · 예매, 금융 거래 등에서 O2O(offline-to-online, 또는 online to offline)가 증가하는 등 미디어 이용 및 소비 행태가 크게 변화하고 있다.

인터넷 매체 발달과 함께 인터넷 광고비도 해마다 꾸준히 증가하고 있으며 모바일을 포함한 인터넷 광고비는 총광고비 내 가장 높은 비율을 차지하고 있다. 이미 인터넷 매체의 광고비는 2012년 지상파TV를 앞설 정도로 영향력과 중요성이 크게 증가하였다. 한편 국민들의 인터넷 이용행태는 PC에서 모바일 중심으로 급격히 변하고 있다. 최근에는 젊은 층의 TV, 신문 이용률이 줄어드는 대신 인터넷 사용시간은 지속적으로 늘어나서, 인터넷은 젊은 층에 도달하기 위한 가장 효율적인 광고매체로 평가되고 있다.

## 1. 인터넷 광고의 종류

### 1) 검색광고

#### (1) 정의

인터넷 검색사이트에 검색어(keyword)를 입력하면 검색어의 검색결과페이지에 광고주의 웹사이트가 노출되도록 하는 광고이다.

#### (2) 장점

소비자가 광고 정보에 손쉽게 접근할 수 있다는 점이며, 광고주는 자사 제품, 서비스에 관심 있는 잠재 고객을 만날 수 있다. 소비자의 needs에 기반한 검색 행동을 타깃팅하므로 광고 불신이나 거부감을 감소시키며, 타깃과의 관련성이 높아 광고 효과가 높게 나타난다. 또한 광고비가 저렴하고, 시공간의 제약 없이 광고를 할 수 있으며, 표적 청중을 자사 사이트로 유도하고, 주문, 구매를 유발할 수 있다.

### 2) 디스플레이 광고

#### (1) 디스플레이 광고의 정의와 유형

디스플레이 광고(DA 광고: Display Advertising)란 초기 인터넷 광고의 보편적인 형태인 배너광고에서 리치미디어 개념이 추가된 확장된 개념의 노출형 광고를 말한다. 배너광고란 웹사이트 일부분에 노출시키는 박스 형태의 광고이다. 디스플레이 광고는 배너광고, 리치 미디어 광고, 인터랙티브 광고, 팝업 광고, 동영상 광고 등으로 세분화된다. 이 중 리치 미디어 광고 및 인터랙티브 광고는 배너 광고의 확장된 유형으로 볼 수 있으나, 본서에서는 중요도를 감안하여 배너광고와 구분하여 독립적으로 분류한다.

#### (2) 배너광고

고정형(스태틱, static) 배너광고, 애니메이션(애니메이티드, animated) 배너광고 등이 있다. 광고를 클릭할 경우, 하이퍼 링크되어 있는 해당 광고 페이지, 기업 홈페이지 등으로 이동할 수 있다. 디스플레이 광고 자체로도 브랜드 인지도, 친숙도 등을 향상시킬 수 있다. 즉 브랜딩(Branding) 효과를 갖는다.

### (3) 리치 미디어 광고

단순한 텍스트, 그래픽 차원을 넘어서, 멀티미디어를 이용하여 보다 풍부한(rich) 표현, 풍부한 메시지 전달을 할 수 있는 형태의 배너 광고. 즉, 배너 안에서 사운드, 애니메이션, 동화상 등을 구현하고, 보다 풍부한 메시지를 전달한다.

리치미디어 광고 종류로는 확장형과 롤페이퍼가 있다. 확장형 광고는 익스펜더블 광고 (expandable advertising)로서, 기존 배너에 마우스 액션(마우스 터치, 클릭, 드래그 등)을 할 때 배너의 크기가 확장되면서 다양한 정보를 제공하는 것을 말한다. 롤 페이퍼 광고란 사이트 초기(또는 로그인 시) 크게 화면에 배너 모양이 나타났다가 작은 크기로 변해서 웹사이트의 좌우로 이동하는 배너 광고를 말한다.

### (4) 인터랙티브 광고

리치 미디어 배너광고 중 이용자와의 상호작용 측면을 강조된 인터랙티브(interactive) (배너) 광고가 최근 보편적인 유형으로 인식되고 있다. 인터랙티브 광고란 사용자의 마우스에 반응하여 움직이거나 사용자와 데이터를 주고받을 수 있는 형태의 광고를 말한다. 제작비용과 기간이 많이 소요되고 로딩 속도가 지연될 수 있으나 수용자 관여도가 높고 다양한 캠페인 전개가 가능하다. JAVA나 Shockwave, Flash, CGI 등으로 제작된다.

### (5) 팝업 광고

팝업광고란 특정 웹사이트의 오픈 또는 웹사이트에서 다른 웹사이트로 넘어가는 사이에, 광고가 웹사이트 위에 독립된 창의 형태로 표출되는 광고를 말한다. 수용자의 주목도를 높일 수 있으나, 한편으로 거부감을 유발할 수도 있다. 따라서 '오늘 또는 특정일까지 열지 않음'이라는 버튼을 만들어 광고를 회피할 수 있는 형식으로 제시된다.

### (6) 동영상광고

동영상광고란 TV의 CF처럼 음성, 영상이 동시에 제시되는 광고를 말한다. 장점으로는 첫째, 배너 광고의 정적인 단조로움에서 벗어나 동영상이 가지고 있는 역동성을 제공한다. 둘째, 시각과 청각을 동시에 자극하여 제품의 특징, 장점, 혜택 등을 쉽게 설명하고, 이해, 기억을 돕는다. 즉 광고 주목도, 광고 메시지 전달력, 브랜드 인지도, 클릭률 등 광고효과가 뛰어나다. 셋째, 표현 방식, 내용, 규제, 길이 등이 상대적으로 자유롭다.

한편, 동영상 프리롤(pre-roll)이란 동영상이 재생되기 전에 짧게 노출되는 광고를 말한다.

#### (7) 스폰서십 광고

스폰서십(sponsorship) 광고란 개인이나 기관에서 수행하는 일을 후원해주고, 간접적으로 제품 및 브랜드 등을 노출시키는 광고로서, 협찬 광고를 말한다. 주로 스폰서의 로고, 브랜드, 배너를 후원되는 곳의 웹사이트에 게재되는 유형으로 나타난다. 스폰서십 광고가 많이 이용되는 분야는 영화, 행사, 텔레비전 프로그램, 스포츠 등이 있다. 장점으로는, 일정한 계약기간 동안 지속되기 때문에, 장기적인 홍보를 통한 이미지 구축, 브랜드 인지도 및 신뢰도 제고를 도모할 수 있다는 점이다.

#### (8) 플로팅 광고(floating Advertising)

플로팅 광고란 사이트 전체 또는 일부 콘텐츠 위에 떠 있는(floating) 돌출형 광고를 말한다. 광고의 주목도가 높은 반면, 광고의 부정적 측면으로 회피 현상이 증가할 수 있다. 광고단가가 높은 점도 단점이다.

#### (9) 틈입형 광고

틈입형 광고란 웹사이트 이동 시 브라우저 창에 광고가 나타났다 사라지는 유형으로 웹사이트에서 다음 사이트로 넘어가는 사이에 돌출된다. 광고 주목률이 높으나, 소비자의 의지와 관계없이 무조건적으로 노출되기 때문에 사용자의 거부감을 유발할 수 있다.

#### (10) 이동 아이콘 광고

웹사이트를 이동하는 광고로, 1차적으로 소비자의 주의를 끌고, 마우스를 배너 광고 위에 갖다 대면 자세한 정보를 제공하기도 한다. 2차적으로 클릭 시 광고주 웹사이트로 연결된다.

### 3) 이메일 광고

소비자의 메일함(e-mail box)에 전달하는 광고(이메일을 통해 전달하는 광고)를 말한다. 개인화된 광고 메시지를 각 개인의 이메일로 보낼 수도 있고, 전체 수용자에게 동일한 메시지를 전달할 수도 있다. 메인 타깃(main target)을 대상으로 광고를 노출, 즉각적인 제품 판매까지 연결시킬 수 있다. 광고 전달 속도가 빠르고, 메일 발송 후 소비자들의 반응을 즉각 체크할 수 있다. 단점으로는 스팸 메일로 여겨 거부감, 불쾌감을 유발하거나, 노출 전에 삭제될 수 있다.

#### 4) 크로스 미디어 광고

크로스미디어란 여러 매체를 하나의 주제, 광고주에게 의미 있는 대상으로 묶어 소비자에게 보다 효과적으로 소구할 수 있게 하는 광고를 말한다. 인터넷 매체를 포함하여 다양한 media를 창의적이고 마케팅 지향적인 판매 패키지로 묶어서, 보다 효과적으로 광고 메시지를 전달할 수 있도록 한 것이다. 매체 간의 단순한 결합이 아니라, 결합을 통한 '시너지 효과' 창출이 특징이다.

## 2. 인터넷 광고의 특성[1]

#### 1) 장점

(1) 상호작용성: 광고주와 소비자 간의 인터랙션(interaction) 또는 쌍방향 커뮤니케이션이 가능하다. 소비자는 광고에 대해 댓글, 게시판, 방명록, 이메일 등을 활용해 광고주에게 의견을 개진하고 광고주는 손쉽게 소비자 반응을 파악할 수 있고, 의견을 교환하거나 소비자의 제안을 광고에 반영할 수 있다.

(2) 타깃 세분화: 인터넷은 선별적이고 개인적인 매체로 TV나 신문 매체처럼 불특정 다수에게 정보를 전하는 것이 아니라, 특정화된 표적 청중(target audience)에게 광고를 노출시킬 수 있다. 회원 등록, 쿠키(cookie), 로그인(login), 메일 등의 방식을 통해 타깃에게 적합한 광고 메시지를 노출한다. 자사 제품이나 서비스에 관심이 없는 소비자에게는 광고를 자제하고, 효과적인 소비자에게만 광고를 실시할 수 있다.

(3) 저비용: 광고제작비, 광고단가(매체비)가 저렴하며 방송매체, 인쇄매체에 비해 상대적으로 적은 비용으로 광고를 제작할 수 있다. 자사의 홈페이지에 게재할 경우 광고 횟수, 양에 따른 광고비용이 거의 들지 않는다.

(4) 미디어 통합성: 인터넷 매체는 기존 매체에 비해 매체 간 융합이라는 멀티미디어적인 특성을 갖추고 있다. 한마디로 토털미디어(total media)의 역할을 한다.

---

1 인터넷 매체의 특징으로서 이는 모바일을 위시한 디지털 매체의 일반적 특징으로 이해할 수 있다. 이명천, 김요한(2010)의 연구를 참조하였다.

신문, 라디오, TV, 잡지 등 전통적 매체의 기능을 통합하고 융합하는 매체로서, 텍스트, 오디오, 동영상 등 멀티미디어적 요소를 이용한 다양한 인터넷 광고를 제작, 집행할 수 있다.

(5) 광고관리의 유연성: 광고주는 광고 내용을 기업의 상황이나 사건 변화에 맞춰 신속하게 변경, 취소, 교체하고, 실시간으로 통제할 수 있다. 광고의 양, 형식 등에 크게 구애 받지 않고 전달이 가능하며 소비자가 원하기만 한다면 아무리 많은 양이라도 정보를 제공할 수 있다.

(6) 현장성, 즉시성: 인터넷 상에서 직접 구매를 유도하여 바로 구매가 이루어질 수 있다. 이를 통해 유통비를 절감할 수 있다. 소비자는 광고를 보고 싶을 때 필요할 때 볼 수 있고 여러 선택 대안들을 한 자리에서 바로 비교해볼 수 있어 시간적, 공간적 제약이 없다.

### 2) 단점

(1) 공신력 문제: 누구나 검증 없이 인터넷 광고 가능. 어떤 행위를 한 사람이 누구인지 드러나지 않는 '익명성'의 특성을 지닌다. 사기, 과장, 허위 광고 문제가 대두될 수 있다.

(2) 개인정보 노출 및 상업화: 수많은 개인정보가 전세계적으로 유통될 수 있으며, 절차도 간단하고 흔적도 잘 남지 않는다. 개인정보를 의도적으로 악용하여, 원하지 않는 광고를 개인 메일로 보내는 등 상업화에 이용할 수 있다. 광고주들은 소비자의 데이터 베이스에 대한 보안을 철저히 해야 한다.

(3) 관련 법규가 불명확: 방송매체, 인쇄매체에 비해서 상대적으로 관계 법령이 명확하게 정립되어 있지 않고, 서로의 이해가 얽혀 있어 완벽하게 질서가 확립돼 있지 않다. 사고가 난 후에 상황에 맞춰 법을 제정하고 시행하는 '법적 절차' 때문이다.

(4) 낮은 노출률: 몇 번의 반복 노출 후에는 클릭률이 급격히 감소한다. 일반적인 배너 광고의 경우, 평균 클릭률이 1% 안팎일 정도로 매우 낮다(한광석, 백승록, 2012). 인터넷 광고량의 증가로 광고에 대한 회피가 늘어나며 광고 주목도도 낮으며 일부 계층에게는 광고의 노출이 낮다.

(5) 지각된 침입성: 지각된 침입성이란 소비자의 인지적 처리가 방해 받을 때 발생하는 인식 또는 심리적 결과를 말한다. 소비자들이 미디어 콘텐츠를 처리하려

할 때 광고가 소비자의 정보 처리를 방해한다면, 소비자는 광고를 침입적인 것으로 간주하고 짜증을 일으킨다. 침입성으로 인한 짜증이 발생하면 인터넷 이용자들은 이후 광고를 회피하기 때문에 광고 효과가 떨어진다.

## 3. 소셜 미디어(social media)

### 1) 정의

소셜미디어는 사람들이 자신의 의견이나 생각, 경험, 관점 등을 다른 사람들과 공유하기 위해 사용하는 온라인 툴과 플랫폼을 말한다. 구체적으로, 문자나 그림, 동영상, 음원 등을 전송하거나 제작할 수 있게 해 주는 웹 기반의 응용 소프트웨어를 이용해 참여자들이 정보와 지식, 의견을 공유할 수 있게 해주는 대화형 미디어이다(Safko, Brake, 2009).

### 2) 종류

소셜미디어의 대표적인 유형으로는 다음과 같이 SNS, 블로그, 컨텐츠 커뮤니티 등이 있다.[2]

#### (1) SNS

자신의 온라인 공간에 프로파일을 작성하고, 타 이용자들과의 연계를 통해서 콘텐츠 공유 및 커뮤니케이션을 하는 소셜 미디어를 말한다. 대표적으로 페이스북, 인스타그램 등이 있다. SNS는 공통의 관심사를 가진 사람들 간의 관계 형성을 지원하고, 이렇게 형성된 지인 관계를 바탕으로 인맥 관리, 정보와 콘텐츠 생산 및 공유, 네트워크 활용 등 다양한 활동을 할 수 있도록 지원한다. 주요 기능은 관계 형성, 프로파일, 커뮤니케이션, 콘텐츠 생산, 네트워크 활용 등을 들 수 있다.

#### (2) 블로그

블로그(Blog)는 web(웹)과 log(일기)의 합성어이다. 개인이 자신의 온라인 공간에 기록하는 일기, 일지를 말한다. 기존의 개인 홈페이지에 비해 제작, 관리, 이용이 편리하다는 장점 때문에 많은 사람들이 사용하며, 양질의 정보 생산 및 유통, 의견

---

2 *출처: 이수범 (2010). 소셜미디어를 활용한 브랜드 PR캠페인. 한국PR학회 춘계정기학술대회 발제집.

교환이 가능하다. 일부 블로그의 경우 정보의 전문성, 분석의 신뢰도 측면에서 상당한 공신력을 확보해 전문 미디어로서의 역할을 하기에 충분한 수준에 이르렀다. 반면 특정 사건, 상황이 발생한 후 그 사안에 대해 정리하고 서술하는 방식을 취하기 때문에, 상대적으로 즉각성이 떨어지기도 한다. 개인 미디어인 블로그 고유의 기능에 각각의 블로그들을 서로 연결하는 네트워크 기능이 결합된 형태로 이용되고 있다. 대표적으로 Naver blog, Egloos 등이 있다.

#### (3) 콘텐츠 커뮤니티

동영상공유사이트 Youtube, 사진사이트 Flickr, 북마킹사이트 del.icio.us 등 개인들이 제작한 사진, 영상, 글 등 특정한 종류의 콘텐츠들을 온라인 상에 게시하고 공유할 수 있는 사이트를 말한다. 대부분 커뮤니케이션이 이루어지는 방식으로 SNS 유형으로 볼 수 있다. 주요 특징으로는 커뮤니티 내에서 사진, 영상, 글 등 특정한 종류의 콘텐츠 제공 및 유통이 이루어지며, 태생적으로 사용자들의 주관적 해석과 창의성이 극명하게 드러난다는 점이다.

이외에 위키 등이 있다. 위키는 인터넷 사용자들이 함께 내용을 수정, 추가하고 정보를 편집할 수 있는 웹사이트이다. 웹사이트 상에서 콘텐츠를 추가하고 정보를 편집하여 마치 데이터베이스처럼 운영되고 있다. 단순히 정보를 모아 게재하는 수준이 아니라 정보 형성 과정에 다수의 인터넷 사용자들이 참여해서 콘텐츠의 질적, 양적 향상을 이뤄 나간다는 게 핵심이다.

### 3) 특징[3]

#### (1) 참여(participation)

소셜 미디어는 관심 있는 모든 사람들의 기여나 피드백을 촉진하여 직접 참여하게 한다. 이로 인해 매체와 수용자의 개념이 점차 불명확하게 된다.

#### (2) 공개(openness)

누구나 참여할 수 있도록 공개되어 있다. 투표, 피드백, 코멘트, 정보 공유 등을 촉진함으로써 콘텐츠 접근과 사용에 대한 장벽이 거의 없다. 기존 매체에 비해 광고

---

3 *출처: FKII 조사연구팀 (2006). 소셜 미디어란 무엇인가?. 한국정보산업연합회 Information Industry, 2006년 6호, 52-55.)

주는 소비자가 어디에 있든지 정보 전달이 가능하며 소비자는 언제, 어디서나 정보에 접근할 수 있다. 즉 효율성, 시공간의 제약 극복이 가능하다.

**(3) 대화(conversation)**

쌍방향 커뮤니케이션이 이루어진다. 기존의 전통적인 미디어에서는 콘텐츠가 일방적으로 수용자에게 유통되는 반면, 소셜 미디어에서는 쌍방향성을 띤다. 광고측면에서도 광고주와 소비자가 접촉하고 대화하는 등 상호작용이 가능하다.

**(4) 커뮤니티(community)**

소셜 미디어는 빠르게 커뮤니티를 구성케 하고, 공통의 관심사, 다양한 이슈, 정보 등에 대해 이야기하게 한다.

**(5) 연결(connectedness)**

대부분의 소셜 미디어는 다양한 미디어의 조합이나 링크를 통한 연결을 특징으로 한다.

## Ⅱ. 옥외매체(OOH: Out Of Home media. outdoor media)

옥외매체란 광고매체 역사에서 가장 오래된 매체로서, 공중에게 항상 또는 일정 기간 계속 노출되어 공중이 자유로이 통행하는 장소에서 볼 수 있는 것으로 정의된다. 최근 옥외광고는 단일한 옥외광고물에서 정보통신기술(ICT)과 결합되면서 네트워크 또는 시스템 등 확대된 개념으로 이해되고 있다. 이와 관련하여 단순히 집안과 대비된 집밖 광고 개념에서 나아가 집 이외의 지역 전체에 노출된 모든 광고를 일컫는 개념에서 옥외(Outdoor) 광고를 OOH(out-of-home) 광고라 한다.

확대된 개념에서 OOH광고는 전통적인 형식의 빌보드, 네온사인 광고, 전광판 광고, 광고탑, 현수막, 벽보, 교통광고, 스포츠경기장 광고, 특수광고(비행선, 애드벌룬, 열기구광고 등) 등을 비롯하여 디지털 사이니지, 앰비언트 광고, 모바일 및 모바일과 연계된 인터랙티브 광고 캠페인 전반을 아우르는 개념이다. 특히 2016년 말 옥외광고 관련 산업 진흥을 위한 옥외광고물 등 관리법이 개정됨에 따라 옥외광고 자유표시구역, 한시적 자유표시구역 등 새로운 환경에서 다양한 유형의 디지털 옥외광고(Digital OOH Advertising)가 더욱 확산될 전망이다.

## 1. 옥외광고의 종류, 요금

옥외광고 요금은 다른 매체와는 달리, 광고의 형태, 위치, 규격(크기, size), 유동 인구, 노출의 질, 매체 종류 등 광고요금 책정에 영향을 주는 요인이 매우 다양하여, 그 체계가 복잡하다.

### 1) 빌보드(billboard)

빌보드는 건물의 옥상, 벽, 길가에 광고 게시물을 설치하거나, 건물에 직접 글자, 도형 등을 표기하는 광고물이다. 옥외 간판광고, 옥상에 위치한 간판, 야외 및 도로 주변에 위치한 야립광고 등을 모두 포함하며 조명 유무에 따라서 내부조명, 외부조명, 비조명으로 나누어진다. 빌보드의 광고요금은 전체적인 크기(size)와 위치한 장소, 노출도, 조명의 유무 등에 따라 상이하게 책정된다. 예를 들어, 빌보드가 가로 20 m × 세로 10 m × 4면을 갖는 경우, 서울시내 중심가, 1개월에 약 2,000~5,000만 원 정도의 광고요금이 부과된다.[4]

### 2) 전광판광고

전광판 광고란 전자식 발광(發光), 화면 전환의 특성을 이용하여 보여주는 내용을 수시로 변환하면서 문자, 기호, 동영상 등을 표현하는 광고물로서, LED(Light Emitting Diode), 큐-보드(Q-board), 컬러비전(color vision)등을 활용한 방법이 있다. 전광판 광고요금은 위치, 크기, 사용 방법, 유동 인구 등에 따라 다양하게 책정된다. 예를 들어 가로 16 m × 세로 6 m × 1면의 전광판, 서울시내 중심가, 1개월 집행한다면 광고요금은 약 800-1,200만 원이 부과된다.

### 3) 네온사인(neon-sign)

네온사인은 유리관에 가스를 주입하여 유리관 내벽의 착색 형광 재료에 따라 여러 가지 색을 표현하는 광고를 말한다. 네온 유리관의 색상, 점멸기 작동 유무 등에 따라 다양한 변형이 가능하며 기업 로고(logo)나 브랜드 로고 전달에 자주 이용된다. 네온사인 광고요금은 규격 및 위치, 노출도 등에 따라 상이하게 부과된다. 예를 들어, 서울시내 중심가의 네온사인의 경우 약 3,000~5,000만 원 정도이다(LG애드

---

4 빌보드가 가로 20 m × 세로 10 m × 4면을 갖는 경우, 1개월에 약 2,000~4,000만 원 정도의 광고요금 부과 (박현수, 2013)

미디어 본부, 2007).

### 4) 교통광고

교통광고란 버스, 지하철, 택시 등의 차량을 이용하여 차 내 · 외부에 광고물을 부착하거나, 정류장, 역사, 플랫폼 등에 광고 메시지를 부착하여, 교통수단을 이용하는 사람과 통행자에게 광고 메시지를 전달하는 방식의 광고를 말한다(오세성, 2008). 크게 '교통수단 이용 광고'와 '교통시설물 이용 광고'로 구분된다.

(1) 교통수단 이용 광고: 버스, 지하철, 택시 등과 같은 교통수단을 이용하여, 내부, 외부에 광고물을 부착

(2) 교통시설물 이용 광고: 정류장(shelter), 역사, 플랫폼, 터미널, 공항 등의 교통 시설물에 광고를 부착하여, 교통수단을 이용하려는 사람, 통행자에게 광고 메시지를 전달하는 방식

버스 및 택시의 광고는 국민체육진흥기금 등을 조성하기 위한 목적으로 처음 시작돼 현재에 이르고 있으며, 광고제작비가 저렴하여 저렴한 비용으로 단기 집행이 가능하고 매체 커버리지를 확대할 수 있는 장점이 있다. 교통광고는 대중에게 근접 노출이 용이하며 실크 스크린(silk screen), 실사 인쇄 방식 등으로 선명한 비주얼 표현이 가능하다. 교통수단을 이용하는 사람들에게 반복적으로 노출되어 광고 도달률이 높다.

교통광고의 광고요금은 노선, 규격 등에 따라 차등 책정된다. 예를 들어 서울 지선버스(blue, green)의 측면에 가로 3.7 m × 세로 1.0 m(차도면) 또는 가로 3 m × 세로 0.5 m(인도면)의 광고를 할 경우 1개월에 65만 원이 소요된다(HS애드, 2010).[5]

## 2. 옥외매체의 특성

### 1) 장점

#### (1) 높은 주목률

대부분의 옥외광고물은 크기, 디자인 등으로 인해, 사람들의 주의, 주목을 끌고 관

---

5 서울 광역버스(Red) 외부 광고의 경우 700,000원이며, 주간선버스(Blue)는 650,000원, 보조 간선버스 및 지선버스(Blue, Green)는 600,000원

심을 유발한다. 옥외광고는 타 매체에 비해 상대적으로 크기와 규모감에서 임팩트가 크기 때문이다.

#### (2) 반복 노출

고정된 위치에 설치되기 때문에 계속적이고 반복적인 노출이 가능하다. 교통량, 유동 인구가 많은 지역에 부착할 경우 많은 사람들에게 규칙적이고 반복적으로 노출된다. 이동선상에서 강제적으로 반복 노출되기 때문에 브랜드의 인지도를 높일 수 있고, 기억, 상기시키는 역할을 할 경우도 있으며, 호감도 및 추가적인 구전효과(word of mouth effect)를 높일 수 있다. 4대 매체의 보완적 수단으로도 유용하다.

### 2) 단점

#### (1) 제한된 노출

보통 운전하거나 이동 중에 짧게 노출된다. 특정 지역에서 집행되므로(지역성) 광고의 노출 범위가 제한적이다.

#### (2) 자세한 정보 제공 불가

많은 양의 정보, 긴 설득 메시지의 노출이 힘들다. 설명적인 광고 표현이 어렵다. 즉 광고 메시지 전달을 통한 설득보다는 브랜드 상기, 기억을 돕는 데 유리하기 때문에 보완적 매체로 활용성이 높다. 광고 크리에이티브도 이러한 맥락에서 임팩트 중심으로 제작될 필요가 있다.

#### (3) 법적, 공간적 제약

도시 미관, 시민 안전 등에 절대적인 영향을 준다. 옥외광고물 등 관리법, 시행령, 조례로 대부분 광고가 높이, 규격, 거리, 색상 등에서 엄격히 규제되며, 공간적 제약이 많아 좋은 위치를 확보하기 어렵다. 초기 시설 투자비가 많이 드는 것도 단점이다.

#### (4) 정확한 광고효과 측정이 어려움

얼마나 많은 소비자들이 어느 정도로 메시지에 노출되는가를 구체적으로 규명하는 광고효과 측정 기반이 취약하다. 옥외광고 효과에 영향을 미치는 요인이 너무 많기 때문에(광고 형태, 크기, 위치한 장소, 노출도, 유동 인구, 주변 환경 등) 광고효과를 측정하기가 쉽지 않다. 또한 옥외광고는 대부분 차를 타고 가는 중이나 길을 걸어가는 상황에서 노출되기 때문에 이들을 대상으로 조사하기 쉽지 않다.

## 3. 디지털 사이니지(digital signage)

### 1) 정의

디지털 사이니지란 네트워크를 통해 광고, 정보, 오락 등 메시지를 전송하고 원격 제어할 수 있는 전자적 디스플레이 장치이다. IT 기반의 디스플레이(LED, LCD, PDP, AMOLED)로 구성된 정보 네트워크의 성격을 갖는다.

### 2) 특징

첫째, 매스 미디어와 개인 미디어의 기능을 동시에 가지고 있다. 다수의 불특정 사람들에게 전달할 수 있으며, 특정 장소에서 특정 메시지를 특정 사람에게 전달할 수 있다.

둘째, 즉시성으로, 실시간으로 콘텐츠를 업데이트, 수정할 수 있다.

셋째, 큰 전문지식이 없어도 관리 및 운영이 편하다. 광고, 정보 등을 쉽게 표현하고 관리할 수 있다.

넷째, 템플릿을 활용해 제작비 절감이 가능하다.

다섯째, 시스템 단가 하락 및 네트워크 인프라 기술 발전 등으로 더 정밀한 타깃화가 가능하다.

여섯째, 다양한 콘텐츠 구현이 가능하다. 일반적인 옥외광고는 하나의 장면만을 보여줄 수 있는 반면, 디지털 사이니지는 동영상, 음성, 문자, 자료 등이 가능하고, 카메라, 센서 등을 부착하여 인터랙션 기능의 구현이 가능하며, 소비자의 참여를 유도할 수 있다. 또한 증강현실 기법, 스마트폰 연결 등을 통해 다양한 컨텐츠를 구현할 수 있다.

### 3) 미디어 파사드(media facade)

미디어파사드란 건축물 외면의 중심, 정면을 가리키는 파사드(facade)와 미디어(media)의 합성어이다. 건물의 외벽 등에 LED 조명을 설치하거나 다양한 콘텐츠 영상을 투사하여 매체 기능을 구현한 것이다.[6] 건물의 벽면을 디스플레이 공간으로

---

6 건물 전체를 하나의 대형 디스플레이로 활용한 것으로, 건물 외벽에 수천 개에서 수만 개의 LED 조명을 부착해 하나의 대형 전광판을 만들거나, 입체영상을 건물의 내 · 외부벽을 스크린 삼아 투사(벽면에 빔 프로젝터로 영상을 투사)해 만든다. 2004년 압구정동 갤러리아 백화점 명품관에 도입된 것이 효시로 꼽힌다.

활용하는 것인데, 이는 건물 벽에 LED 등의 디스플레이를 부착하여 영상을 구현하던 기존의 방식에서 발전한 것이다.

## Ⅲ. 기타 매체

### 1. 위성방송

위성을 이용한 방송으로, 지상에서 36.000 km 상공의 지구 정지 궤도 상에 위치한 인공위성으로 전파를 보내면, 위성 중계기가 이를 수신하여 증폭시킨 후 다시 지상 각 지역으로 보낸다. 각 가정에서 소형 안테나를 설치함으로써 일반 시청자들이 위성으로부터 직접 방송을 수신, 시청(DBS: 직접위성방송)할 수 있다. 2002년 디지털 위성방송인 '스카이라이프(skylife)'가 출범하면서 서비스가 시작되었다. 광고 수익보다는 유료 가입에 의한 수신료에 의존적인 사업이다. 광고 영업은 PP를 중심으로 이루어지므로 기존 케이블 TV와 유사한 형태로 운영된다. 위성방송의 특성은 다음과 같다.

첫째, 고화질, 고음질이 가능하다. 위성으로부터 직접 전파를 송신하기 때문에 높은 산악 지형이나 고층건물에 의한 전파 장애 및 자연 재해의 영향을 덜 받는다. 이로 인해 깨끗한 화질, 고음질의 방송이 가능하다.

둘째, 가시청권이 확대된다. 적도상공에서 전파를 송신하기 때문에 무궁화 위성의 경우 전국이 동시에 가시청권이 된다. 넓은 국토를 단일 수신권으로 하는 전국적인 방송에 유리한 점 등 기존 지상파 방송의 난시청 문제가 해소된다.

셋째, 디지털화를 통한 부가 이점이 있다. 디지털 방송이 갖는 이점이 부가됨으로써 고도화, 다양화된 서비스를 제공할 수 있다. 정밀도가 높고, 재현 성능이 우수, 수백 개의 다채널 방송, 주문형 비디오(VOD: video on demand), 양방향 서비스 등이 가능하다.

### 2. 직접 우편 광고(DM: Direct Mail)

우편, 운송 서비스를 통해 수용자에게 직접 광고를 전달하는 모든 형태를 말한다. 미국을 비롯한 서구에서는 빈번하게 사용되는 매체로, 광고 제품, 내용에 적절한 소비자 리스트 확보가 관건이다. 주요 유형은 판매 편지(sales letters), 브로슈어, 카달로그 등이 있다.

### 1) 식섭우편 광고의 장점

(1) 높은 선별성: 구매 가능성이 높은 사람들을 대상으로 할 수 있다. 도달하고자 하는 시장을 명확히 규정, 침투할 수 있다.
(2) 융통성: 발송량, 광고량, 제작 등을 광고주 임의로 선택, 통제 가능하다.
(3) 친근감: 편지 방식 등을 사용하면, 매스 미디어에 비해 친근감을 줄 수 있다.
(4) 광고효과 측정 용이: 회신률, 주문 비율 등을 통해 효과 효과를 즉각적으로 측정할 수 있다.

### 2) 직접우편 광고의 단점

(1) 많은 비용: 우편 광고를 보낼 올바른 주소록 확보, 광고물 제작 등을 위해 많은 비용이 든다.
(2) junk mail: 소비자들이 쓰레기로 버릴 우려가 있다.
(3) 적절한 배달 시기를 맞추는 것이 쉽지 않다.

## 3. 구매 시점 광고(POP: Point Of Purchase)

구매시점 광고란 판매점 주변에 위치하는 디스플레이류 광고를 총칭하는 개념이다. 소비자가 제품을 선택, 구입하는 시점에서 광고의 노출을 통해 구매에 기여하며, 제조업자에 의해 제공된다. 상점의 규모, 상황에 따라 POP 광고의 크기를 결정하며, 최근 LCD 액정 등 멀티미디어적인 기능도 포함된다. 예를 들어, 대형 슈퍼마켓의 경우 계산대 앞, 매장 복도의 양끝, 제품 근처 등에 설치된 POP 광고 등이 있다.

구매시점 광고의 장점으로는 제품과 소비자가 만나는 시점에서 광고함으로써 구매 가치와 구매율을 높일 수 있다는 점이다. 반면 단점으로는 불필요한 물건에 대해 충동구매를 유발하며, 광고물을 설치하기 위해 해당 점포와의 협의, 협조가 전제되어야 하는 점, 전시물의 장소, 크기 등이 점포에 의해 결정되는 점 등이 있다.

## <참고문헌>

박현수. (2013). 광고매체기획론 ≫. 한경사.

이명천, 김요한 (2010). 광고학개론. 커뮤니케이션북스.

이수범 (2010). 소셜미디어를 활용한 브랜드 PR캠페인. 한국PR학회 춘계정기학술대회 발제집.

한광석, 백승록 (2012). 광고론. 글로벌.

FKII 조사연구팀 (2006). 소셜 미디어란 무엇인가?. 한국정보산업연합회 Information Industry, 2006년 6호, 52-55.)

Safko, L., & Brake, D. K. (2009). The Social Media Bible. Wiley.

# 13 소비자 행동

학습목차



## Ⅰ. 지각

지각(perception)은 감각기관이 받아들인 정보를 일차적으로 처리하는 심리적 과정이다. 즉 오감을 통해 받은 정보, 자극을 인지하고 처리하며 해석하고 의미를 부여하는 과정이 지각이다.

지각의 특성은 사람마다 기존 지식, 경험, 감각 등에 따라서 각기 다른 방법으로 정보를 해석하고, 처리한다는 것이다. 그리고 지각은 고정적이지 않고 변화한다.

### 1. 선택적 지각

#### 1) 정의

소비자들은 매일 수많은 정보나 자극을 접하지만, 그것을 다 받아들이지 않고 극히 일부의 자극만을 지각한다. 만약 모든 정보, 자극을 다 받아들이면 지각의 과부하가 일어나기 때문에, 관심 있고 흥미 있는 자극만을 선별해서 받아들이게 된다. 이처럼 자신의 기존 인지체계와 일치하거나 자신에게 유리한 것만 선택적으로 받아들이는 것을 선택적 지각(selective perception)이라고 한다. 사람들은 자기에게 좋은 방향의 생각이나 유리한 쪽의 정보만을 채택하려고 하고, 자신의 견해와 다른 정보에 대해서는 관심을 갖지 않거나 무시해 버리는 경향이 있다. 한마디로 선택적 지각은 '보고 싶은 것만 보고, 듣고 싶은 것만 듣는 경향'이다.

### 2) 선택적 지각의 과정

소비자들이 외부의 정보, 자극을 지각하기 위해서는 먼저 정보에 노출되어야 한다(선택적 노출). 그 후 정보에 대해 주의를 집중한 다음(선택적 주의), 정보를 이해하는 과정을 거치고(선택적 이해), 정보 일부는 기억한다(선택적 보존).

(1) **선택적 노출(selective exposure):** 소비자들은 자신의 마음에 드는 즐겁고 긍정적인 메시지에 대해서는 자신을 노출시키지만, 위협적이거나 고통스럽고 자신의 기대에 어긋나는 자극에 대해서는 의도적으로 회피하는 경향이 있다.

(2) **선택적 주의(selective attention):** 선택적 주의란 제시되는 자극들 중 관심을 끄는 일부 자극에만 주의를 기울이는 것을 말한다. 영향요인으로 개인이 특성과 자극의 성질이 있다.

① 개인의 특성: 욕구, 동기, 가치관, 신념 등이다. 소비자는 자신의 욕구, 동기, 흥미 등에 부합하는 자극에 대해서는 많은 관심을 갖지만, 그렇지 않은 자극에 대해서는 별로 주의를 기울이지 않는다.

② 자극의 성질: 대조, 새로움, 크기, 강도 등의 자극을 말한다. 새롭고 진기한 자극일수록, 광고 자체가 클수록, 큰 소리, 밝은 색깔 등 자극의 정도가 클수록 주의를 유발한다.

(3) **선택적 이해(selective understand):** 자신이 갖고 있는 기존의 지식과 다른 정보를 접했을 경우, 신념, 태도에 일치하는 방향에서 이해한다. 소비자는 자신을 보호하기 위해서 신념, 사고 등에 부합하는 정보는 잘 수용하고, 가급적 자신의 신념, 주관에 역행하지 않으려고 하는데, 이러한 습성이 선택적 이해를 유발한다.

(4) **선택적 보존(selective preservation):** 소비자는 자신의 기존 신념을 지지하는 정보만을 선별적으로 기억하려고 한다. 그리고 이를 미래의 의사결정에 이용하려는 경향이 있다.

## 2. 지각적 조직화

### 1) 정의

지각적 조직화(perceptual organization)란 지각의 여러 대상물들을 따로 따로 지각하기보다, 집단화하여 정보를 단순화시키려는 경향을 말한다. 자극, 특정 대상과 관련된 많은 요소들을 통합하는 매카니즘이다. 다시 말해 소비자들은 자극을 낱개로 따로 따로 지각하지 않는다. 주어지는 자극을 묶어서 종합적으로 받아들인다. 예를 들어 어떤 여성을 봤을 때 개별적으로 눈, 코, 입 따로 지각하지 않고, '미인이다', '미인이 아니다'로 종합적으로 지각한다. 광고를 볼 때도 브랜드, 카피, 모델, 패키지 등을 하나 하나 개별적으로 인식하지 않고, '저 제품 좋다', '저 제품 싫다'와 같이 통합적으로 묶어서 받아들인다.

지각적 조직화의 기본 원리는 '통합'이다. 이 통합의 원리를 연구하는 심리학 분야를 게스탈트(Gestalt) 심리학이라고 한다. 게스탈트 심리학에서 말하는 지각적 조직화의 원리에 대해 살펴보자(이학식, 안광호, 하영원, 2015).

### 2) 지각적 조직화의 원리(principles of perceptual organization)

(1) **단순화(simplicity):** 개인이 자극의 요소들을 통합하여 전체로서 지각할 때 가급적 단순한 형태로 지각하는 경향을 단순화라고 한다.

〈그림 13-1〉의 맨 왼쪽 점들이 어떤 모양으로 보이는가? 일반적으로 사람들은 원 모양으로 단순하게 인식한다. 맨 오른쪽처럼 정사각형 2개를 겹친 모양으로 복잡하게 인식하지 않는다. 이처럼 사람들은 자극을 지각할 때 가급적 단순한 형태로 인식하는 습성이 있다. 따라서 광고를 창작할 때도 복잡하게 만들어서는 안 되고, 단순하게 만들어야 한다.

(2) **완결성(closure):** 완결성은 자극물이 불완전(incomplete)할 때 불완전한 부분을 완전하게 바꿔서(fill), 가급적 완전한 전체(a complete picture)로써 지각하려는 경향이다.

광고를 창작할 때 완결성을 이용하여 소비자를 광고에 참여시키거나 개입을 유도할 수 있다. 일부로 생략하여 빈곳을 채우게 하거나, 불완전한 것을 제시하여 소비자들이 고쳐서 완전한 모양으로 완성하게 하는 것이다.

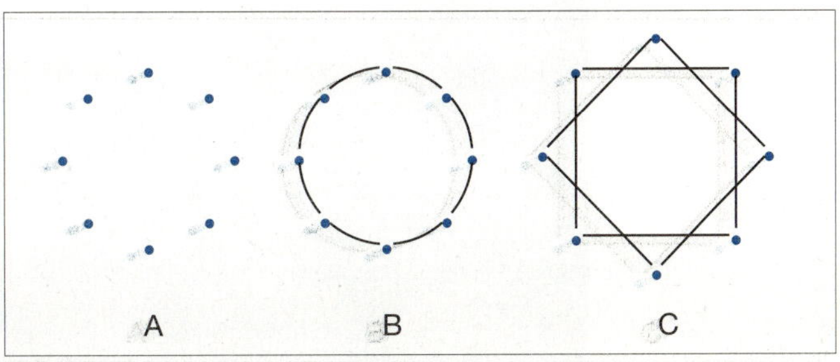


**그림 13-1** 단순화

그림 13-2 J&B 광고

완결성을 이용한 사례로 제이 앤 비(J&B)와 소니 CDX 광고를 들겠다. 스카치 위스키 제이 앤 비는 크리스마스 시즌에 본 인쇄광고를 집행하였다. 헤드라인은 'ingle ells, ingle ells'이고, 바디카피는 'J&B 없는 휴일은 제이 앤 비 있는 휴일과 같을 수 없습니다(The holidays aren't the same without J&B).'이다. 바디카피에서 제이 앤 비만 빨간색으로 처리되어있어서, 헤드라인에 제이와 비가 빠졌다는 것을 알 수 있게 한다. 소비자들은 헤드라인에 J와 B를 집어넣어, 'Jingle Bells, Jingle Bells'로 완성하게 된다.

그림 13-3 소니 CDX 광고.

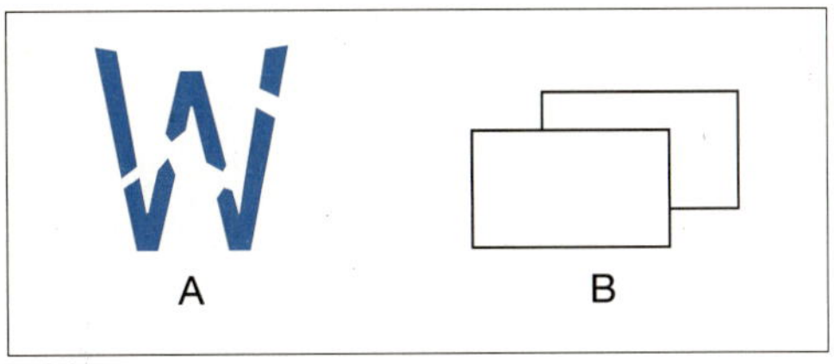


**그림 13-4** 완결성. 끊어지거나 안 보이는 부분을 완성해서 A는 W 모양으로, B는 앞 사각형 안에 뒷 사각형의 나머지 부분을 그려서 인식하게 된다.

소니 CDX 광고의 헤드라인은 "Born __ be wild"다. 전치사 to가 생략되어 있다. 소비자들은 자극이 불완전하면, 이를 고쳐서 가급적 완전한 전체로 지각하려는 경향이 있기 때문에, 헤드라인을 'Born to be wild'로 인식하게 된다.

(3) **집단화(grouping):** 집단화는 자극물을 개별적인 단위로 지각하기보다, 하나의 덩어리(chunk)로 지각하는 것이다. 소비자는 자극을 조직화된 전체로 통합한다. 즉 사람들은 자극을 지각할 때 낱개로, 따로 따로 지각하지 않는다. 주어지는 자극을 묶어서 종합적으로 받아들이는 습성이 있다. 집단화의 원리에는 '근접성', '유사성', '연속성'이 있다.

① 근접성(proximity): 근접성은 한 요소가 가장 가까운 다른 요소와 연결 지어져서 지각되는 경향이다. 〈그림 13-5〉의 근접성을 보면, 사람들은 해당 도형을 가로

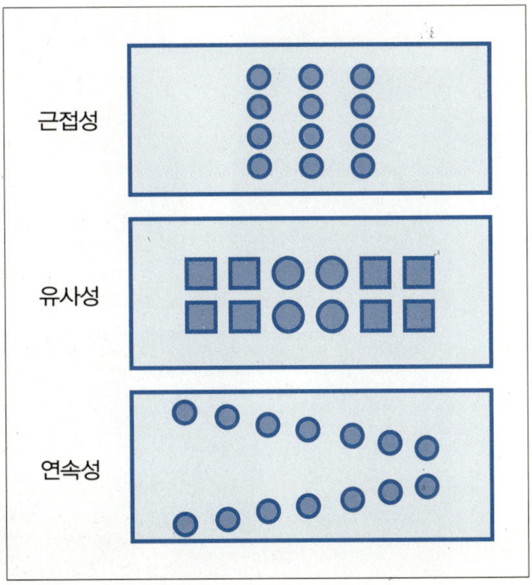


**그림 13-5** 집단화의 원리 – 근접성, 유사성, 연속성

로 묶지 않고, 세로로 묶어서 지각한다. 가로보다 세로의 도형들이 더 가깝기 때문이다.

② 유사성(similarity): 자극의 요소들 중 유사한 것끼리 연결 지어 지각하는 경향을 유사성이라고 한다. 〈그림 13-5〉의 유사성을 살펴보면, 소비자들은 이 도형들을 네모는 네모끼리, 동그라미는 동그라미끼리 묶어서 인식한다. 비슷한 것끼리 집단화하는 습성이 있기 때문이다.

③ 연속성(continuity): 연속성은 자극의 요소들을 중단, 분리된 상태로 지각하지 않고, 연속적으로 지각하는 것이다. 〈그림 13-5〉의 연속성을 보면, 사람들은 이 도형들을 분리된 상태로 하나 하나 지각하지 않고, 쭉 연결된 선처럼 인식하게 된다.

(4) **형상과 배경(figure & ground):** 소비자들은 자신의 지각을 형상(figure), 배경(ground)으로 조직화한다.

형상은 자극에서 보다 두드러진 요소로 받아들여지는 부분이다. 반면 배경은 상대적으로 덜 두드러지게 지각되는 부분이다.

광고를 창작할 때는 광고에서 제시하는 브랜드, 제품 등이 형상으로 인식되고,

그림 13-6 칼스버그 광고

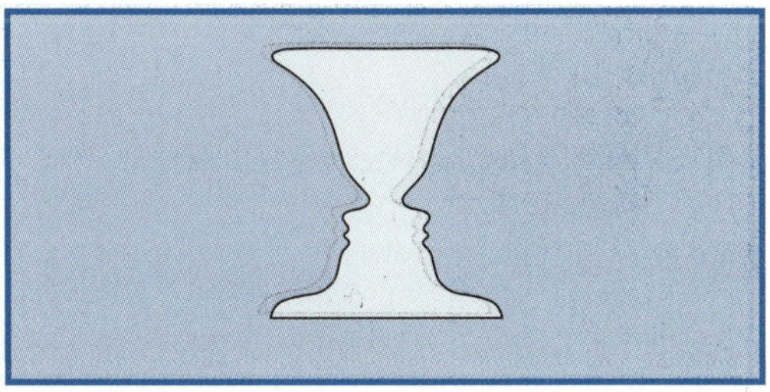

그림 13-7 형상과 배경. 덴마크 심리학자 에드가 루빈(Edgar Rubin)이 제시한 '루빈의 컵'을 보면 컵이 형상이 되는 경우 마주보는 사람의 얼굴은 배경이 된다. 얼굴이 형상이 되면 컵이 배경이 된다.

모델이나 음악 등은 배경으로 지각되게 해야 한다.

칼스버그(carlsberg)는 인쇄광고에서 형상과 배경의 원리를 이용하였다. 녹색 옷을 입은 두 사람의 배 사이, 하이힐 사이, 살랑살랑 흔들리는 커튼 사이로, 모래 사장이나 방안이 맛있는 맥주잔 모양을 하고 있다. 특히 맥주잔 모양은 명도가 높은 노란색으로 처리하고, 배, 하이힐, 커텐은 어두운 녹색으로 표현해서, 소비자들이 맥주잔을 형상으로 지각하게 유도한다.

## Ⅱ. 학습

학습(learning)이란 경험이나 연습 등에 의한 비교적 지속적인 행동 혹은 행동 잠재력의 변화다. 소비자는 자신을 둘러싸고 있는 환경에서 발생하는 여러 사건, 상황 등을 경험하고, 익히고, 배우면서 행동의 변화가 나타나는데 이것이 바로 학습이다.

광고에 적용해보면, 광고를 통해 제품의 정보를 습득하고, 구매 및 사용 경험의 결과로써 행동이 변화되는 것이 학습인 셈이다. 광고인들은 어떻게 해야 학습효과를 높일 수 있는 광고를 창작할 수 있을지 고민해야한다.

### 1. 행동적 학습이론

행동적 학습이론(behavioral learning theory)은 특정 자극(stimulus)에 대한 반응(response)의 결과로 학습이 일어난다고 보는 이론이다. 외적인 자극과 반응에 초점을 맞춘다. 반면 개인의 내적인 사고과정에 대해서는 관심을 두지 않는다.

행동적 학습이론은 기계적, 자동적인 조건 형성의 속성을 강조한다. 그리고 사람들의 인지적 노력이 없어도, 호의적 태도, 행동을 유발할 수 있다고 가정한다. 소비자를 수동적으로 본다. 본 이론의 한계점은 인간 내부의 심리과정, 사고과정 등을 배제한 채, 단지 자극과 반응을 통해 인간의 행동을 설명하려고 했다는 점이다.

대표적인 이론으로 고전적 조건화와 조작적 조건화가 있다(김정현, 2015).

### 1) 고전적 조건화(classical conditioning)

**(1) 정의:**

고전적 조건화는 러시아 생리학자 파블로프(Ivan Petrovich Pavlov)의 '조건 반사'에 토대를 두고 있다. 중립적 자극을 특정 반응을 유발하는 무조건 자극(US: unconditioned stimulus)과 결부시켜 반복적으로 노출시키면 조건 자극으로 변하여, 당초 무조건 자극에 의해 야기되던 반응과 매우 유사한 반응을 유발한다는 것이 고전적 조건화이다.

예를 들어, 중립적 태도를 갖는 특정 제품(중립 자극)을 매력적인 모델, 흥겨운 음악, 멋진 배경 등(무조건 자극)이 있는 광고에 담아 소비자에게 반복적으로 노출하면, 나중에는 그 제품(조건 자극)에 대해 호의적인 태도(조건 반응)를 가지게 된다.

**(2) 연구:**

파블로프는 개에게 먹이를 주며 종을 치는 실험을 통해서 조건 반사(conditioned reflex)의 개념을 발전시켰다. 개에게 먹이를 주면 침을 흘리는데, 이때 먹이는 개가 무조건 침을 흘리게 만들므로 '무조건 자극'이다. 그리고 침 흘림은 음식에 의해 무조건 유발되므로 '무조건 반응'이다. 초기의 종소리는 그 자체로는 침을 나오게 하지 못하고, 개에게 있어서 좋은 것도 싫은 것도 아닌 중립적인 것이므로 '중립 자극'이다.

파블로프는 개에게 먹이를 주면서 종소리를 들려주었다. 즉 무조건 자극인 먹이를 주면서 중립자극인 종소리를 들려주면, 이때는 먹이 때문에, 무조건 반응인 침 흘림을 보인다.

파블로프가 이러한 상황을 계속 반복하자, 개는 먹이 없이 종소리만 듣고도 침을 흘리게 된다. 종소리가 조건 자극으로 변화한 것이다. 개는 무조건 자극인 먹이가 없어도, 조건 자극 종소리만으로도 침을 흘리는데, 이때의 침 흘림은 조건 자극에 의해 나타났으므로 조건 반응이라고 한다.

**(3) 고전적 조건화의 영향요인:**

① 무조건 자극의 강도: 무조건 자극의 강도가 강하면 조건화가 이루어질 가능성이 높다. 광고를 창작할 때 무조건 자극인 매력적인 모델이나 인상적인 씨엠송

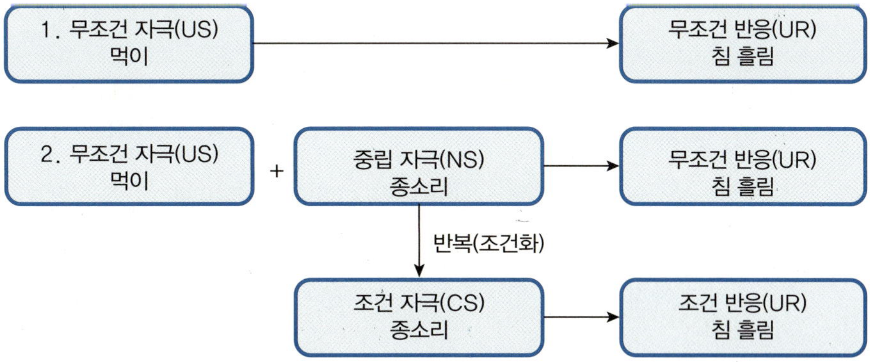


US(unconditioned stimulus) 무조건 자극:
UR(unconditioned response): 무조건 반응
NS(neutral stirnulus): 중립 자극
CS(conditioned stimulus): 조건 자극
CR(conditioned response):조건 반응

**그림 13-8** 고전적 조건화

(CM song) 및 BGM, 멋있는 영상 등을 사용하면 고전적 조건화에 의한 학습이 이루어질 수 있다.

② 반복 횟수: 무조건 자극과 조건 자극이 결부되어 반복적으로 소비자에게 제시되면 효과적이다.

③ 자극의 제시 순서: 조건 자극이 무조건 자극보다 먼저 제시되는 것이 학습효과를 높인다. 자극의 제시 순서에 따라 전방조건화, 후방조건화, 동시조건화로 나뉘는데, 이중 학습 차원에서 봤을 때 전방조건화가 학습효과가 높다.

A. 전방조건화: 조건 자극을 먼저 제시한 뒤 무조건 자극을 제시하는 것이다.

B. 후방조건화: 무조건 자극이 조건 자극에 선행되는 것이다.

C. 동시조건화: 두 가지 자극이 동시에 제시되는 것이다.

④ 친숙도: 소비자가 무조건 자극에 지나치게 친숙한 경우 학습효과가 낮다.

⑤ 관여도: 특정 대상에 대한 관여도가 높으면 고전적 조건화에 의한 학습효과가 낮다. 왜냐하면 관여도가 높을 경우 특정 대상에 스스로 주의를 기울이고 생각을 깊게 하기 때문이다.

### 2) 조작적 조건화(operant conditioning)

**(1) 정의:**

수단적 조건화, 도구적 조건화라고도 부른다. 조작적 조건화는 처벌(punishment)

받은 자극은 멀리하고, 보상(reward)받은 자극은 선호하는 과정에서 일어나는 학습이다.

**(2) 연구:**

행동주의 심리학자 스키너(Burrhus Frederic Skinner)는 동물에게 원하는 행동에 대한 대가로 보상을 해주고, 틀렸을 때는 처벌을 하여 탁구, 춤추기 등을 가르침으로써 조작적 조건 형성의 효과를 증명했다.

**(3) 조작적 조건화의 영향요인:**

① **보상:** 조작적 조건화는 '보상(긍정적 강화)'을 제공할 때 학습효과가 높게 나타난다.

이를 뒷받침하는 이론이 '피그말리온 효과(pygmalion effect)' 또는 '로젠탈 효과(robert effect)'다. 피그말리온 효과는 타인의 기대나 관심 등으로 인해 능률이 오르거나 결과가 좋아지는 현상을 말한다. 칭찬하면 칭찬할수록 더 잘하도록 동기화되는 것이다. 피그말리온 효과는 그리스 신화에서 유래되었는데, 키프로스의 왕이자 조각가인 피그말리온은 아름다운 여인상을 조각하고, 그 여인상을 진심으로 사랑하게 되었다. 여신 아프로디테는 그의 사랑에 감동하여 여인상에게 생명을 줘서 진짜 여자가 되었다. 영국의 극작가 버나드 쇼(George Bernard Shaw)는 이 이야기를 소재로 해서, 교수인 헨리 히긴스가 거리에서 꽃을 팔던 일라이자에게 예의범절, 언어 등을 가르쳐 상류사회의 귀부인으로 변신시킨다는 내용의 '피그말리온'이라는 희곡을 썼다. 여기서 피그말리온 효과라는 명칭이 나오게 되었다.

1968년 하버드대학교 사회심리학과 교수인 로버트 로젠탈(Robert Rosenthal)과 초등학교 교장을 지낸 레노어 제이콥슨(Lenore Jacobson)은 미국 샌프란시스코의 한 초등학교에서 전교생을 대상으로 지능검사를 실시하였다. 이후 초등학교 한 학급 당 무작위로 20% 학생을 선정하여, 선생님들을 시켜 영재라고 부르고 다음에 성적이 올라갈 것이라고 말하게 했다. 8개월 후에 다시 지능검사를 했을 때 영재라고 불렸던 학생들의 평균 아이큐가 4점씩 증가하였다. 그뿐만 아니라 학교 성적도 크게 향상되었다.

이처럼 보상을 주면 학습효과가 높게 나타나므로, 광고를 창작할 때는 소비자에게 어떤 혜택, 보상을 주어서 소비자 반응을 연쇄적으로 유발할지를 고려해야 한다.

② **충동, 욕구 상태:** 충동, 욕구 상태가 강할 때 학습효과가 크다. 따라서 광고 창작시 소비자 욕구를 파악하여 광고를 제작해야 효율적이다.

**(4) 용어:**

① **보상(reward):** 어떤 행동을 통해 나타난 긍정적 결과를 보상이라고 한다.

② **강화:** 보상을 통해, 그 행동을 하는 횟수가 증가하는 것을 강화라고 하며, 긍정적 강화와 부정적 강화가 있다. 첫째, 긍정적 강화는 정적 강화라고도 하며, 특정 반응 결과 긍정적 것이 제공되어 이를 반복하는 것을 말한다. 상대방이 좋아하는 자극(상, 칭찬)을 제시함으로써, 그 행동의 증가를 유도하는 것이다. 둘째, 부정적 강화는 부적 강화라고도 하며, 어떤 반응 결과 부정적 것이 중지돼 이를 반복하는 것이다. 상대방이 싫어하는 자극을 제거함으로써(처벌 면제) 그 행동의 증가를 꾀하는 것이 부정적 강화다.

③ **처벌(punishment):** 자극에 대한 반응을 함으로써 부정적인 결과가 발생하는 것이다. 어떤 반응 뒤에 오는 불쾌한 것들을 말하며, 처벌이 있으면 행동을 반복하지 않게 된다.

## 2. 인지적 학습이론

### 1) 정의

인지적 학습이론(cognitive learning theory)은 사람의 정신적 과정(mental process)의 결과에 따라 학습이 이루어진다고 보는 이론이다. 행동적 학습이론과 달리 내적 정신과정, 사고과정을 중시한다.

인지적 학습은 '목표를 인식하고 목표를 달성하기 위한 의도적 행동을 하며 그 해결방안을 파악함으로써 목표를 성취하는 것'이다. 소비자들은 그러한 과정을 학습, 기억한 뒤 유사한 상황에서 정보를 인출하여 비슷한 행동을 취한다(Assael, 1998).

본 이론은 소비자를 능동적인 존재로 파악한다. 문제를 해결하기 위해 필요한 정보를 능동적으로 찾고, 정보를 취사선택하며, 기존에 갖고 있는 정보, 신념 등과 비교, 통합하여 의사결정을 한다. 소비자들은 자극을 지각하고 욕구와 연관시키고, 대안 브랜드들을 평가하며, 어떤 브랜드가 기대에 부합하는지를 평가한다(김정현, 2015).

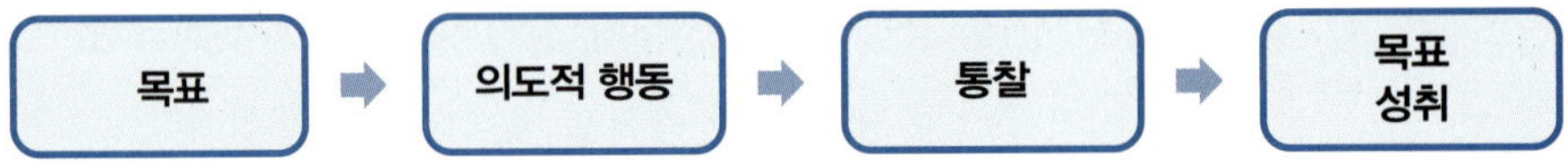


그림 13-9 인지적 학습과정

### 2) 연구

심리학자 쾰러(Wolfgang Kohler, 1925)는 침팬지를 이용한 실험을 통해서 인지적 학습이론을 증명하였다. 그는 천장에 바나나를 매달고, 상자 몇 개를 놓은 우리 안에 침팬지를 넣었다. 챔팬지는 바나나(목표)를 잡으려고 시도하다(의도적 행동) 실패한 후, 바나나가 달린 곳 바로 밑에 상자를 가져다가 쌓고(통찰) 그 위에 올라가서 바나나를 획득(목표 성취)하였다.

### 3) 인지적 학습의 영향요인

(1) **친숙도:** 친숙도가 중간 정도일 때 학습효과가 높다. 학습과 친숙도는 역U자 모양의 관계를 가진다.

(2) **동기 부여:** 동기 부여는 학습의 방향과 강도를 모두 결정하는 요소다. 동기가 높게 부여될 때 학습효과가 높다.

(3) **정보환경의 애매모호성:** 정보환경이 애매모호한 경우 하향식 정보 처리(top-down processing)에 의존하고, 애매모호하지 않을 때는 경우 상향식 정보 처리(bottom-up processing)에 의존한다.

① 하향식 정보 처리(top-down processing): 가설이나 개념 위주의 정보 처리를 말한다.

② 상향식 정보 처리(bottom-up processing): 경험, 자료 위주의 정보 처리를 상향식 정보 처리라고 한다.

## Ⅲ. 태도

태도(attitude)의 정의는 "어떤 대상에 대해서 일관성 있게 호의적 또는 비호의적으로 반응하게 하는 학습된 선유경향(Fishbein, Ajzen, 1975)"이다. 태도는 특정 대상(사물, 사람 등)에 대한 사람들의 성향으로, 우리가 무엇을 좋아하는지 또는 그렇지 않은지에 관한 것이다.

어원은 라틴어 'aptus'로, '적합성', '알맞음' 또는 '자세', '신체적 포즈'의 의미를 지니고 있다. 태도의 어원에 포즈란 의미가 있는데, 어떤 사람이 취하는 신체적 포즈에 따라, 이 사람이 다음에 취할 행동이 무엇일 것인가를 예측할 수 있다. 실제로 태도는 사람의 행동보다 앞서가며, 사람들의 행동을 지시한다. 그래서 '태도는 행동의 징조', '행동을 예측하게 하는 선행자'라고 한다. 태도는 인간 행동의 길잡이 역할을 하기 때문에, 태도를 보고 행동을 예측하고, 설명, 수정할 수 있다.

태도의 구성요소에 대해, 삼원론적 관점에서는 인지적 요소(신념), 감정적 요소(감정), 행동적 요소(행동 의도) 3가지가 있다고 본다.

(1) 인지적 요소(cognitive component): 특정 대상에 대해 개인이 가지는 지식, 신념, 인식, 판단 등의 요소를 말한다. 예를 들어, '쏘나타는 경제적이다'라는 판단이 인지적 요소다.

(2) 감정적 요소(affective component): 특정 대상에 대해 느끼는 전반적 감정을 뜻하며, '싫다', '좋다'의 호의적, 비호의적인 감정이 있다. 예를 들어, '나는 쏘나타를 좋아한다'가 감정적 요소다.

(3) 행동적 요소(behavioral component): 특정 태도 대상에 대한 행동 성향, 행동 의욕을 말한다. '나는 쏘나타를 구입하려고 한다'가 행동적 요소다.

반면 일원론적 관점에서는 태도의 3가지 구성요소에서 오직 '감정적 요소'만을 태도로 간주한다. 인지적 요소와 행동적 요소는 별개의 개념으로, 태도로부터 이탈되어 각각 '신념'과 '행동 의도'로 개념화한다. 다시 말해 태도는 감정적 요소로만 구성되는 단일 차원이며, 인지적 요소는 태도의 선행적인 것이고, 행동적 요소는 결과적인 것이라고 본다.

## 1. 자이언스의 단순노출효과

### 1) 정의

미국의 사회심리학자인 로버트 자이언스(Robert Zajonc, 1968)는 의식적인 인지 없이도 어떤 대상에 대한 선호하는 태도가 생길 수 있다고 보았다. '특정 대상에 반복적으로 노출될 때, 저절로 그 대상에 대해 긍정적 태도를 갖게 된다'는 가설을 세우고, 피험자들에게 사진, 초상화, 음악작품, 다각형, 한자, 단어 등을 제시하는 실험을 해서 가설을 입증했다.

한자 실험의 경우, 자이언스는 모 대학신문이 발행될 때마다 한자를 반복해서 실었다. 시간이 흐른 후 학생들에게 그 한자들을 보여주고 어떤 것이 보다 좋은 뜻을 가졌을 것으로 생각하는지 물어보았다. 미국의 학생들은 한자의 의미를 전혀 몰랐지만, 여러 번 게재되었던 한자들이 더 좋은 뜻을 가졌을 것으로 응답하였다.

단순노출효과(mere exposure effect)란 단순히 반복 노출되는 것만으로도, 대상에 대한 친숙함(familiarity), 친밀감이 생기고, 그것이 호감 또는 긍정적인 태도를 야기한다는 것이다.

### 2) 사례

에펠탑 효과(eiffel tower effect)는 자주 보는 것만으로도 호감이 증가하는 현상을 말한다.

프랑스 대혁명 100주년을 기념하기 위해 1889년 3월 31일 프랑스 파리에 에펠탑이 건립되었다. 그런데 이 탑이 세워지기 전에 건립 계획과 설계도가 발표되자, 많은 파리의 예술가들과 시민들이 앞다투어 탑 건립을 결사적으로 반대했다. 왜냐하면 거대한 철제 구조물이 아름다운 파리의 경관과 고풍스러운 파리의 분위기 등을 완전히 망쳐 놓을 것이라고 생각했기 때문에, '철골 구조로 된 흉물', '도시 미관 저해' 등의 이유로 맹비난을 한 것이다. 소설가 모파상은 몽소 공원에 있던 자신의 동상을 뽑아 에펠탑을 보지 못하게 등을 돌려서 다시 세웠을 정도로 심한 반대를 했다. 시민들은 에펠탑 철거를 위한 300인 선언을 발표했다. 반발이 극심하자, 프랑스 정부는 20년 후에 탑을 철거하기로 약속을 했다. 이 덕분에 겨우 1889년 에펠탑을 완성할 수 있었다. 그러나 약속된 20년이 되자 철거 논의가 다시 제기되었고, 정부는 에펠탑 꼭대기에 설치된 전파 송출 장치의 효용성을 들어서, 시민들의 철거 주장을 막았다.

프랑스 파리는 평평한 분지 지형이고, 에펠탑의 높이가 당시로서는 상당히 높은 편이었다. 그래서 파리의 시민들은 눈만 뜨면 거대한 탑을 반복적으로 볼 수 밖에 없었다. 그러다보니 서서히 친근감이 들기 시작했다.

결국 에펠탑은 프랑스 파리의 시민뿐만이 아니라 프랑스 사람들이 자랑스럽게 생각하는 명물이 되었고, '파리 서정의 극치'라는 극찬까지 받게 되었다. 이처럼 어떤 대상을 반복적으로 보는 것만으로도 우호적인 반응을 갖게 된다.

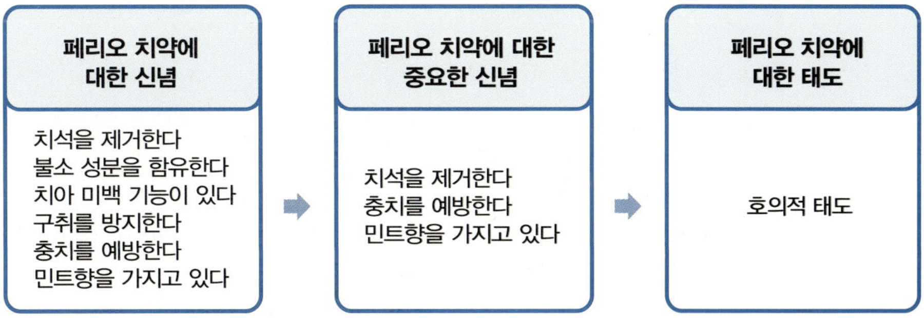


**그림 13-10** 제품 속성에 대한 신념들과 태도 간의 관계

## 2. 피쉬바인의 다속성 태도 모델

### 1) 정의

태도 모델(fishbein attitude model), 다속성 모델이라고도 한다. 다속성 태도 모델(multiattribute attitude model)은 사회심리학자 피쉬바인(Fishbein)이 1963년 발표했으며, 특정 대상에 대한 개인의 태도는 그 대상의 부각 속성들에 대한 '신념(belief)'과 이 속성들에 대한 '평가(evaluation)'에 의해 결정된다는 이론이다.

소비자는 외부 정보나 경험을 바탕으로 대상에 대한 여러 가지 신념들을 형성하지만 제품 평가 또는 구매 시에는 이 중 자신에게 보다 '부각되는 신념들(salient beliefs, 부각 신념)'만을 바탕으로 태도를 형성한다.

(1) **신념(belief):** 신념은 소비자가 특정 대상의 속성과 관련해서 가지고 있는 의견이나 생각, 인식, 정보다. 어떤 대상이 특정 속성을 어느 정도 가지고 있다고 생각하는지를 가리킨다. 그리고 신념은 주관적인 의견이다. 즉 실제 그것이 객관적인 사실이건 아니건, 소비자 개인이 주관적으로 사실이라고 믿고 있는 것을 말한다. 예를 들어, 'SM7의 배기량은 크다'고 생각하는 것이 신념이다.

(2) **평가(evaluation):** 각 속성을 얼마나 바람직한 것 또는 중요한 것으로 여기는가를 뜻한다. 특정 속성이 어떠하다는 사실이 소비자에게 바람직한가를 반영하며, 평가적 판단에 관한 것이다. 신념은 특정 브랜드에 대한 것인데 비해, 속성에 대한 평가는 제품군에 관한 것이다.

예를 들어, 소비자는 자동차가 매우 안전하다는 신념을 가지고 있더라도 안전성을 별로 중시하지 않는다면, 자동차에 대한 태도를 형성하는데 안전성 속성은 커다란 영향을 미치지 않는다.

$$A_0 = \sum_{i=1}^{n} b_i e_i$$

$A_0$: 대상에 대한 태도(attitude)
$b_i$: 그 대상이 속성 $i$에서 어떨 것인가에 대한 신념(belief)
$e_i$: 속성 $i$에 대한소비자의 평가(evaluation)
$n$: 고려되는 부각 속성들의 수

그림 13-11 다속성 태도 모델 식

다속성 태도 모델은 인지적 요소인 신념, 평가가 대상에 대한 태도를 결정한다고 본다. 그리고 태도가 행동을 결정한다고 가정한다.

### 2) 효과적인 태도 변화의 방법

(1) **속성에 대한 신념(bi)을 변화시킴:** 속성에 대한 부정적 신념을 약화시키거나, 긍정적으로 변화시킨다. 기존의 긍정적 신념을 더 긍정적으로 강화시킨다.

(2) **속성과 관련된 평가(ei)를 변화시킴:** 특정 대상의 강점인 속성의 중요도를 부각한다. 약점인 속성의 중요도는 과소평가하도록 만든다. 그러나 소비자의 속성 평가를 변화시키는 것은 어려운 일이다.

(3) **대상에 새로운 속성(i)을 추가:** 새로운 속성을 추가해서 새로운 신념을 형성한다. 추가하는 속성은 경쟁 상표에 비해 우위에 있는 속성이어야 한다. 그럴 때 브랜드 태도를 높일 수 있다.

## 3. 페티와 카시오포의 정교화가능성 모델

### 1) 정의

정교화가능성 모델(ELM: elaboration likelihood model)은 페티, 카시오포(Petty, Cacioppo)가 1984년에 제안하였다. ‘정교화가능성(elaboration likelihood)’은 소비자가 설득적 메시지에 노출될 때, 메시지 정보에 주의를 기울이며 자신의 욕구와 관련지어 ‘정보를 처리하는 노력의 정도’를 말한다.

태도 형성 과정은 소비자가 ‘정보를 처리하는 노력의 정도(정교화 가능성)’에 따라 다른데, 정보 처리를 위해 상당한 노력을 기울일 경우 태도 형성은 ‘중심 경로(central route)’를 통하여 이루어진다. 정보 처리를 위하여 그다지 노력을 기울이지 않을 때는 '주변 경로(peripheral route)'를 통해 이루어진다고 보는 이론이 정교화가능성 모델이다.

(1) **중심경로(central route):** 중심경로를 통해 태도 형성이 이루어질 때는 '중심단서' 즉, 광고의 구체적인 내용이나 자료, 정보 등을 활용하여 정보 처리를 한다. 많은 인지적 노력이 투입된다. 형성 또는 변화된 태도는 장기간 지속되고, 부정적 정보에 노출되더라도 저항적이며, 행동 예측적이다.

(2) **주변경로(peripheral route):** 주변경로를 통한 태도 형성 시에는 '주변단서'에 많은 영향을 받는다. 주변적 단서는 매력적인 광고 모델이나 전체적인 이미지, 배경음악 등을 말한다. 이때는 인지적 노력이 적게 든다. 변화된 태도는 비교적 단기적이고, 부정적 정보에 쉽게 변화되며, 행동에 대한 예측력도 약하다.

### 2) 영향요인

정보를 처리하는 노력의 정도는 '동기', '능력' 그리고 '관여도'에 따라 달라진다. 이 영향요인들이 높을 경우 정보를 처리하려는 노력의 정도가 크고, 중심경로를 통해 정보를 처리한다. 낮을수록 정보를 처리하려는 노력의 정도도 낮고, 주변경로를 통해 정보를 처리한다.

(1) **동기:** 정보를 처리하려는 동기가 많이 부여될수록 정보를 처리하려는 노력이 커진다.

(2) **능력:** 특정 대상에 대한 사전 지식이 많고, 제공하는 정보에 대한 이해력이 높을수록, 정보를 처리할 수 있는 능력이 커지게 된다. 소비자가 제품 정보처리 능력이 많을수록 정보를 처리하려는 노력의 정도가 높아지게 된다.

(3) **관여도:** 관여도가 높으면 정보 처리에 상당한 노력을 기울이고, 반대로 관여도가 낮으면 정보 처리에 그다지 노력을 기울이지 않는다.

광고를 창작할 때 소비자가 동기, 능력이 크고 고관여 상태라면 브랜드, 제품의 장점이나 혜택 등을 구체적으로 전달하는 광고를 제작한다. 반면 동기, 능력이 낮고 저관여 상태일 경우 매력적인 모델, 씨엠송(CM song), 무드 등을 활용하여 광고를 제작한다.

## 4. 카츠의 기능이론

### 1) 정의

태도는 개인으로 하여금, 계획을 실행하고, 자신을 표현하는 등 다양한 기능을 가

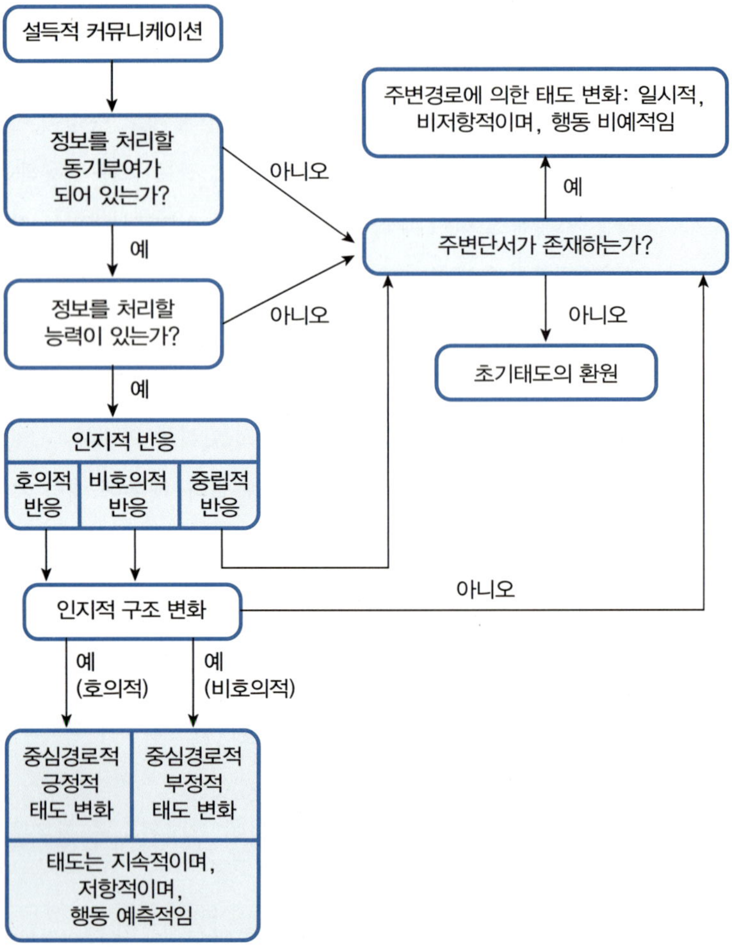


**그림 13-12** 정교화가능성 모델

지고 있다. 태도가 확실하면 개인적인 욕구 충족이나 목표 달성 등이 용이해지기 때문에, 소비자는 자신의 태도를 강화, 유지하려는 경향이 있다.

기능이론(functional theory)은 태도의 기능들을 바탕으로 해서 태도 변화의 원리를 설명하고 있는 이론이다. 태도 변용의 원리를 이해하거나 사람들의 태도를 변화시키기 위해서는 우선 태도의 여러 가지 기능들을 알아야 된다고 보는 것이 이 기능이론의 입장이다.

### 2) 태도의 기능

카츠(Katz, 1960)는 태도의 4가지 기능을 주장하였다.

(1) **실용적 기능(utilitarian function):** 도구적 기능, 적응적 기능, 공리적 기능이

라고도 한다. 태도는 즐겁거나 보상을 주는 대상을 추구하게 하고, 불쾌하거나 바람직하지 않은 대상은 피하도록 하는 기능을 한다. 이를 통해 보상을 극대화하고, 불쾌감이나 처벌은 극소화한다. 소비자는 혜택, 보상을 제공하는 어떤 태도 대상에 대하여 태도를 형성한다. 일반적으로 어떤 제품이 소비자의 욕구를 달성하는데 도움이 되면 호의적 태도를 가지게 되고, 그렇지 못하면 그 제품을 싫어하는 경향이 있는데, 이것이 태도의 실용적 기능이다.

(2) **가치 표현적 기능(value-expressive function):** 태도는, 자신의 개성, 가치, 라이프스타일, 자아, 심리적인 특성 등을 표현해 주는 기능을 수행한다.

(3) **자아 방어적 기능(ego-defensive function):** 태도는 외적 위협, 내부적 불안감 등으로부터 자기 자신을 보호하는 기능을 가진다. 이 기능은 프로이드의 심리학에 토대를 두고 있다. 태도는 일종의 방어기제(defense mechanism)로써 불안이나 위협에서 벗어나 자아, 자신을 보호하게 한다. 예를 들어 어떤 소비자들은 타인들에 비해 입냄새 제거제를 많이 사용하는데 이들은 이러한 제품의 사용 및 선호에 의해 자신이 타인으로 부터 무시, 싫어함을 당하는 것으로부터 보호받고자 하는 것이다.

소비자는 자신의 약점이 드러나는 제품의 소비, 사용을 회피하고, 반대로 그러한 약점을 감추어 주거나 보완하는 제품을 소비, 사용하려고 한다. 예를 들어, 남자답게 비치지 못한다고 여기는 남자들일수록 남성적 이미지가 강한 제품(독한 술, 담배) 등을 많이 소비, 사용하려 할 수 있다. 또한 나이가 든 사람들이 젊은 사람들이 선호하는 의복을 입는 것을 사례로 들 수 있다.

(4) **지식 기능(knowledge function):** 태도는 우리 주변의 정보, 사건, 환경 등을 파악하고, 이해하게 하는 기능을 수행하는데, 이것이 지식 기능이다. 또한 태도의 지식 기능은 소비자가 복잡한 자극을 이해하는데 준거체계로 작용한다. 특정 대상에 대해 갖고 있는 태도는 그 대상과 관련된 다른 대상을 지각하는데 지침이 된다.

## 5. 인지일관성 이론

인지일관성 이론(cognitive consistency theory)은 하이더(Heider)의 균형이론에서 파생된 이론이며, 인간은 인지적으로 심리적인 '일관성을 유지'하려고 하는 동기를 가지고 있다고 가정한다. 인지일치이론, 인지균형이론이라고도 부른다. 소비자들은 자신들이 지니고 있는 인지, 감정, 행동들 간에 또는 태도와 그에 따른 행동

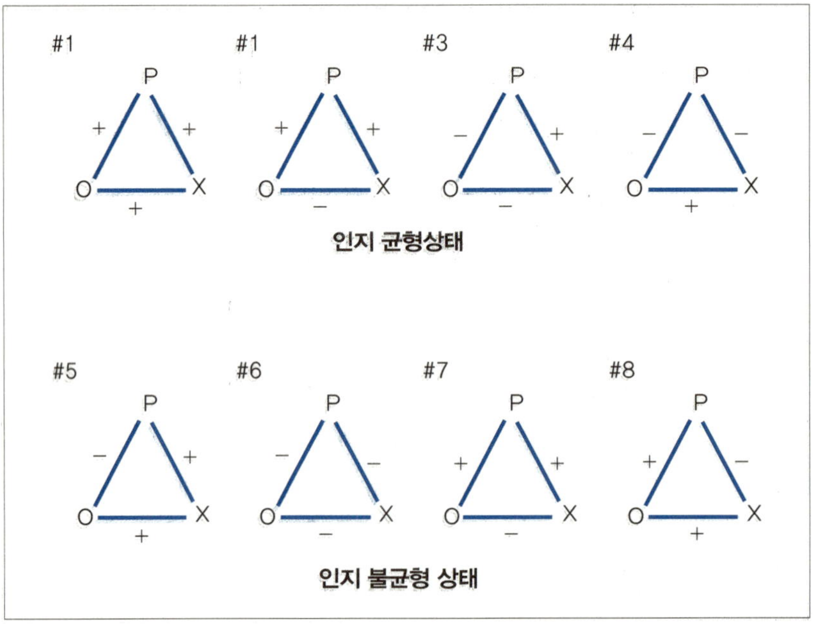


**그림 13-13** 균형이론

들 간에 인지적 균형상태를 유지하려는 강한 성향, 욕구를 가지고 있다. 만약 그 균형상태가 깨어지게 되면 심리적 불안감, 긴장감을 느끼게 되고, 이를 해소시켜 다시 균형상태를 회복하려고 노력한다고 보는 이론이 인지일관성 이론이다.

인지적 균형상태가 깨져 긴장감이나 불안감을 느꼈을 때, 다시 균형상태를 유지하기 위한 방법으로써, 자신들의 기존 태도를 변화 또는 강화함으로써 태도 변용이 일어나게 된다.

종류로는 하이더(Heider)의 균형이론(balance theory), 오스굿, 탄넨바움(Osgood, Tannenbaum)의 일치이론(congruity theory), 뉴컴(Newcomb)의 대칭이론(symmetry theory), 페스팅거(Festinger)의 인지부조화이론(cognitive dissonance theory) 등이 있다.

이 이론들의 공통점은 (1) 인지요소들 사이의 균형과 불균형의 조건들을 제시했으며, (2) 인지의 불균형이 발생하면 다시 일관성을 회복하도록 동기화가 이루어진다고 본다. 그리고 (3) 다시 균형상태가 이루어지는 과정을 설명하고자 한다.

### 1) 하이더의 균형이론(balance theory)

(1) **정의:** 평형이론, 인지평형이론이라고도 한다. 균형이론은 인지일관성이론들의 효시가 된 이론으로, 프리츠 하이더(Fritz Heider)가 1946년에 발표하였다.

사람들은 자신의 신념과 태도들 간에 균형, 일관성을 유지하려고 한다. 만약 태도들 간에 불균형이 발생할 경우 기존의 태도를 변화시켜서 균형을 회복한다(이학식, 안광호, 하영원, 2015). 즉 인간들은 다른 사람과 어떤 대상(사물, 아이디어, 이슈 등)간의 관계를 지각 내지 판단함에 있어서, 그 나름대로의 일정한 균형이나 일관성을 유지하려는 성향을 지니고 있다. 균형상태는 편안하고 안정적이지만 불균형상태는 심리적 긴장, 불안정을 야기하기 때문에, 불균형상태가 발생하면 균형상태를 회복하기 위해 노력한다(김정현, 2015)

하이더는 개인의 태도 변화 과정을 설명하기 위해, 삼원관계를 이용하였다. 자신(P: Person), 다른 사람(O: attitude Object), 다른 대상(X)의 '삼원적 관계'에서, 인간은 불균형상태를 피하고 균형상태를 유지하려고 한다고 가정한다. 여기서 P는 다른 사람, 사물, 이슈 등에 대해 지각하고 있는 개인이고, O는 P의 지각 대상이 되고 있는 다른 사람이며, X는 P의 지각 대상이 되고 있는 어떤 대상(사물, 이슈 등)을 지칭한다. 이 세 요소 간에는 긍정, 부정에 따라 +나 −관계가 표시되며, 세 요소들의 관계가 다 +이거나, 두 개가 −이고 하나가 +일 때 균형상태를 이룬다고 보았다.

### (2) 장점, 한계:

① 장점: 균형이론은 이후 대두된 인지일관성이론들의 기초가 되었다. 또한 커뮤니케이션 분야 전반에 적용 가능하다는 장점이 잇다.

② 한계: 다차원적인 태도를 단순히 긍정(+), 부정(+)의 방향만을 다루고 있어, 질적인 정도를 무시했다는 한계를 지닌다. 태도의 정도는 다차원에서 규정되는 것이지 단순히 호의적, 비호의적으로만 나타낼 수 없다. P-O-X의 태도를 단순히 +, −로만 나타내므로, 그것으로 P가 O, X를 약간 좋아하는지, 매우 좋아하는지 강도(정도)를 알 수 없다.

아울러 세 개 이상의 요소(P, O, X)를 포함한 관계는 다루지 않은 것이 한계점이다.

## 2) 페스팅거의 인지부조화 이론(cognitive dissonance theory)

### (1) 정의:

인지부조화 이론은 레온 페스팅거(Leon Festinger)가 1957년에 발표하였다. 사람들은 자신이 지니고 있는 인지요소들 간 또는 인지와 행동 간에 조화상태를 유지하려는 강한 성향, 동기를 가지고 있다. 만약 그 조화상태가 어떤 외부적 자극에 의해 깨어져서 부조화 상태가 야기되면 심리적 불안감, 긴장감, 불편함을 느끼게 되기 때문에, 그것을 해소시켜서 조화상태를 이루려고 한다.

**(2) 인지부조화 발생 상황:**

① 중요하고 어려운 결정을 한 이후: 의사결정이 매우 중요한 경우, 그리고 거절한 대안이 보다 매력적일수록 인지부조화가 크다.

② 태도 불일치 행동을 한 경우: 보상이나 처벌 때문에 자신의 태도에 반하는 행동을 했을 경우 부조화가 발생한다.

③ 불일치 정보에 노출된 경우: 의사결정 당시에 몰랐던 정보에 의사결정 후 노출될 수 있는데, 그 정보가 자신의 결정에 배치되는 정보이면 인지부조화가 발생한다.

**(3) 인지부조화 감소:**

① 태도, 인지, 행동 변화: 조화를 이루는 방향으로 자신의 태도나 의견, 행동을 변화시킨다

② 조화를 이룰 수 있는 긍정적 정보의 탐색, 회상: 자신에게 유리한 정보를 찾고, 반복 회상하여, 인지부조화를 줄인다.

③ 모순되는 정보의 회피: 부조화를 증가시킬 가능성이 있는 정보를 회피한다.

④ 지각적 왜곡 및 합리화: 선택한 제품의 장점, 포기한 제품의 단점을 실제보다 크게 지각하면서 왜곡(distort), 합리화를 한다.

**(4) 장점, 한계:**

① 장점: 마케팅 분야에서 인지부조화를 감소시켜 판매 촉진 전략으로 활용할 수 있다. 또한 타인의 태도를 변화시키고자 할 때 설득전략으로 활용 가능하다.

② 한계: 인지부조화 상태에 놓은 사람이 부조화를 어떤 방식으로 풀어갈지 예측을 하기 어렵다. 태도를 변화시킬지, 어떤 행동을 취할지, 자기 합리화로 인지부조화를 해결하게 될 것인지에 대해 정확하게 예측할 수가 없다.

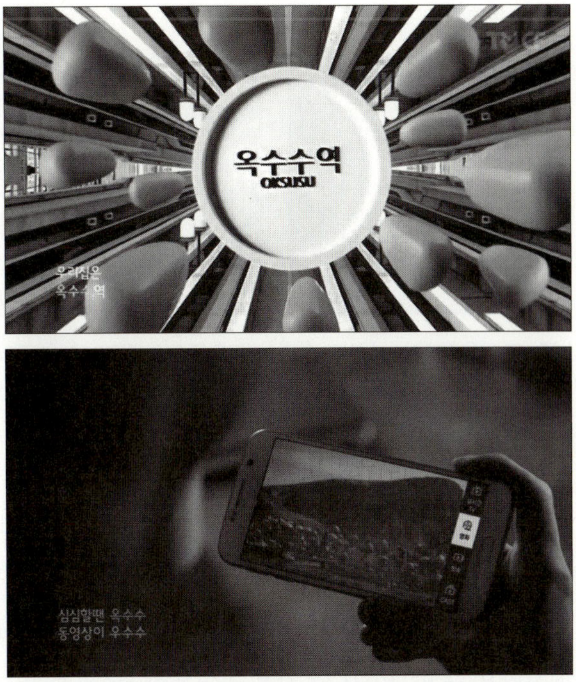


**그림 13-14** SK브로드밴드의 모바일 동영상 플랫폼 옥수수(oksusu) TV 광고 이미지 컷. '동영상이 우수수'라는 카피로 옥수수를 의미적으로 기억시키고 있다(* 출처: tvcf.co.kr)

## Ⅳ. 기억

기억을 설명하는 대표적인 모델인 다중기억구조모델에 따르면, 기억은 크게 감각기억과 단기기억, 장기기억 등 여러 단계의 기억으로 구성되며, 각 기억은 처리 정도가 깊어짐에 따라 다음 단계의 기억으로 이전된다. 감각기억이란 유입정보가 절대적 식역수준을 초과하여 그 정보를 감지하는 부분을 의미한다. 단기기억은 정보처리가 이루어지는 동안 유입정보가 일시적으로 저장되는 장소를 뜻한다. 이렇게 처리된 정보는 장기기억으로 이전되기 위해 시연(rehearsal)이라는 통제과정을 거친다. 시연이란 처리된 정보를 마음 속으로 반복하는 것을 말하는데, 유지시연과 정교화시연으로 구분된다.

유지시연은 처리된 정보가 단기기억 속에 계속 머물러 있도록 하기 위해 마음 속으로 반복하는 것이다. 한편 정교화시연이란 단기기억에 유입된 정보의 의미를 해석하는 것을 의미한다.

제품정보를 많이 시연할수록 단기기억 속에 오래 머물러 장기기억 속에 저장될 가능성이 높다.

**그림 13-15** 웅진케어스 시리즈 광고. 반복으로 인해 광고에 대한 주의가 떨어지는 등 광고효과 감퇴를 막기 위해 매 광고마다 카피와 비주얼에서 적절한 차이를 보여주는 것이 중요하다.

기억을 높이기 위한 크리에이티브 전략은 다음과 같다.

첫째, 시각화에 의한 기억증대전략을 사용한다. 그림(시각적 정보)을 언어적 정보와 함께 제시하거나, 구체적인 단어를 사용하는 것도 한 방법이다.

둘째, 기억증대법을 사용한다. 운률을 사용하는 것이 대표적이다. 알마겔의 '알 만한 사람은 다 알잖아요'와 같은 카피를 예로 들 수 있다.

셋째, 음악을 사용하는 것이다. 음악을 이용하여 메시지를 전달하면 회상력이 높아진다.

넷째, 반복하는 것이다. 특히 제품 정보를 처리할 동기나 능력이 낮은 소비자에게 제품 정보를 이해시키기 위해 반복적으로 제품광고를 실시하는 경우이다. 이 경우 지나친 반복으로 광고효과 감퇴(wearout) 현상이 생길 수 있으므로, 각 광고 간에 적절한 차이를 두는 등의 광고실행방법을 구사할 필요가 있다.

### <참고문헌>


김병희 (2007). 광고 카피 창작론. 파주: 나남출판.

김영석 (2008). 설득 커뮤니케이션. 파주: 나남출판.

김정현 (2015). 설득 커뮤니케이션의 이해와 활용. 서울: 커뮤니케이션북스.

이학식, 안광호, 하영원 (2015). 소비자행동: 마케팅 전략적 접근. 서울: 집현재.

Assael, H. (1998). Consumer behavior and marketing action. Cincinatti, Ohio: South Western College Publishing.

Fishbein, M. (1963). An investigation of relationships between beliefs about an object and the attitude toward that object. Human Relations, 16, 233-240.

Fishbein, M., & Ajzen, I. (1975). Belief, attitude, intention, and behavior: An introduction to theory and research. reading, MA: Addison-Wesley.

# 저자 소개

## 김운한

선문대학교 미디어 커뮤니케이션학과 교수다. 연세대학교 심리학과를 졸업하고, 연세대학교 언론홍보대학원에서 석사를, 한양대학교 대학원 광고홍보학과에서 박사 학위를 받았다. 광고대행사 엘지애드와 상암기획에서 카피라이터로, 대홍기획과 웰커뮤니케이션즈에서 크리에이티브 디렉터로 일했다. 현업 시절 현대카드 "열심히 일한 당신 떠나라" 캠페인, 대림산업개발 아파트 브랜드네임 "e-편한세상", 청정원 론칭 캠페인슬로건 "자연에 정성만을 더합니다" 등을 제작했다. 대한민국광고대상, 소비자가 뽑은 광고상 등 다수의 광고상을 수상했다. 저서로는 ≪브랜디드 콘텐츠: 광고 다음의 광고≫(2016), ≪디지털미디어 시대의 기업커뮤니케이션≫(2012) 등이 있다.

이메일: hanisugi@empas.com

## 정차숙

서울여자대학교 언론영상학부 초빙교수다. 한양대학교 광고홍보학과를 졸업하고, 서강대학교에서 광고홍보학 전공으로 석사학위를, 한양대학교에서 광고학 전공으로 박사학위를 받았다. 한국방송광고진흥공사(KOBACO) 광고산업연구소에서 통계연구원으로 재직했다. 연세대학교, 선문대학교, 서울여자대학교, 한양대학교에서 시간강사로 근무하였다. 연구논문으로 '스토리텔링 광고의 메시지 구성요소인 관련성, 진실성, 명확성과 제품관여도가 광고효과에 미치는 영향에 대한 연구', '정보제시형과 이미지제시형 텔레비전광고 간의 광고효과 이월률 차이에 관한 실증적 연구', '방송광고 이월효과에 대한 실증적 연구' 등이 있다.

이메일: joody007@hanmail.net

제2판

# 광고 크리에이티브

2016년 9월 12일 | 제1판 1쇄 발행
2022년 8월 22일 | 제2판 1쇄 인쇄
2022년 8월 29일 | 제2판 1쇄 발행

지은이 | 김운한, 정차숙
발행인 | 김은중
발행처 | 서울경제경영출판사
북디자인 | (주)우일미디어디지텍

주 소 | 03767 서울특별시 서대문구 신촌로 205, 506호
전 화 | 02)313-2682
팩 스 | 02)313-8860
등 록 | 1998년 1월 22일 제5-63호

ISBN 979-11-6282-109-1 • 93320 • 정가 22,000원